JOSEF JOFFE
DER GUTE DEUTSCHE

JOSEF JOFFE

DER GUTE DEUTSCHE

DIE KARRIERE EINER MORALISCHEN SUPERMACHT

C. Bertelsmann

Verlagsgruppe Random House FSC® N001967

1. Auflage
Copyright © 2018 C. Bertelsmann Verlag, in der
Verlagsgruppe Random House GmbH, Neumarkter Str. 28, 81673 München
Umschlaggestaltung: Büro Jorge Schmidt, München
Satz: Greiner & Reichel, Köln
Druck und Bindung: GGP Media GmbH, Pößneck
Printed in Germany
ISBN 978-3-570-10331-9
www.cbertelsmann.de

INHALT

DIE BUNDESREPUBLIK ALS BILDUNGSROMAN

Nationen berufen sich auf ihre Helden und Sagen, auf eine gloriose Vergangenheit, die ihnen Halt und Haltung, eine *Raison d'Être* und Rechtfertigung verleiht. Die Bundesrepublik ist der krasse Sonderfall – ein Waisenkind der Geschichte. Sie hatte keine verwendbare, schon gar keine heroische Vergangenheit; sie entsprang der Konkursmasse des »Zwölfjährigen Reiches«. Diese besudelte Hinterlassenschaft war ein Erbe, das die Republik keinesfalls antreten durfte.

Der normale Nationalstaat lebt von den Wurzeln, die in eine verklärte Vorwelt zurückreichen. Doch wurden die deutschen 1945 abgehackt. Andere Nationen verehren ihre Gründer, seien es mythische oder verbürgte. Auf wen aber sollte sich das junge Geschöpf beziehen? Doch nicht auf Wilhelm oder Adolf, die Väter des Unheils.

Vielleicht ganz weit zurück, auf Hermann den Cherusker? Den hatten die Deutschen im hochschießenden Nationalismus des 19. Jahrhunderts als »Vater der Nation entdeckt. Doch bei genauerem Hinsehen gibt auch Hermann keinen guten Gründervater her. Als er vor 2000 Jahren noch auf gut Lateinisch »Arminius« hieß, gelang es ihm, drei römische Legionen zu zerschlagen. Doch die untereinander verfeindeten Germanen, die gelegentlich mit Rom gegen die eigenen Stämme paktierten, konnte er nicht einen. Er starb nicht den Heldentod, sondern unter den Händen seiner übel gesinnten Verwandtschaft. Andere Völker haben es besser. Die Israeliten haben Moses; ihr Nationalmythos ist die Befreiung aus der ägyptischen Sklaverei und der Bund mit dem Allmächtigen. Die sagenhaften Väter Roms heißen Romulus und Remus. Die Briten haben die Magna Carta und Winston Churchill, der die Nation vor Hitler rettete. An der Wiege der vaterlosen Bundesrepublik standen bloß die Besatzungsmächte, argwöhnische Erziehungsberechtigte von eigenen Gnaden.

Ebenso wenig konnte sich der junge Staat auf eine Gründermutter wie die legendenumwobene Johanna von Orléans berufen. Mit dem Schlachtruf »*Bottez les Anglais au dehors*«, »Schmeißt die Engländer raus!«, läutete sie das Ende der Fremdherrschaft in Frankreich ein. Dergestalt legte die verklärte Jungfrau das Fundament des französischen Nationalstaats; den Sockel gefestigt haben die Revolution von 1789 und die Siege Napoleons. Im Dôme des Invalides zu Paris hat ihm die Nation ein Heldengrab eingerichtet, obwohl der Triumphator zum Schluss als Verlierer dastand.

In der Schweiz gab Wilhelm Tell den mythischen Gründervater. Im Zentrum des Aufstandes gegen die Habsburger steht die anheimelnde Erzählung vom Rütli-Schwur. Die poetische Fassung des Gründungsaktes stammt von Schiller, der in *Wilhelm Tell* dichtet: »Wir wollen sein ein einzig Volk von Brüdern, / in keiner Not uns trennen und Gefahr. / Wir wollen frei sein, wie die Väter waren, / eher den Tod, als in der Knechtschaft leben.«

Auf solches Erlöser-Epos konnte die Bundesrepublik nicht zurückgreifen. Befreit wurde sie von Ausländern, von Amerikanern, Briten und Franzosen. Zu einem anständigen Gründungsmythos taugt nur der Triumph aus eigener Kraft.

Ein Musterbeispiel ist der amerikanische über die Briten im Unabhängigkeitskrieg – der Sieg über die Unterdrücker als Geburtshelfer der Nation. Das Muster wiederholt haben die Befreiungskriege gegen die Kolonialherren in der Dritten Welt. Derlei herzerwärmende Erzählung gibt die deutsche Geschichte des 20. Jahrhunderts nicht her: erst die Schmach des verlorenen Ersten Weltkriegs, dann das klägliche Ende der ersten deutschen Demokratie, schließlich die Verbrechen und der Untergang des Dritten Reiches.

Wer hätte denn 1945 den George Washington, Heros der amerikanischen Revolution, spielen können? Oder den Giuseppe Garibaldi, der die Unabhängigkeit Italiens erkämpft hatte? Die Republik der Westdeutschen konnte sich nicht einmal auf Bismarck berufen, der die Habsburger verjagt und 1871 das Zweite Reich im Krieg gegen Frankreich zusammengezwungen hatte. Die Huldigung des Gründers kannte damals keine Grenzen. Leider war das Reich seit 1919 perdu, als Staat wie als Idee.

Konrad Adenauer, der erste Kanzler der zweiten Demokratie? Bismarck hat Hunderte von Bismarckdenkmälern, -türmen und -straßen hinterlassen. Doch erinnern nur zwei Denkmäler an Adenauer: eines in Berlin, das andere in Köln, wo in der Weimarer Republik seine politische Karriere als Oberbürgermeister begann. Die Nachgeborenen schätzen Adenauer, aber sie verehren ihn nicht, obwohl immerhin ein Regierungsflugzeug »Konrad Adenauer« heißt.

VOM WAISENKIND ZUM WUNDERKIND – EIN BILDUNGSROMAN

Der märchenhafte Aufstieg vom Findling zur europäischen Zentralmacht ist das Leitmotiv des nachkriegsdeutschen Bildungsromans. Wieso »Bildungsroman«, eine literarische Gat-

9

tung, die sich mit dem Einzelnen beschäftigt, nicht mit dem Werdegang von Nationen?[1] Was hat die Bundesrepublik mit Goethes *Wilhelm Meisters Lehrjahre* zu tun? Oder mit dem Genre des Entwicklungsromans insgesamt, das sich im 18. Jahrhundert herausbildete und die Regale auf beiden Seiten des Atlantiks zu füllen begann?

Greifen wir zu den Klassikern, um die charakteristischen Motive und Parallelen herauszuarbeiten, die sehr wohl zur Karriere der Bundesrepublik passen. Der bekannteste deutsche Entwicklungsroman ist *Wilhelm Meister*. In England wurde Charles Dickens im 19. Jahrhundert mit *Große Erwartungen* (*Great Expectations*) und *David Copperfield* berühmt. Zuvor hatten *Tom Jones* von Henry Fielding und *Tristram Shandy* von Laurence Sterne die britischen Leser gefesselt. In Frankreich glänzte Stendhal mit *Rot und Schwarz* (*Le Rouge et le Noir*), in Italien Carlo Collodi mit *Pinocchio*, der ungezogenen Holzpuppe, die im Zuge ihrer unrühmlichen Abenteuer Anstand und Weisheit lernt, dann mit der Menschwerdung belohnt wird.

Hermann Hesses *Demian*, J. D. Salingers *Fänger im Roggen* (*The Catcher in the Rye*) und Philip Roths *Goodbye, Columbus* gehörten zur Pflichtlektüre Heranwachsender im 20. Jahrhundert. Mark Twains *Huckleberry Finn* wird von den Jungen gleich nach *Tom Sawyer* gelesen, ist aber kein Kinderbuch, sondern ein Bildungsroman, wo der Held Huck die genretypische Entwicklung durchläuft. Er entflieht seinem übel beleumdeten Vater, einem Säufer und Schläger, meistert auf dem Mississippi Fährnisse und Versuchungen und erwirbt in der Freundschaft mit »Nigger Jim« jene Charakterstärke, die ihn die Unmoral einer Sklavenhaltergesellschaft überwinden lässt.

Das Leitmotiv dieser Romane lädt dazu ein, es auf die Bundesrepublik zu übertragen: hier der Weg der erdichteten Figuren, dort die Laufbahn der westdeutschen Republik. Der Entwicklungsroman ist eine Art weltlicher Heilsgeschichte in drei Teilen: die Not der Jugendjahre, die Prüfungen der Wanderjahre, die Läuterung und Reifung im Erwachsenenalter. Christoph Martin Wieland, ein deutscher Dichter des 18. Jahrhunderts, erklärt in *Agathon*, einem Prototyp der Gattung:»Der Charakter Agathon« sollte »auf verschiedene Proben gestellt werden, durch welche seine Denkart und seine Tugend geläutert«, das Unechte »nach und nach von dem reinen Golde abgesondert würde«.[2] Begriffe wie »Proben« und »Läuterung« lassen schon mal eine Parallele zur Biographie der Zweiten Republik aufscheinen – eine Geschichte monströser Herausforderungen und wundersamer Bewährung.

Eine zweite Parallele liefert ein oft zitiertes Wort von Hegel, der in seiner *Ästhetik* über die »Lehrjahre, die Erziehung des Individuums an der vorhandenen Wirklichkeit« doziert. Im Zentrum der Erzählung agiere ein Wesen, das »sich in die bestehenden Verhältnisse und die Vernünftigkeit derselben hineinbildet, in die Verkettung der Welt eintritt und in ihr sich einen angemessenen Standpunkt erwirbt«.[3] So verlief die Karriere der Bonner Republik.

Die dritte stammt von Wilhelm Dilthey, dem Literaturtheoretiker und Begründer der Hermeneutik. Er schreibt mit Blick auf den Bildungsroman von einem »Jüngling«, der »mit den harten Realitäten der Welt in Kampf gerät und so unter mannigfachen Lebenserfahrungen heranreift, sich selber findet und seiner Aufgabe in der Welt gewiss wird«.[4] Mit »harten Realitäten« hatte der westdeutsche Jüngling zuhauf zu kämpfen: Totalniederlage, Ruinenfelder, wo einst Städte standen, Besatzung, Verachtung, Bestrafung, Fremdherrschaft.

Joseph von Eichendorff hat vor 200 Jahren eine Regel niedergelegt, die sich eins zu eins auf die Bundesrepublik übertragen lässt. Es komme darauf an,»sich innerlichst nur recht zusammenzunehmen zu hohen Entschließungen und einem tugendhaften Wandel«.[5] Das war just das Anforderungsprofil, dem sich die neue Republik stellen musste. Der Stalin-treue Romancier Johannes R. Becher, Kulturminister der DDR und Verfasser ihrer Nationalhymne, drückte es ironisch aus. Ein Verächter bürgerlicher Wohlanständigkeit, lässt er in *Abschied* den jungen Hans spötteln: Sein Vater wolle ihn auf das vornehme Münchner Wilhelmsgymnasium schicken, »damit ich mir die schlechten Manieren abgewöhne und lerne, mich beizeiten in guter Gesellschaft zu bewegen«.[6]

»Schlechte Manieren« hatte der Vorgänger der Bundesrepublik en masse – und gute überhaupt nicht. Das Urbegehren des Waisenkinds musste es sein, Einlass in die »gute Gesellschaft« des Westens zu erringen. Auch das Gymnasium des Schülers Hans passt zum Werdegang des deutschen Zöglings. Vor seinem Wiederaufstieg lagen harte Schuljahre, so weit das Auge reichte. Das Curriculum hieß *Re-Education*, die Lehrer waren die Siegermächte.

Das vorliegende Buch ist offenkundig kein Bildungsroman, aber die Karriere der Zweiten Deutschen Republik liest sich wie einer. Denn der Held durchläuft all die klassischen Stadien des Entwicklungsromans – und mehr: Ungemach und Unglück, das Leben mit der geerbten Schuld, die Vormundschaft der gestrengen Besatzer, der Wille zur Besserung, die Versuchungen der Neutralität zwischen Ost und West, die mörderischen Krisen des Kalten Krieges.

Über allem schwebte die zentrale Frage des Bildungsromans: Wer bin ich, wer will ich sein – neudeutsch: Was ist meine Identität? Wie finde ich eine, wenn meine Wurzeln gekappt sind, meine Vergangenheit vergiftet ist, meine Ahnen kein Vorbild hergeben?

BIOGRAPHISCHE TANGENTE

Dieser Autor ist etwa so alt wie die Republik. Er hat während der Berlin-Blockade im trüben Licht einer Petroleumfunzel grausliches Trockenfutter (Ei- und Milchpulver, mit Wasser verrührt) geschluckt, das die Versorgungsflugzeuge der Luftbrücke gebracht hatten. Er hat in der Trümmerlandschaft der heute piekfeinen Mommsenstraße Burgen im Schutt gebaut, gelegentlich Überbleibsel des Krieges – Gewehre, Panzerfäuste – im Geröll gefunden. Er kämpfte aber nur mit Holzschwertern gegen die Knaben von der gegnerischen Festung. Lesen und Schreiben lernte er im Schichtunterricht – mal ab acht Uhr, mal ab zwei – mit 50 Mitschülern im Klassenzimmer. Denn der Schulraum in Berlin war im Bombenkrieg arg verknappt worden. Die Schulspeisung bestand aus Eintopf im zerbeulten »Henkelmann«, der am Ranzen hing.

Das Kind ging den Weg der fast gleichaltrigen Republik. Zu Beginn straften die Lehrer noch mit Hand oder Lineal, doch bald verschwanden solche Methoden aus dem erzieherischen Repertoire, derweil die Westmächte sich vom Büttel zum Mentor wandelten. Nach und nach verschwanden die Pauker aus der Nazizeit, die zu Hause Erbauung in rechtsextremen Zeitungen suchten und im preußisch-protestantischen Berlin Katholiken ebenso hassten wie Juden. Im Land der früheren NS-Diktatur schlug die Demokratie unerwartet Wurzeln, weichte der Staat seine herrschaftlichen Allüren auf, freundeten sich die Besiegten mit der westlichen Lebensart an. Das Quasi-Einparteienregime der Christenunion wuchs zum kompetitiven System heran, wo die SPD zwanzig Jahre nach der »Stunde null« die halbe Regierungsmacht erobern, schließlich den Kanzler stellen konnte.

Vor allem ist dieser Autor wie die Republik ein Kind des Wirtschaftswunders, das der ungeübten Demokratie den Weg ebnete, mit einem wachsenden Kuchen Verteilungskonflikte planierte und Millionen von Flüchtlingen eingliederte. Die Stationen des Wirtschaftswunders spiegelten sich im Privaten: Währungsreform, Ende des Schwarzmarkts und der Lebensmittelmarken, Elektrokühlschrank statt Eisblöcken vom Eismann, das Auto vor der Tür, das schwarze Wählscheibentelefon, auf das man monatelang warten musste. Die Zentralheizung ersetzte bald den Kohleofen und den Brikettboiler, der ein Bad pro Woche erlaubte. Der Schwarz-Weiß-Fernseher mit nur einem Sender zog ein. Es folgten die ersten Auslandsreisen, aber nicht weiter als nach Tirol oder zum Gardasee.

Parallel dazu entfaltete sich die bescheidene politische Karriere des Heranwachsenden, die er der von den Alliierten verfügten Schülermitverwaltung verdankte – Demokratie von ganz unten: Klassensprecher, Schulsprecher, Berliner Schülerparlament. Die alterstypische Revolte gegen die Autoritäten endete knapp vor dem Rausschmiss aus der Friedrich-Ebert-Schule (früher: Hindenburg-Gymnasium). Der drohenden Relegation entzog sich der 17-Jährige durch Flucht nach Amerika – als Austauschschüler in Michigan, wo er die Segnungen des Wäschetrockners und den späteren Präsidenten Gerald Ford kennenlernen sollte. Sein schulisches Sündenregister kannte an der East Grand Rapids High School niemand; er konnte wie Abermillionen echter Einwanderer neu anfangen – Tabula rasa.

Auf ein Schuljahr angelegt, geriet der Ausflug nach Amerika zum Langzeitaufenthalt in Etappen: B. A. in Politik, Ökonomie und Philosophie am Swarthmore College, einer Quäker-Gründung, M. A. in International Studies an der Johns Hopkins University, Ph. D. in Government in Harvard. Lehrtätigkeit in Johns Hopkins, Harvard und Stanford, aber Hauptberuf als Journalist bei der *Süddeutschen Zeitung* und der *Zeit*.

Bei so vielen Transatlantiktrips kommen richtig viele Frequent-Flyer-Meilen zusammen. Doch sind die nur eine ersprießliche Fußnote in dieser Geschichte. Ihren Kern illustriert am besten der Untertitel eines Buches über Weimar aus der Feder des befreundeten deutsch-amerikanischen Historikers Peter Gay (einst Fröhlich) von der Yale University: *Weimar Culture. The Outsider as Insider* (1968) – verschiedene Standpunkte, verschiedene Perspektiven.

Wer in zwei Kulturen zu Hause ist, kennt beide, kann mal die eine von außen betrachten, mal die andere. Oder beide von innen. Er kann mit der Lupe auf dem Teppich herumkriechen und Risse erspähen, wie es nur Insidern gegeben ist. Er kann aber auch von außen durchs Fenster blicken. So nimmt er wahr, wie sich Mobiliar und Bewohner von Mal zu Mal verändern – ob der Riss größer geworden ist oder da plötzlich ein neuer, makelloser Teppich liegt. Er kann weiter zurückgehen und die ganze Nachbarschaft einfangen. Wie verändern sich Architektur, Wertegefüge und Kultur? Was ist neu, was beständig?

Wer nach längeren Abwesenheiten zurückkehrt, sieht nicht bloß Momentaufnahmen, sondern einen Film – eben den Entwicklungsroman eines Gemeinwesens. Anders als dieser erzählt ein Film nur selten eine lineare Geschichte; die Kamera wechselt ständig Zeit und Standort. Mal steht sie mitten im Geschehen, mal zoomt sie von außen hinein. Dieses Buch ist ebenfalls eine Abfolge unterschiedlicher Perspektiven: von außen nach innen und umgekehrt, von vorn nach hinten und wieder zurück.

Die wechselnde Sicht schärft den Blick für den Unterschied zwischen dem Selbstverständnis eines Gemeinwesens und den Triebfedern seines Handelns im Kreise der Nationen. Der Beobachter nimmt Interessen wahr, wo hehre Prinzipien aufgeboten werden. Wie verhält sich die Rhetorik zur realen Politik? Die Spannung zwischen diesen Polen widerspiegelt der Titel dieses Buches. *Der gute Deutsche* steht für die spektakuläre Verwandlung eines Aussätzigen in eine liberale Musterdemokratie.

Den Untertitel – *Die Karriere einer moralischen Supermacht* – darf man mit einer Prise Ironie lesen.

Auf dem Weg in die Gemeinschaft der Nationen hat sich die Bundesrepublik Deutschland einen Stil angeeignet, der die Artikulation schnöder Interessen strengstens untersagt. Wer am Boden liegt, darf nichts für sich fordern, geschweige denn auftrumpfen. Wer im Fokus des Misstrauens steht, wird Selbstzucht statt Selbstsucht predigen. Er wird im Dienste der Resozialisierung nicht dem *sacro egoismo* der Nationen frönen, sondern der Werte- und Versöhnungspolitik: Schuldanerkenntnis, Reue, Frieden, Gemeinschaft, Selbstbindung, Europa – kurzum: »Nie wieder!«

Nur sind Staaten nicht interessenlos. Schon gar nicht war es die junge Republik, die Vergebung, Sicherheit, Stimmrecht und Selbstbehauptung anstrebte, von der Wiedervereinigung nicht zu reden. *Alle* Staaten halten das Gute hoch, derweil sie das Nützliche betreiben; die Bundesrepublik hat diesen Balanceakt zur Kunstform erhoben.

In der offiziellen Rhetorik scheint nie das nackte nationale Interesse auf, geschweige denn die *grandeur* der Nation, wie sie routinemäßig in Frankreich zelebriert wird. Kein deutscher Politiker wird wie Donald Trump geloben, »Deutschland wieder groß zu machen«. Das deutsche Waisenkind entwickelte sich in seinem Bildungsroman zum bravsten aller Eleven. Der moralische Auftritt geriet zur Staatsräson der Friedens- und Zivilmacht. Interessenpolitik kam und kommt grundsätzlich als Werte- und Gemeinschaftspolitik daher – kein Wunder angesichts des Verdachts, der den Bewährungskandidaten auf seinem Weg begleitete.

Das Misstrauen saß tief. Hatte dieser Kandidat überhaupt eine Chance auf Besserung? Hatte Deutschland nicht schon lange vor Hitler jenen deutschen »Sonderweg« beschritten, der das Land von den westlichen Demokratien trennte und gera-

16

dezu schicksalhaft ins totalitäre Verderben führen musste? Was demgemäß in der DNS des deutschen Wesens angelegt war, konnte doch nicht umprogrammiert werden, wie es das Projekt der westlichen Sieger vorsah.

Erfreulicherweise ist der »Sonderweg« ein Mythos, obwohl der aus der Perspektive von 1945 so zwingend erschien wie eine mathematische Ableitung. Oder so: Wenn die Deutschen die unverbesserlichen Gefangenen ihrer eigenen Geschichte waren, hätte sich das demokratische Wunder der Bundesrepublik, von dem dieser Bildungsroman erzählt, nie entfalten können, Im Gegenteil hätte das Unheil fortlaufend Unheil gezeugt. Stattdessen entwickelte sich der Nachfahr des Dritten Reiches zur fest verwurzelten Musterdemokratie.

Teil I präsentiert im ersten Kapitel die literarische Version des »Sonderwegs«. Die bekannteste ist Heinrich Manns *Untertan*, der Inbegriff des »hässlichen Deutschen« mit seinen fürchterlichen Eigenschaften. Er ist ein obrigkeitsgläubiger Kaiserverehrer, ein gewissenloser Opportunist, der nach oben buckelt und nach unten tritt – ein arroganter Nationalist, der Liberale, Sozialisten und Juden hasst. Perfekt verkörpert er den »Sonderweg« außerhalb des Westens und gegen ihn. Diese Lesart, die insbesondere im Nachkriegsdeutschland die Geschichtsschreibung färbte, ist eine Interpretation, welche die vielen Ähnlichkeiten zwischen Deutschland und seinen westlichen Nachbarn übersieht. Warum das so ist, versucht das zweite Kapitel »Der Sonderweg: Konstrukt oder Katastrophe?« zu erklären.

Tatsächlich war das kaiserliche Deutschland des *Untertans* im Guten wie im Bösen Teil der europäischen Familie. Der »Sonderweg« war in Wahrheit in eine breite europäische Trasse eingebettet, wo das liberaldemokratische Prinzip überall im Gespann mit Antisemitismus, Rassismus, Autoritarismus und Chauvinismus lief. Auf diesem Weg war nichts vorbestimmt –

weder Hitler noch Holocaust. Und schon gar nicht Verdammnis in alle Ewigkeit, wie die wundersame Karriere der Bundesrepublik zeigen sollte. Leicht waren die Prüfungen des Bewährungskandidaten nicht. Am Anfang galt der Argwohn dem Nachfolger des abscheulichen Naziregimes. Später war es die wachsende Macht des einstigen Parias, welche die Gemüter der europäischen Nachbarn bedrängte – erst recht nach der Wiedervereinigung, als die Angst vor dem »Fourth Reich« die Gemüter im Westen zu quälen begann. Dem Kaiserreich wäre diese Vorstellung nicht nur egal, sondern geradezu willkommen gewesen – als Zeichen seiner Machtfülle.

Die Bonner Republik schlug den entgegengesetzten Weg ein – mit einem außenpolitischen Stil, der das Land bis heute prägt. Demographisch und ökonomisch die Nummer eins in Europa, musste das Land im eigenen Interesse leise auftreten, sich kleiner machen, als es war. Das Wesen dieser Staatskunst ist das Herunterspielen, ja die Verschleierung von Interessen – vor den anderen wie vor sich selber. Denn die überzeugendste Ideologie ist jene, die man nicht nur plakatiert, sondern auch internalisiert. Wie meisterlich das neue Deutschland Real- und Idealpolitik verknüpft hat, zeigt Teil II dieses Buches: »Die Wiedergutwerdung«.[7]

Freilich ist ein Verwandter der Moral das Moralisieren, das nicht nur das Gute predigt, sondern auch die eigene sittliche Überlegenheit zelebriert, zum Beispiel mit der unbeugsamen Friedfertigkeit des geläuterten Deutschlands (»Wir haben unsere Lektion gelernt«). Dazu Teil III – »Auf dem Hochsitz der Moral: Die Schattenseiten der Wiedergutwerdung« –, der auch von »Amerika-Kritik« und »Israel-Kritik« handelt, einer deutschen Spezialität. Solche Begriffe kennen andere westliche Sprachen nicht; auch gibt es im Deutschen keine »Frankreich-« oder »England-Kritik«. Die Funktion liegt auf der Hand.

Amerika verkörpert die machtpolitische Abhängigkeit vom einstigen »Umerzieher«, Israel die dauerhafte Erinnerung an die Schuld der Vorväter, und beides nährt eine Mischung aus Ressentiment und Selbstbelobigung.

Dennoch: Nichts ist erfolgreicher als der Erfolg. Was zu Beginn des Entwicklungsromans aus der Not geboren wurde, formt seitdem das Selbstverständnis der »moralischen Supermacht«, die in allem das Gegenteil des Zwölfjährigen Reiches sein will. Da jeder Staat zuvörderst Interessen transportiert, mag auch ein Quantum Heuchelei mit im Spiel sein. Aber wer die historische Elle anlegt, wird sehen, dass Europa mit dem selbst gebändigten Moralstaat sehr viel besser gefahren ist als mit dem ausgreifenden Machtstaat seit dem Preußen des Großen Friedrich.

Der gute Deutsche zeichnet den Weg vom Waisen- zum Wunderkind. Hier nun im Vorgriff die verknappte Vorschau – der »Trailer« in der Sprache des Films.

DEUTSCHE WANDLUNGEN, TEIL 1

Die erste Phase in unserem Bildungsroman gehörte bis in die frühen Sechziger dem Wiederaufbau und dem Vergessenwollen. Die Prüfung im Lehrfach »Materielle Erneuerung« hat das Land mit 1+ bestanden. Es war, als hätte sich das evangelisch-katholische Westdeutschland plötzlich dem Calvinismus verschrieben. Der verheißt den Gläubigen: Wer auf Erden mit Fleiß und Entsagung Wohlstand erwirtschaftet, dem ist sein Platz im Himmel sicher – das Wirtschaftswunder als Fingerzeig göttlicher Gnade. In den Fünfzigern wuchs die Wirtschaft um bis zu acht Prozent jährlich.

Die »Vergangenheitsbewältigung«, ein geflügeltes Wort dieser Zeit, verlief nicht so glatt. Das Gestern konnte nicht entsorgt, aber doch wie radioaktiver Restmüll eingebunkert werden. Die NS-Zeit geriet etwa zwei Jahrzehnte lang zum weißen Fleck in der kollektiven Psyche.

Der Autor erinnert sich: In den Geschichtsbüchern der unteren Gymnasialklassen war 1940/41 Schluss; die »Endlösung« musste warten. Eine hervorragende popkulturelle Ausnahme war die Satire *Wir Wunderkinder* (1958) – Erleichterung durch Gelächter. Der Film handelt von dem raffinierten Opportunisten Bruno Tiches, der es vom Nazifunktionär zum reichen Schwarzhändler, dann zum Generaldirektor im Wirtschaftswunderland schafft. Zum Schluss erreicht ihn die gerechte Strafe. Die hat freilich nicht der Recht sprechende Staat verhängt, sondern ein Deus ex Machina, ein kaputter Fahrstuhl. Tiches übersieht das Warnschild und stürzt im leeren Schacht zu Tode.

Eine andere Ausnahme, die sich freilich ebenso wenig an das Menschheitsverbrechen herantraut, ist *Rosen für den Staatsanwalt* (1959). Die bittere Komödie zeichnet den Weg des Nazirichters Wilhelm Schramm nach. Der hatte im Krieg Todesurteile wie am Fließband unterschrieben. Nun agiert er in einer Kleinstadt wie in alten Zeiten als hartleibiger Oberstaatsanwalt und liest heimlich die *National- und Soldatenzeitung*. Die böse Vergangenheit lebt fort, flüstert der Film; sie ist nur verdrängt worden. Gestellt wird Schramm von einem nur durch Zufall überlebenden Opfer, das er im Krieg wegen einer Lappalie zum Tod verurteilt hatte. Doch bleibt die Gerechtigkeit auf halbem Wege stecken. Schramm kommt nicht vor Gericht: Er wird bloß beurlaubt und verliert die Beförderung.

Derweil schreitet die *politische* Resozialisierung der jungen Republik fürbass. Sie besteht die Prüfungen und Versuchungen. Die Adenauer-Regierung betreibt gegen starken inneren Widerstand die materielle Wiedergutmachung gegenüber den Juden und dem jüdischen Staat. Die Bonner Republik widersteht der Versuchung des Neutralismus im Tausch gegen die

20

Wiedervereinigung – ein Deal, den Moskau immer wieder hinhält, um die Westintegration zu verhindern. Bonn überwindet das Misstrauen der Franzosen, die den deutschen Angstgegner an die kurze Leine legen wollten. »Wir leinen uns selber an, nämlich in der Europäischen Gemeinschaft und im Atlantischen Bündnis«, war die unausgesprochene Parole. In der Innenpolitik setzt die Regierung Adenauer die Wiederbewaffnung und die Westbindung gegen die zähe Opposition der Sozialdemokraten wie auch großer Teile des Wahlvolks durch. Hierzu Kapitel 4: »Adenauer und die wundersame Jugend der Bonner Republik«.

In ihren Lehrjahren entwickelt sich die Republik, wie Hegel schreibt, zu einem Geschöpf, das die »vorhandene Wirklichkeit akzeptiert«. Es gelingt ihr, wie Becher lästert, die »schlechten Manieren« vergessen zu machen und in die »gute Gesellschaft« des Westens vorzudringen. Rechts- und linksextreme Parteien verschwinden oder werden verboten.

DEUTSCHE WANDLUNGEN, TEIL 2

Die zweite Phase – die Prüfungen der Wanderjahre – beginnt in den frühen Sechzigern. Die Selbstbetäubung weicht der Konfrontation mit der Vergangenheit. Der herausragende Markstein auf dem neuen Weg sind die Auschwitz-Prozesse. Über den ersten, der am 20. Dezember 1963 begann, schreibt der *Spiegel*:

»18 Jahre lang hatten es die Deutschen vermieden, mit der NS-Vergangenheit aufzuräumen. Kollektiv wurde geschwiegen, verdrängt und vergessen, die Schuldfrage unter den Teppich gekehrt. Damit war es nun vorbei. Der Prozess verstörte und empörte die Deutschen. Denn im öffentlichen Verständnis urteilten die Frankfurter Richter nicht nur über 22 SS-Aufseher, sondern über die ganze Nation.«[8]

Es urteilten aber *deutsche* Richter, nicht die der Alliierten wie in Nürnberg. Mit den NS-Prozessen stellten sich die Westdeutschen ihrer verdrängten Geschichte. Doch zeugen rechtsstaatliche Prozeduren – die minutiöse, frustrierende Wahrheitsfindung im Wust der Akten und Aussagen – keine Katharsis. Die ist laut Aristoteles die Selbstreinigung durch »Schauder und Mitleid«. Das Prinzip *in dubio pro reo,* im Zweifel für den Angeklagten, spricht Recht, schafft aber nicht unbedingt Gerechtigkeit.

Die Katharsis wurde merkwürdigerweise von einem Pop-Drama ausgelöst: der vierteiligen TV-Serie *Holocaust: Die Geschichte der Familie Weiss* vom Beginn der Judenverfolgung bis zur »Endlösung«. Was unzählige Dokumentationen zum Völkermord nicht vermocht hatten, gelang 1979 einer Serie über das Schicksal einer einzigen jüdischen Familie, sozusagen *Hollywood meets Holocaust.* Sie fesselte zehn oder gar 15 Millionen Zuschauer pro Sendung an den Bildschirm.

Es war eine erinnerungsgeschichtliche Wasserscheide. Unter der Wucht des emotionalen Bebens, hieß es seinerzeit, habe der Bundestag 1979 endlich, nach mehreren gescheiterten Anläufen, die Verjährungsfrist für Mord aufgehoben.[9] Der Autor des Buches *Erfundene Erinnerung* sieht die Miniserie als »Beginn der Bereitschaft nun auch eines Massenpublikums, sich mit der NS-Vergangenheit überhaupt auseinanderzusetzen«.[10] Das Fernsehen als Erziehungsanstalt im Wohnzimmer – oder: Vier TV-Episoden sind mehr wert als Millionen von Wörtern.

Im Jahre 1979 markierte *Holocaust* eine Prüfung der Kollektivseele, einen nachträglichen moralischen »Stresstest«, dem sich die breite Masse erst zwanzig Jahre nach dem Untergang gestellt hatte. Damit aber nicht genug. Im selben Jahrzehnt, in den Siebzigern, bestand die Halbnation zwei weitere harte Prüfungen.

Die eine war Willy Brandts heftig umkämpfte Ostpolitik, die den eingebauten Revisionismus der Bundesrepublik ad acta legte. Im Kern war die Ostpolitik »Verzichtpolitik«: die Aufgabe ehemaliger deutscher Gebiete in Polen und in der Sowjetunion sowie die Hinnahme der DDR als zweiten deutschen Staat. Es war ein Verzichtfrieden, gewiss, aber einer, um abermals Hegel zu bemühen, wo der Proband »sich in die bestehenden Verhältnisse«, in die machtpolitischen Realitäten, einfügt. Eine solche Prüfung hatte die Weimarer Republik nicht bestanden; die »Heimholung« der amputierten Ostgebiete schweißte alle Parteien von rechts bis links zusammen und lieferte Hitler den Vorwand, mit dem Angriff auf Polen den Weltkrieg zu entfesseln. Die Ostpolitik »entfesselte« dagegen den europäischen Frieden (siehe Kapitel 6, »Willy Brandt und der Kniefall«). Krasser konnte der Unterschied zwischen dem Dritten Reich und der Zweiten Republik nicht sein.

Die zweite Prüfung der Siebziger war der Terror der Rote Armee Fraktion und ihrer Ableger. Mord, Entführung und Erpressung summierten sich über Jahre hinweg zum unerklärten Ausnahmezustand (siehe Kapitel 10). Würde der Staat mit verzehnfachter Härte zurückschlagen, um im Namen der Sicherheit die Säulen der liberalen Demokratie einzureißen? Er tat es nicht; die Regierung Helmut Schmidt besiegte den Terror, ohne das Fundament des Staates, die Bürgerfreiheit, zu demolieren.

In der folgenden Dekade, in den Achtzigern, musste die Republik abermals eine außenpolitische Prüfung bestehen. Das war der Binnenkrieg gegen die Nachrüstung mit nuklearen Mittelstreckenwaffen – eine Generation nach den massenhaften Protesten gegen Wiederbewaffnung und Westbindung. Bedrängt von atomaren Untergangsvisionen auf dem »Schießplatz der Supermächte«, gingen Millionen auf die Straße (siehe Kapitel 7).

Die Position der Bundesrepublik im Westen wackelte, die Regierung Schmidt fiel. Doch sollte der geschasste Kanzler recht behalten, die kühle Staats- und Bündnisräson sich unter seinem Nachfolger Helmut Kohl in der Machtprobe mit Moskau durchsetzen. Der Kreml musste erkennen, dass Westdeutschland, der Dreh- und Angelpunkt der Nachrüstung, nicht kapitulieren würde. Die Raketen kamen und gingen, weil die Sowjetunion ihre Vorrüstung im Zuge der »Null-Lösung« zurücknahm.

DEUTSCHE WANDLUNGEN, TEIL 3

Diese Phase – das Erwachsenenleben im Bildungsroman – beginnt 1990 mit der Wiedervereinigung, einem weltpolitischen Wunder, und sie hält an bis in unsere Tage. Die Zweiteilung Deutschlands zerbrach zusammen mit der Zweiteilung Europas, die scheinbar auf eine Ewigkeit angelegt worden war. Es war, als hätte der Weihnachtsmann seinen größten Geschenkesack bei dem Waisenkind Deutschland abgeladen.

Die strategische Bedrohung aus dem Osten verschwand mit dem Zerfall des Warschauer Paktes und dem Abzug der russischen Armeen. Es fielen die Ketten der Abhängigkeit vom Westen. Mit der stärksten Wirtschaft und der größten Bevölkerung war Deutschland abermals die Hauptmacht auf dem europäischen Schachbrett. Was nun?

Der Zögling hatte während seiner Lehrjahre verinnerlicht, wie zweischneidig Macht ist. Sie schafft Vorteile wie auch Versuchung und Selbstüberhebung, die den Deutschen regelmäßig das Desaster beschert hatten. Das neue Deutschland schlüpfte eben nicht in die Knobelbecher seiner Vorgänger, das »Fourth Reich« blieb nur eine Angstfantasie seiner Nachbarn. Stattdessen kassierte Deutschland nach dem Kalten Krieg eine reiche Friedensdividende und betrieb im folgenden Vierteljahrhundert eine geradezu beispiellose Abrüstungspolitik. Von 3500 Kampfpanzern blieben nur 250 übrig.

Auf dem neu geordneten europäischen Brett positionierte sich das vereinte Deutschland nicht als Macht-, sondern als Moralstaat (siehe Kapitel 3,»Der gute Deutsche: Vom ›Untertan‹ zu Angela Merkel«). Peinlichst vermied der Hüne Gesten der Stärke, legte sich anstelle der alten Ketten freiwillig neue an – ein einzigartiger Vorgang in der Staatengeschichte. Nicht weniger, sondern mehr europäische Integration sollte es sein – durch Souveränitätsverzicht auf dem Weg zu einer »immer engeren Union«, durch Vergemeinschaftung der mächtigen D-Mark im Euro.

Um die strategische Arena machte die Bundesrepublik im krassen Gegensatz zum Zweiten und zum Dritten Reich einen weiten Bogen. Die Liste: Kuwait-Krieg 1990 gegen den Eroberer Saddam Hussein, Afghanistan-Krieg gegen al-Qaida und Taliban nach dem Terrorangriff auf New York 2001, Zweiter Irak-Krieg 2003, Libyen-Luftkrieg 2011, Bombardement syrischer C-Waffen-Anlagen 2018. Im letzteren Fall galt die Devise: Wir sind dafür, nicht dabei.

Amerikas Alliierte kämpften mit, die »Zivilmacht« Deutschland entzog sich den Einsätzen mit viel Geld und nicht-militärischen Gaben. Die Zivilreligion des »Nie wieder!« warf einen doppelten Bonus ab, wie Kapitel 7,»Friedensmacht Deutschland: Erhebend, praktisch, gut«, zeigt. Mit seiner nachgerade unbedingten Friedfertigkeit konnte Deutschland Läuterung und moralischen Selbstwert bezeugen, zugleich den kostenträchtigen Zumutungen seiner Verbündeten ausweichen. Das Nützliche als Zwilling des Guten.

In diesem Sinne hat sich der Held unseres Bildungsromans nicht in ein »normales Land«, gar ein »Modell für den Westen«

verwandelt, wie der *Economist* 2018 in seiner Titelgeschichte *Cool Germany* applaudierte.[11] »Normale« Groß- oder auch nur Mittelmächte wie Frankreich und Britannien verstehen, wie es Clausewitz gelehrt hatte, Gewalt und Diplomatie als zwei Seiten derselben Medaille. Deutschland aber hat sich mit dem Verweis auf seine Vergangenheit eine »Kultur der Zurückhaltung« – oder Strategie der Selbstfesselung – auferlegt. Es setzt Gewalt in kleinen Dosen nur im Verbund mit anderen ein, wo die Risiken gering sind, vor allem keine Konfrontation mit einem militärischen Schwergewicht droht. Das Hehre und das Dienliche Hand in Hand – das ist ein Leitmotiv des deutschen Entwicklungsromans.

Im siebten Buch von *Wilhelm Meister* ruft der Abbé, der im Hintergrund die Geschicke steuert, dem Zögling zu: »Heil dir, junger Mann!, deine Lehrjahre sind vorüber.« Für die Bundesrepublik, inzwischen kein »junger Mann« mehr, trifft der Glückwunsch noch nicht zu. Eine »normale Nation« würde nicht nur als Konsument, sondern auch als Mitproduzent von Sicherheit auftreten – zumal in einer Zeit, wo die Konflikte immer dichter an das einst so friedvolle Europa heranrücken und der Chefproduzent Amerika seit der Ära von Barack Obama (2009–2017) von Europa abrückt.

In der Literatur steht am Schluss des Bildungsromans das Happy End. In der realen Welt aber hört das Lernen nie auf. Eichendorffs »tugendhafte Wandlung« ist längst bewältigt; die Bundesrepublik ist das funkelnde Gegenmodell zu ihren blutig gescheiterten Vorgängern. »Normal« aber wird sie noch lange nicht sein. Wieso auch, wenn sie in ihrem eigenen Entwicklungsroman gelernt hat, dass sie in ihrer selbst gewählten Rolle als Friedens- und Zivilmacht mit ihren gezügelten Ambitionen so sehr viel erfolgreicher agiert hat als der untergegangene deutsche Machtstaat.

TEIL I

DER MYTHOS VOM DEUTSCHEN SONDERWEG

KAPITEL 1

DER »HÄSSLICHE DEUTSCHE«

DER »UNTERTAN« DIEDERICH HESSLING

Der hässliche Deutsche heißt Diederich Heßling. Er ist die literarische Hauptfigur in Heinrich Manns *Der Untertan*, einem Roman, der wie kein anderer die Sicht auf Wilhelminien geprägt hat – das Zweite Reich, den ersten deutschen National-staat, der sich aus dem Völkergemisch des Heiligen Römischen Reiches († 1806) herausgeschält hatte. Warum Heßling und nicht Hitler? Der spielt in einer anderen galaktischen Liga, mit Stalin, Mao und Pol Pot. Heßling ist kein Millionenmörder, keine Ausgeburt des Bösen, sondern ein normaler Deutscher seiner Zeit, jedenfalls so, wie Heinrich Mann ihn mit seiner galligen Feder gezeichnet hat.

Heßling ist obrigkeitshörig und feige. Ein Mitläufer und Kon-formist, Burschenschaftler und Stammtischagitator, Intrigant und Kaiserverehrer. Er ist ein Tyrann gegen die Schwachen und ein Untertan, der sich der überlegenen Macht beugt. Heßling verabscheut den Liberalismus, dem sich das aufsteigende bri-tische Bürgertum verschrieben hatte. Sein Leitstern ist ein glü-hender antidemokratischer Nationalismus, der einen weiteren Unterschied zu England und Amerika markiert, wo der Stolz auf die Demokratie als einzigartige angelsächsische Errungen-schaft den Nationalismus befeuerte.

Der Liberalismus war »jüdisch«. Die Neuteutonen, Diederichs Burschenschaft, stimmen »alle darin überein, dass der jüdische Liberalismus die Vorfrucht der Sozialdemokratie sei und die christlichen Deutschen sich um den Hofprediger Stöcker zu scharen hätten«, den Begründer der antisemitischen Christlich-Sozialen Partei. An dieser Stelle lässt der hellsichtige Autor schon den Hitler aufblitzen, obwohl das Manuskript 1914 abgeschlossen wurde. Die Juden, doziert Diederichs Freund, der »hochfeudale« Herr von Barnim, »waren das Prinzip der Unordnung und Auflösung, das Prinzip des Bösen selbst«. Und »Diederich fühlte mit ihm«.

Der Sentimentalist Heßling ist ein Machtmensch von »deutscher« Art: »Jeder muss über sich einen haben, vor dem er Angst hat, und einen unter sich, der vor ihm Angst hat.« In Diederichs Volksgemeinschaft regiert nicht der freie *citizen* oder *citoyen*, sondern der Untertan, der sich nach oben duckt und nach unten tritt.

Heßling ist zugleich Heuchler und Opportunist, im öffentlichen wie im eigenen Leben. Schlau entzieht er sich dem Wehrdienst, besingt aber die Armee bei jeder Gelegenheit als Inbegriff deutscher Zucht und völkischer Überlegenheit. Er wütet gegen die »Sozen« und applaudiert, als die Büttel einen demonstrierenden Arbeiter erschießen. Denn die »Bande« müsse wissen, »wer die Macht hat«, nämlich der Kaiser. »Sie werden ihn kennenlernen«, böllert Diederich. »Blut und Eisen bleibt die wirksamste Kur! Macht geht vor Recht!« Auch hier zeichnet Mann unbewusst einen scharfen Kontrast zum angelsächsischen Westen. In England wurde die *rule of law* schon vor achthundert Jahren in der Magna Carta festgeschrieben – das Prinzip, wonach der Souverän unter, nicht über dem Gesetz steht.

Sein Hass auf die »vaterlandslosen Feinde der göttlichen Weltordnung« hindert Heßling freilich nicht daran, ein Bündnis mit dem SPD-Funktionär Napoleon Fischer einzugehen, um so in den Stadtrat des Provinzkaffs Netzig gewählt zu werden. Solange es gut fürs Geschäft ist, paktiert er auch mit den liberalen Kräften, die der »alte Herr Buck« verkörpert. Wieso das Bündnis mit dem ideologischen Todfeind? Weil es opportun ist. Herr Buck sei »noch immer der mächtigste Mann der Stadt«, schmeichelt ihm Heßling; überdies sei er selber »ein durchaus liberaler Mann«. Lügen in Zeiten des Aufstiegs. Doch ist der »alte Buck« der Einzige, der Heßling durchschaut. Auf dem Totenbett nimmt er Heßling als »Teufel« wahr. Aber »Diederich war schon entwichen«, wie Heinrich Mann auf der letzten Seite des Romans voller Vorahnung notiert.

Wie in der Politik, so auch im Privaten, wo unser wilhelminischer Held jeden Wert so hochhält, dass er bequem darunter durchlaufen kann. Seine erste Liebe, Agnes Göppel, lässt er eiskalt fallen, um die reiche Erbin Guste Daimchen zu heiraten, die er bald als »fette Gans« und »frisch gewaschenes Schweinchen« verachten wird. Dennoch unterwirft er sich dem Weibe so hündisch wie der Macht des Monarchen.

In einer hinreißenden nächtlichen Szene, die nur deshalb nicht ins Pornographische abrutscht, weil Mann sie clownesk überzeichnet, wird das Sexuelle zum Politischen: Unterwerfung als Lustprinzip. Mit nachtwandlerischem Instinkt zeichnet Mann hier die Erotik der Macht vor, die Hitler genial nutzte, um ein ganzes Volk zu unterjochen. In ihrem Essay *Faszinierender Faschismus* spricht Susan Sontag von einer »Sexualität«, die umgewandelt wird »in die Anziehungskraft von Führergestalten und das Glück der Gefolgschaft«. Die Filme dazu, vorweg den »Triumph des Willens«, lieferte Leni Riefenstahl.

»… und plötzlich hatte er [Diederich] eine mächtige Ohrfeige – worauf er nichts erwiderte … seine Augen … voll Angst und dunklen Verlangens standen … Guste … erhob sich … und den wurstförmigen Finger gebieterisch gegen den Boden gestreckt, zischte sie: ›Auf die Knie, elender Schklafe!‹ Und Diederich tat, was sie heischte! In einer unerhörten und wahnwitzigen Umkehrung aller Gesetze durfte Guste ihm befehlen: ›Du sollst meine herrliche Gestalt anbeten!‹ – und dann auf den Rücken gelagert, ließ er sich von ihr in den Bauch treten. Freilich … fragte [sie] plötzlich ohne ihr grausames Pathos und streng sachlich: ›Haste genug?‹

Diederich rührte sich nicht; sofort ward Guste wieder ganz Herrin. ›Ich bin die Herrin, du bist der Untertan‹, versicherte sie. ›Aufgestanden! Marsch!‹ – und sie stieß ihn mit ihren Grübchenfäusten vor sich her nach dem ehelichen Schlafgemach. ›Freu’ dich!‹ verhieß sie ihm schon, da gelang es Diederich, zu entwischen … Versagenden Herzens vernahm er, wie Guste dort hinten ihm die wenigsten anständigen Namen gab, wobei sie freilich schon wieder gähnte … Diederich aber … kroch auf allen vieren die Estrade hinan und versteckte sich hinter dem bronzenen Kaiser.«

»Hinter dem bronzenen Kaiser«, dem ersten. Den zweiten Wilhelm imitiert Heßling mit Gestik, Mimik und gezwirbeltem Schnurrbart. Er unterbricht sogar seine Flitterwochen, um dem angebeteten Monarchen in Rom nachzulaufen: endlich Aug’ in Aug’ mit der gottgleichen Gestalt. Er durchbricht die Sperren, die Soldaten jagen hinter ihm her. Als die kaiserliche Karosse vorfährt, »schwenkt Diederich den Hut, er brüllt auf, dass die Herren im Wagen ihr Gespräch unterbrechen«. Wilhelm beugt sich vor, »und sie sahen einander an, Diederich und sein Kaiser. Der Kaiser lächelt kalt.« Doch ein paar Sekunden sind sie »miteinander allein, der Kaiser und sein Untertan«.

Diederich erlebt die Macht wie im Rausch, sei’s die der Gattin oder des Herrschers. Ironisch schreibt Mann: »ein Rausch, höher und herrlicher als der, den das Bier vermittelt … Die Macht, die über uns hingeht und deren Hufe wir küssen! Die über Hunger, Trotz und Hohn hingeht! Gegen die wir nichts können, weil wir alle sie lieben.« Heinrich Mann hat das Manuskript im Juli 1914, nur Wochen vor dem Ersten Weltkrieg, abgeschlossen. Auf den letzten Seiten erblickt er bereits den Abgrund, in den die Nation stürzen würde. Auf Heßlings Betreiben hatte Netzig zum 100. Geburtstag des ersten Wilhelm ein Denkmal für den Kaiser beschlossen. Doch gerät die Einweihung zur Vorschau auf die Apokalypse.

»… da platzte der Himmel … mit einer Heftigkeit, die einem lange verhaltenen Ausbruch glich. … Die Tribünen verschwanden hinter Stürzen Wassers … dass die Zeltdächer sich gesenkt hatten unter der Wucht des Wolkenbruches, in ihren nassen Umschlingungen wälzten links und rechts sich schreiende Massen. … in jagendem Geisterlicht, schwefelgelb und blau, bäumten sich die Pferde …, die Besitzenden und Gebildeten dagegen waren in der Lage, dass sie auf ihren Köpfen schon die fliegenden Trümmer des Umsturzes fühlten, samt dem Feuer von oben.« Die »Weltordnung« zerbrach in »Entsetzen und Auflösung«. … *Aber die apokalyptischen Reiter flogen weiter; Diederich merkte es, sie hatten nur ein Manöver abgehalten für den Jüngsten Tag, der Ernstfall war es nicht.*«[1]

Der kam am 28. Juli 1914. Nach vier Jahren und zehn Millionen Gefallenen war das Reich Geschichte und Diederichs göttlicher Kaiser im Exil. Heinrich Manns Porträt des hässlichen Deutschen Diederich Heßling war eine Karikatur – linksgestrickte Agitprop im Gewande der Ironie. Aber auch andere Literaten zeichneten solche Fratzen. »Alles ist Pathos, Phrase«, notierte der bayerische Schriftsteller Ludwig Thoma. »Der Durchschnittsdeutsche von heute [ist] ein ekelhafter Komödiant, der seine Gefühle, seinen Patriotismus auf den Markt trägt.« Solche Gestalten gab es en masse auch in der Wirklichkeit – an den Stammtischen wie im öffentlichen Leben, im Klein- wie im Großbürgertum. Doch haben nicht die Heßlings deutsche Geschichte gemacht, sondern umgekehrt. Erst im Verlauf dieser Geschichte, in der Rückschau, sind diese Figuren zu Vorboten des Unheils mutiert.

Heinrich Manns genial überzeichneter Heßling als Prototyp des hässlichen Deutschen hat sich zwar tief in das kulturelle Gedächtnis eingegraben, jedenfalls in dessen literarischen Teil. Aber er kann nicht einmal Hitler erklären, geschweige denn Konrad Adenauer, Willy Brandt oder Angela Merkel, die sich zum absoluten Gegenmodell vereinten. Wenig war vorgegeben, nichts war vorbestimmt, wie das folgende Kapitel zeigen soll.

KAPITEL 2

DER DEUTSCHE SONDERWEG
KATASTROPHE ODER KONSTRUKT?

RÜCKWÄRTSGEWANDTE PROPHETIE

War der hässliche Deutsche der wahre Deutsche? Damals wie auch hundert Jahre später? Die kürzeste Antwort lautet: »Nein.« Die längere folgt sogleich.

Wer vom Heute auf das Gestern blickt, riskiert jenen Trugschluss, der die historische Kontingenz – den offenen Ausgang – mit Notwendigkeit, Schuld und Schicksal verwechselt, etwa: »So war es; so musste es kommen.« Erst das Danach hat Heinrich Manns Karikaturen zum Wegbereiter der Katastrophe *Made in Germany* gemacht. Aus der Danach-Perspektive führt scheinbar eine gerade Linie vom preußischen Absolutismus zum wilhelminischen Machtstaat, der die demokratische Moderne erstickte und den Hegemonialkrieg 1914–1918 auslöste – Deutschlands Griff nach der Weltmacht. Nahtlos schließen sich in dieser Sicht die nächsten Katastrophen an – von Weimar bis Auschwitz.

Der nationalen Erniedrigung von 1918 folgte der Untergang der ersten deutschen Demokratie im Kreuzfeuer der rechten und linken Totalitären. Die Weimarer Republik überlebte nicht einmal 14 Jahre lang. Sie versank in der schwarzen Nacht des Nazismus, die mit der Totalniederlage im Zweiten Weltkrieg und der Zerstückelung des Deutschen Reiches durch die Siegermächte endete. Von dieser Warte aus entpuppt sich Heßling als Menetekel – wie im Buch Daniel, wo der Prophet dem Babylonier-König Belsazar wegen seiner Sünden die »gezählten Tage« seiner Herrschaft offenbart.

War der Verlauf der modernen deutschen Geschichte von Wilhelm zu Adolf, von Sedan nach Auschwitz tatsächlich vorherbestimmt? Nach 1945 sah es tatsächlich so aus, als hätten die Deutschen schon lange zuvor den weidlich zitierten »Sonderweg«[2] beschritten, der sie von den europäischen Nachbarn abkoppeln, sodann ins Verderben führen sollte – Europa mit dazu. Wer im Geiste auf diesem Weg zurückwandert, so die These vom Sonderweg, wird all die Stationen erkennen, die mit historischer Notwendigkeit in den Untergang führten. So war es, so musste es sein.

Hatte nicht schon Martin Luther Judenhass, Deutschtum und Gehorsam gegenüber der Obrigkeit gepredigt? Wenn sich die Untertanen »empören und auflehnen, wie es jüngst die Bauern taten, ist es recht und billig, gegen sie mit Gewalt vorzugehen«, dozierte Luther in *Ob Kriegsleute auch in seligem Stande sein können* (1526).

Ein Blick nach draußen, der in der Theorie vom »Sonderweg« gern als Folie für die Verirrungen der deutschen Geschichte benutzt wird: Im Unabhängigkeitskrieg 1775–1783 hatten sich die Jung-Amerikaner des britischen Königs George III. entledigt. In der Revolution von 1789 hatten die Franzosen König und Adel auf der Guillotine beseitigt. Nach den Bürgerkriegen in der Mitte des 17. Jahrhunderts hatten die Engländer ihre Monarchen immer enger zwischen *Parliament* und *rule of law* eingezwängt. Doch anstatt nach der Macht zu greifen, so die These vom Sonderweg, unterwarf sich das deutsche Bürgertum einer preußischen Militärmonarchie, welcher der Adel als Prätorianergarde und Herrschaftskaste diente.

Die Verwerfungen der Moderne, zumal Industrialisierung und Verstädterung, Verelendung und märchenhaftes Wachstum, die anderswo der Demokratie den Weg bereiteten, wurden zugedeckt von einem zügellosen Nationalismus, der sich zum Rassismus steigerte. Gepaart mit Aggressivität nach außen, fungierte dieses exaltierte Nationalgefühl als großer Gleichmacher, der die Konflikte zwischen Klassen und Konfessionen, Agrar- und Industriewirtschaft in der alles überwölbenden »Volksgemeinschaft« aufhob. Land- oder Edelmann, Proletarier oder Profiteur, Protestant oder Papist – sie alle waren gleich und erhaben als Deutsche, die über allen anderen Völkern standen. In der scheinbar konfliktfreien Volksgemeinschaft gab es »keine Parteien mehr, ... nur noch Deutsche« – so lautete die legendäre Parole des zweiten Wilhelm.

Der These nächster Teil: Statt politische Teilhabe einzufordern, ließ sich das Bürgertum mit dem Opiat der kulturellen Überlegenheit ruhigstellen. In dieser Vorstellung überragte die hehre deutsche »Kultur« turmhoch die minderwertige materialistische »Zivilisation« des Westens. Deutschland war auserwählt unter den Völkern. Welch berauschender Trank! Er beglückte, indem er betäubte.

Diederich Heßling, der Bürgersohn auf dem Weg nach oben, kandidiert zwar für den Stadtrat, beugt aber das Knie vor dem Kaiser. Denn »der hat die Macht«. Sie wird nicht geteilt, sondern mit »Blut und Eisen« befestigt. »Macht geht vor Recht«, tönt Diederich, und die gehöre allein dem geheiligten Monarchen. Wo das Bürgertum in Frankreich und England die Macht Stück um Stück, Rückschlag um Rückschlag eroberte, machte es sich das deutsche im Herrenzimmer bequem, dort, wo hinter dem Glas des eichenen Bücherschranks Schiller, Lessing und Kant auf dem Altar des deutschen Idealismus prangten.

John Locke, Adam Smith und David Hume, die Meisterdenker der schottisch-englischen Aufklärung, blieben draußen – der kaltäugige Realist Machiavelli sowieso. Das »Bildungsbürgertum«, ein Begriff, den keine andere westliche Sprache kennt, hatte – so die Theorie vom Sonderweg – sein Erstgeburtsrecht für den Ohrensessel im Reich der Innerlichkeit verkauft. Dergestalt wurden die Deutschen thesengemäß zum Außenseiter des westlichen Europas.

Wie spottete doch Heinrich Heine im »Wintermärchen«:

>»Franzosen und Russen gehört das Land,
>Das Meer gehört den Briten,
>Wir aber besitzen im Luftreich des Traums
>Die Herrschaft unbestritten.
>
>Hier üben wir die Hegemonie,
>Hier sind wir unzerstückelt;
>Die andern Völker haben sich
>Auf platter Erde entwickelt.«

Das Adelsabzeichen des Bildungsbürgertums war der »Herr Doktor«, nicht die blau-weiß-rote Kokarde des Republikanismus, die den Machtanspruch des Bürgertums in England, Amerika und Frankreich symbolisierte. Dieser Anspruch forderte nicht kulturelle, sondern reale Mitbestimmung bei der Schlüsselfrage aller Politik: Wer kriegt was, wann und wie? Ein typischer Vertreter des Verzichts war Heinrichs Bruder, Thomas Mann. In seinem Buch mit dem bezeichnenden Titel *Betrachtungen eines Unpolitischen* (von dem er sich allerdings bald distanzierte) begründete Thomas Mann den deutschen Sonderweg, lange bevor der Begriff in die Historiographie einging.

Seine Vorstellung von »Deutschtum« lief konträr zu den demokratischen Glaubenssätzen der Franzosen und Angelsachsen. Diese siedelten im profanen Reich des Politischen, »auf platter Erde«, die Deutschen im erhabenen Reich des Geistes.

»Der Unterschied von Geist und Politik«, lehrte Thomas Mann, sei der »von Kultur und Zivilisation, von Seele und Gesellschaft, von Freiheit und Stimmrecht«. Für ihn war »Deutschtum« eben nicht »Zivilisation, Gesellschaft und Stimmrecht« – notabene der Kern der liberalen Demokratie –, sondern »Kultur« und »Seele«. In dem Essay *Einiges über Menschlichkeit* preist der Nobel-Literat Demut, Dienen und Gehorsam, mithin die Abwendung von der realen Politik.

Im Reich der Politik, im revolutionären Amerika, wären derlei Betrachtungen unvorstellbar gewesen, obwohl sich auch dort, wie in England, eine romantische Bewegung im frühen 19. Jahrhundert entwickelte; nur war sie fest in der liberaldemokratischen Tradition verwurzelt. Dort schleuderte ein Patrick Henry, ein Vordenker der Revolution, dem britischen Gottesgnadentum entgegen: »*Give me liberty, or give me death!*«

In seinem Traktat *Common Sense* donnerte der Chefideologe der Revolution, Thomas Paine: Der wahre »König Amerikas« regiere allein im Himmel, nicht auf Erden, wo George III., der »royale Rohling der Briten, die Menschheit verwüstet«. In den *Federalist Papers*, der Bibel des liberaldemokratischen Staates, zerbrachen sich Alexander Hamilton, John Jay und der spätere Präsident James Madison den Kopf über die *Checks and Balances* der Verfassung. Diese müssten die Tyrannei im Keim ersticken, aber auch die »Tyrannei der Mehrheit«, welche die Architekten der *Constitution* so fürchteten wie die Willkür der Kaiser und Könige.

Von Innerlichkeit und »Kultur« hört man kein Wort bei John Locke, David Hume und den amerikanischen *Federalists*, dagegen umso mehr von der Mechanik praktischer Politik. Die sollte nicht Ideale befördern, sondern Interessen so austarieren, dass im Widerstreit stets die Freiheit obsiege. Umgekehrt wird man im damaligen Diskurs der Deutschen nicht auf die »unveräußerlichen Rechte« des Einzelnen stoßen, die kein Staat je antasten dürfe. Solche Grundrechte wurden erst im westdeutschen Grundgesetz verankert; unter der Weimarer Verfassung konnten Parlament oder Präsident die Verfassung aufheben oder verändern.

KRANKHAFTE ERBANLAGEN

Entspringt dann der deutsche »Sonderweg« einem vergifteten Boden, gar krankhaften Erbanlagen? Der Dichter darf sich die Freiheit nehmen, einen Weg von Heßling zu Hitler zu trassieren. Der nüchterne Historiker aber, der im Steinbruch der Geschichte arbeitet, muss bedenken, dass Notwendigkeit ein Konstrukt ist, das erst im Nachhinein wie eine Kausalkette aussieht. Wer den Ausgang kennt, wähnt, dass alles so kommen musste – von A nach B und C, so und nicht anders.

Von der Warte des bereits Geschehenen sieht der Beobachter deutscher Geschichte lauter rote Fäden, wo im Vorhinein jedoch wenig entschieden und vieles offen war. Ein klassischer Faden zieht sich *From Luther to Hitler*, um den Titel eines Buches zu zitieren, das schon 1941 erschien[3] und zum geflügelten Wort wurde. Nach 1945 geriet diese Botschaft nachgerade zum Evangelium: Ja, die Deutschen hatten einen Sonderweg beschritten, und der musste zwangsläufig in Auschwitz enden. Die Menschheitskatastrophe war demnach in der deutschen DNS angelegt.

Das ist Prophetie von vorn nach hinten, in der Sprache der Wissenschaftstheorie: Retrodiktion statt Prädiktion. Wer weiß, was geschehen ist, glaubt, dass das Gestern das Heute zeugen *musste*. Doch warnte der amerikanische Historiker Fritz Stern in einer frühen Widerrede vor dreißig Jahren davor, vom »Verhängnis rückwärts« zu räsonieren.[4] So lande der Historiker in der Falle trügerischer Gewissheiten. Der »Gesamtverlauf der deutschen Geschichte« dürfe nicht nur aus der »Perspektive von 1945« gesehen werden.

Denn welcher gerade – oder auch nur verschlungene – Weg führt von Heinrich Heine zu Heinrich Himmler, von Albert Einstein zu Albert Speer und Adolf Eichmann? *Das Kapital* und *Der Stürmer* passen so gut zusammen wie Kreis und Quadrat – wie Mendelssohn Bartholdys Gewandhausorchester in Leipzig und Dr. Mengeles Häftlingskapelle in Auschwitz. Die Liste ließe sich endlos verlängern: Beethoven und Bergen-Belsen, Kant und Kaiser Wilhelm, Schillers Freiheitspathos und Alfred Rosenbergs *Mythos des 20. Jahrhunderts,* das »Neue Testament« des Nazismus, das die »Religion des Blutes« zu stiften gedachte.

DIE PERSPEKTIVE VON 1945: EIN TRUGBILD

Der Blick zurück vom Untergang 1945 aus lässt unweigerlich jenen »Sonderweg« erkennen, der nach 1945 zur Lehrmeinung wurde (selbst im Englischen gibt es den Begriff als Lehnwort). Nur: *Der Sonderweg war bei näherem Hinsehen keiner.* Ebenso war »typisch deutsch« nicht so typisch. Gehen wir in die Zeit des Diederich Heßling zurück, um aus vergleichender Sicht den deutschen Weg in den gesamtwestlichen einzubetten.

»DIE VERSPÄTETE NATION«

Dieses immer wieder zitierte Buch von Helmuth Plessner (1959) ist der Urahn des »Sonderwegs«.[5] Die Grundthese lautete: Während sich in England und in Frankreich im 16. Jahrhundert der Nationalstaat herauszuschälen begann und die Demokratisierung begünstigte, blieb Deutschland ein Staatengemisch bis zur Bismarck'schen Vereinigung. Das einzige einende Band war das Volkstum, und das – so der kühne Sprung – habe das Bürgertum dazu verleitet, sich dem Kaiser und dem Führer zu unterwerfen.

Tatsächlich hat sich der Nationalstaat überall im Westen erst im 19. Jahrhundert durchgesetzt. Die »Vereinigten Staaten« hatten sich seit der Revolution in Wahrheit in zwei Gebilde geteilt: hier der feudale, sklavenhaltende Süden, dort der sich industrialisierende Norden. Die Vereinigung fand genauso wie in Deutschland durch »Eisen und Blut« (Bismarck) statt, bloß viel blutiger. Der Bürgerkrieg 1861–1865 forderte 600 000 Menschenleben – gerade mal sechs Jahre vor der Begründung des Deutschen Reiches 1871.

Das Geburtsjahr des Vereinigten Königreiches war 1707, als der *Act of Union* England und Schottland zusammenfügte. Knapp 100 Jahre später, 1801, wurde die Union von Großbritannien und Irland geschlossen. Die beiden Jahrhunderte zuvor waren eine schier endlose Abfolge von englischen Eroberungskriegen gegen Schottland und Irland, von Revolutionen und Bürgerkriegen. England war sozusagen das »Preußen« des späteren Großbritanniens – der Kernstaat, der den Rest der britischen Inseln unterwarf. Diese Rolle spielte in Amerika der Norden, der im Civil War den Süden in die Union zwang.

Das heutige Frankreich, das »Hexagon«, war fast tausend Jahre lang keine Nation, sondern ein Kaleidoskop, wo mal diese Provinz hinzukam, mal jene verloren ging. Erst am Vorabend der Revolution war das »Achteck« komplett, wiewohl nicht stabil. 1793 schlugen die Revolutionstruppen den Aufstand der Vendée nieder. Der Preis dieser »Vereinigung« waren über 100 000 Tote. Der Nationalstaat Italien wurde erst 1861 ausgerufen, real etabliert wurde er zehn Jahre später, als Rom im Jahr der deutschen Vereinigung zur Hauptstadt wurde. Die Rolle Preußens hatte der Piemont übernommen.

Der deutsche »Sonderweg« in die »verspätete Nation« war

keiner, setzt man als Maßstab die territoriale Fusion durch militärische Gewalt an, die in Europa und Amerika mehr oder weniger zeitgleich im 19. Jahrhundert – in der Ära des Nationalismus – stattfand. Auch hier war Deutschland Teil der Familie.

Wie steht es jenseits des Territorialen um die ideologischen Bewegungen, bei denen die Deutschen »Höchstleistungen« vollbracht haben sollen – mit ihrem Rassismus, Antisemitismus, Autoritarismus, Chauvinismus? Da war Deutschland nicht allein zu Haus. Solche Strömungen gab es zuhauf im Frankreich von Charles Maurras, Edouard Drumont und Maurice Barrès. Zutiefst reaktionär, wollte Barrès' *Action française* die Monarchie wiederherstellen, den Parlamentarismus entmachten und die Kirche wieder in die Rechte einsetzen, die ihr die Revolution geraubt hatte.

Während der deutschen Besatzung fungierte die *Action* als ideologische Artillerie des Vichy-Regimes. England war 400 Jahre lang »judenrein« gewesen. Dito Spanien nach der Vereinigung unter Ferdinand und Isabella. Mörderische Pogrome waren europäisches »Kulturgut« von Iberien bis Sibirien. Die Amerikaner hatten bis in die Mitte des 19. Jahrhunderts eine ganze Rasse versklavt. Im 20. obsiegten Autoritarismus und Faschismus von Portugal bis Polen, vom roten Totalitarismus der Russen ganz zu schweigen.

RASSISMUS

Den modernen europäischen Rassismus erfand in Frankreich Arthur de Gobineau (1816–1882). In seinem Hauptwerk, *Essai sur l'inégalité des races humaines*, nahm er weit vor den Nazis deren Rassenideologie vorweg. Bei Gobineau gibt es eine vollkommene, von Gott erschaffene »Ur-Rasse«. Das sei die arische, nordische oder germanische, welcher die minderwertigen anderen, die slawischen, gelben und schwarzen Völker, untertan seien. Der Unterschied zur Naziversion? Die Deutschen kommen in dieser Pseudowissenschaft nicht gut weg. Denn die perfekte Ur-Rasse gäbe es nur noch in Skandinavien und im französischen Adel. Die Germanen seien längst zu einer minderwertigen Mischrasse aus Slawen und Kelten verkommen.

Ein anderer Begründer des modernen Rassismus war der Brite Houston Stewart Chamberlain (1855–1927), eine gequälte Gestalt, die sich selber »eindeutschte«, als Chamberlain nach Bayreuth übersiedelte und dort die Wagner-Tochter Eva heiratete. Ein Produkt des viktorianischen Englands, verweigert der junge Chamberlain den Kolonialdienst und driftet nach Europa ab, nach Genf, Wien, Bayreuth. Der Frankophile mausert sich zum Frankreich-Hasser, dann zum Liebhaber des Germanischen. Über die Wagner-Connection findet er im deutschen Bildungsbürgertum ein dankbares Publikum. Mit dem Kaiser etabliert er eine Brieffreundschaft, Hitler hat der Todkranke ein Mal, 1923, getroffen. Hat er ihm die Vorlage für *Mein Kampf* geliefert? Diese Lesart ist möglich. Überliefert ist, dass Hitler einem Mitarbeiter vorgeworfen habe, sein Buch sei zu nah an Chamberlain formuliert worden.[6]

Jedenfalls hat Chamberlain sein Hauptwerk 1899 veröffentlicht, als Hitler erst zehn Jahre alt war. *Die Grundlagen des neunzehnten Jahrhunderts* wurde bis zum Ersten Weltkrieg 100 000 Mal verkauft. Die englische Version (1911) wurde in der britischen Presse bejubelt, von der *Times* bis zu George Bernard Shaw. *Die Grundlagen* lehnen sich an Gobineaus Vorlage an. An der Spitze der arischen Rasse stünden die teutonischen Völker. »Körperlich und seelisch ragen die Arier unter allen Menschen empor; darum sind sie … die Herren der Welt.« Aber sie stünden im kosmischen Titanenkampf gegen den »zersetzenden« *Homo judaeus* – wie Gog gegen Magog.

In die indogermanische Welt, so Chamberlain, »stürzte der Jude hinein, stürmte alle Positionen und pflanzte … auf den

Breschen unserer echten Eigenart die Fahne seines uns ewig fremden Wesens auf«, obwohl er zu den »Unbegabtesten« gehöre. Am Schluss der *Grundlagen* warnt Chamberlain: »Wenn der jüdische Einfluss auf geistigem und kulturellem Gebiete in Europa die Oberhand gewänne, so wären wir um ein weiteres Beispiel negativer, zerstörender Wirkung reicher.«[7] So rumorte es auch in den Köpfen der Nazis, die dann allein unter den Nationen vom Hirngespinst zum Programm schritten: der industriellen Vernichtung von sechs Millionen Juden.

ANTISEMITISMUS

Der Rassenwahn und Antidemokratismus der Moderne fiel nicht nur in Deutschland, sondern auch quer durch Europa auf fruchtbaren Boden, wie die riesigen Auflagen von Gobineau und Chamberlain zeigen, dann die Siege des Faschismus und des roten Totalitarismus vom Atlantik bis zum Ural. Im europäischen Vergleich fällt allerdings auf, was in Wilhelminien *nicht* geschah. Das war die Orgie des Judenhasses in Frankreich, die während des Dreyfus-Prozesses die Republik bis in die Grundfesten erschütterte.

Im Jahre 1894 wurde der jüdische Hauptmann Alfred Dreyfus bezichtigt, für Deutschland spioniert zu haben. Ein Jahr später wurde er aufgrund gefälschter Beweise auf die Teufelsinsel verbannt. Erst elf Jahre später wurde Dreyfus rehabilitiert. In der Zwischenzeit hetzten antisemitische Zeitungen und Politiker gegen Juden und jene, die Dreyfus zu verteidigen versuchten. Émile Zola, der mit seinem legendären Traktat *J'accuse* die Judenfeindlichkeit in Militär und Politik angeprangert hatte, musste aus Frankreich fliehen.

Die Deutschen hatten den antisemitischen Hofprediger Adolf Stoecker mit seiner Christlich-Sozialen Partei, die den Juden als Inbegriff der bösartigen Moderne sah: von Kapitalismus, Sozialismus, Liberalismus, gar Atheismus. Eine hübsche Kollektion, wo zusammengezwängt wurde, was nicht zusammenpasste, wo der Jude sowohl für den Kapitalismus als auch für dessen Todfeind, den Marxismus, stand. Frankreich hatte keinen Hofprediger, dafür aber Édouard Drumont, den Verleger der antisemitischen Zeitung *La Libre Parole*. Sein Buch *La France juive* (1886) wurde zum Bestseller, mit 114 Auflagen in einem einzigen Jahr, der zahllose Nachahmer inspirierte.

Drumonts Auftakt ist das klassische antisemitische Motiv von den Juden als Mördern Christi, die in diesem »Paris voller Juden so hartnäckig den Gottesmord [wollen] wie zu Zeiten des Kaiphas«. Der uralte religiöse Judenhass ist aber nur das Einfallstor zur modernen rassistischen Version, die den Juden grundsätzlich zur Ausgeburt des Bösen stilisiert. Drumont setzt den »Semiten« gegen den »Arier«. Der Jude sei durch und durch »Händler, gierig, hinterhältig, verschlagen«. Der Arier sei »heldenhaft, ritterlich, ehrlich, selbstlos und geradezu naiv in seiner Vertrauensseligkeit«. Solche Passagen nehmen Hitlers *Mein Kampf* um Jahrzehnte vorweg.

Welches Land rangierte weiland höher auf der Antisemitismus-Skala – die Französische Republik oder das Deutsche Kaiserreich? Oder im Vergleich zu England, der ältesten Demokratie: Dort wurden die Juden 1290 aus dem Land geworfen, erst 365 Jahre später durften sie wieder auf der Insel siedeln. Ironische Fußnote: Der britische Judenhass ging Hand in Hand mit dem Deutschenhass. Germane und Semit saßen auf derselben Anklagebank; das Böse war jüdisch und deutsch zugleich. Das nennt man im Englischen unübersetzbar *equal-opportunity racism*.

Die Gleichstellung der Juden in Europa war ein langer, mäandrierender Weg, der sich von der Französischen Revolution bis ins letzte Drittel des 19. Jahrhunderts zog. Dabei waren die Deutschen nicht langsamer als die Nachbarn. Volle Bürgerrechte erhielten die Juden durch die »Grundrechte des deutschen Volkes«, welche die Frankfurter Nationalversammlung 1848 verabschiedete; erst im selben Jahr wurde Gleiches in Frankreich beschlossen. Kurz nach der Vereinigung 1871 wurde die Gleichstellung Gesetz im gesamten Deutschen Reich. In Großbritannien war der *Reform Act* von 1867 der entscheidende Markstein, verlieh er doch allen Männern das Wahlrecht, mithin auch den Juden. Auch hier lässt sich kein deutscher Sonderweg ausmachen.

Fällt nicht aber just in diese Zeit – 1879 – das antisemitische Traktat des Berliner Historikers Heinrich von Treitschke, das ein wohlwollendes Echo im Bürgertum findet und in dem berüchtigten Satz gipfelt:»Die Juden sind unser Unglück«? Wieso? Weil sie das öffentliche Leben zu beherrschen suchten, zumal die Finanzwelt und die Presse. Finis»germanische Gesittung«, die zum Opfer»einer deutsch-jüdischen Mischkultur« zu werden drohte.

Die Ironie will es, dass dieser furchtsame Retter des Deutschtums eine tiefere Wahrheit enthüllte, die so gar nicht zum Bild des durch und durch antijüdischen Kaiserreichs passte. Nach der Reichsgründung, im Zeitalter rasender Modernisierung und rapiden Wirtschaftswachstums, entwickelte sich Deutschland ähnlich wie Amerika zum Gelobten Land der Juden, Antisemitismus hin oder her. Die Mechanismen der Moderne waren in beiden Fällen gleich. Wenn die überkommene Welt mit ihren Zünften und Zäunen wegbricht und einer revolutionären Wissensökonomie Platz macht, wiegen Talent und Ambition schwerer als Glauben, Herkunft und Privileg. Das Neue saugt die Neuen an, und die Außenseiter sahen plötzlich Chancen, die ihnen jahrhundertelang verwehrt gewesen waren.

Im Zusammenspiel von Sog und Leistungsdruck, Nachfrage und Angebot waren die deutschen Juden in Wirtschaft und Wissenschaft geradezu traumhaft erfolgreich, ganz zu schweigen von den Wissensberufen wie Medizin und Jura – oder den geistig-künstlerischen in Theater, Film und Publizistik. Nach der Statistik von 1910 lag der jüdische Bevölkerungsanteil bei 1 Prozent (615 000) der Gesamtbevölkerung. Juden stellten prozentuell über viermal so viele Staatsanwälte und Richter und sechsmal so viele Ärzte. Bei den Anwälten und Notaren waren Juden sogar fünfzehnfach überrepräsentiert.[8]

Das Aufstiegstempo muss atemberaubend gewesen sein, wie diese Zahl suggeriert: Im Kaiserreich hatte die Hälfte der jüdischen Naturwissenschaftler Väter, die noch Kaufleute gewesen waren – vom »Koofmich« zum Gelehrten in einer Generation. In der Zeit des Diederich Heßling studierten in Berlin 17-mal mehr Juden, als es ihrem Bevölkerungsanteil in Preußen (1 Prozent) entsprach. Von 30 deutschen Nobelpreisträgern im ersten Drittel des 20. Jahrhunderts waren elf jüdischer Herkunft. Ein letztes Indiz der Durchlässigkeit: 30 Prozent der reichsten Familien in Deutschland waren jüdisch. Für die Juden war Heßlings Kaiserreich ein kleines Amerika im Herzen Europas.[9]

AUTORITARISMUS

In der Rückschau auf den Justizskandal Dreyfus drängt sich die deutsche Zabern-Affäre von 1913 auf. Diese hatte mit Antisemitismus nichts zu tun, sehr wohl aber mit dem Unterschied zwischen Wirklichkeit und Vorstellung in der tradierten Sicht auf den wilhelminischen Untertanenstaat. Weltweit genoss die Causa Zabern keineswegs die Prominenz des Dreyfus-Skandals. Sie war aber ein Markstein auf dem Weg zum liberalen, das heißt: machtbegrenzten Staat, trotz Kaiserkult und »Säbelherrschaft«. Es ging um Rechtsstaat und zivile Vorherrschaft, die angeblich auf dem Sonderweg systematisch abgewürgt worden seien.

Die Staatskrise hatte einen geringfügigen Auslöser: einen jungen Leutnant, der sich abfällig über die elsässische Bevölkerung in der annektierten französischen Provinz geäußert hatte. Die Proteste schlug das Militär gewaltsam nieder. Die Presse, deren Unabhängigkeit den Vergleich mit der britischen und der französischen nicht scheuen musste, berichtete ausgiebig und entrüstet über die Willkür und Arroganz des kaiserlichen Militärs. Wie erwartet, schlug sich Seine Majestät auf die Seite des Heeres, was abermals eine Welle der Empörung im ganzen Reich auslöste.

Mit gewaltiger Mehrheit (293 zu 54) missbilligte der Reichstag das ungesetzliche Gebaren der Regierung Bethmann-Hollweg. Die trat zwar nicht zurück (dazu konnte sie nur der Kaiser zwingen), aber Wilhelm gab schließlich nach: Fürderhin dürfe die Armee nicht mehr eigenmächtig im Inneren einschreiten; die Zivilorgane müssten den Truppeneinsatz ausdrücklich erlauben – Ende der »Säbelherrschaft« und Etappensieg der Zivilgewalt.

Aus der Verfassungskrise gingen Parlament, Presse, Rechtsstaat und Gewaltenteilung gestärkt hervor. Im Rückblick ist Zabern die Generalprobe für die *Spiegel*-Affäre 1962, als die Staatsmacht, vertreten durch den Verteidigungsminister Franz Josef Strauß, am Bollwerk der Justizhoheit und Pressefreiheit scheiterte. Für die liberale Entwicklung der jungen Bundesrepublik war dieser Triumph eine entscheidende Wegmarke. Fast vergessen ist dagegen der Zabern-Skandal, dessen Ausgang so gar nicht zum wilhelminischen Untertanenstaat passen wollte.

Die Staatskrisen in Frankreich und Deutschland waren so vergleichbar wie deren Konsequenzen. In beiden Fällen obsiegten nicht Militär und Willkür, sondern die Zivilgesellschaft und just jene *rule of law*, die anscheinend nur in Großbritannien verankert war. Der Historiker darf es sich aussuchen: Entweder waren Deutschland und Frankreich gleichermaßen Bastionen des Autoritären oder, umgekehrt, leuchtende Beispiele für den Triumph des liberalen Prinzips, das die Macht des Staates zugunsten der Freiheit einhegt. So oder so verläuft der deutsche Sonderweg im Sande.

Der nüchterne Blick zurück enthüllt mehr Ähnlichkeiten zwischen dem Reich und den westlichen Nationen, als die Theorie vom Sonderweg den Deutschen zugestehen will. Zum Beispiel beim allgemeinen Wahlrecht; da waren die Deutschen »westlicher« als der Westen. Das allgemeine Wahlrecht erhielten Männer bei der Reichsgründung 1871, Frauen 1919. Das Vereinigte Königreich hinkte deutlich hinterher: Männer 1918, Frauen 1928; in Frankreich: Männer 1875, Frauen 1916. In den USA: alle Männer, auch Schwarze, 1868, aber nur theoretisch, weil erst Mitte der 60er-Jahre mit dem *Civil Rights Act* und dem *Voting Rights Act* die Barrieren für die reale Ausübung fielen. Amerikanische Frauen durften im ganzen Land erst ab 1920 wählen, ein Jahr nach den deutschen Schwestern. Fazit: Die Deutschen schwammen im selben Strom Richtung freies, allgemeines Wahlrecht, im Vergleich zu England, dem Mutterland der Demokratie, sogar etwas schneller.

In der Welt des Diederich Heßling waren die Sozialdemokaten der Staatsfeind; im Jahr der Reichsgründung konnten sie nur zwei Sitze im Parlament erobern. Zehn Jahre später waren es sechsmal mehr, 1903 bereits 81, 1912 wurde die SPD mit 110 Abgeordneten die stärkste Fraktion im Reichstag. Die Antisemiten schaffen nicht einmal ein Zehntel so viel. Heßlings gottgleicher Kaiser mag getobt haben, die Dampfwalze der demokratischen Moderne konnte er nicht stoppen.

Im Jahre 1874 wurde die Pressefreiheit im Reichspressegesetz verankert. Dem Staat blieben zwar noch reichlich Machtmittel, um die Presse zu kujonieren, zum Beispiel im Namen des »Ehrenschutzes von Persönlichkeiten des öffentlichen Lebens«.

Trotzdem florierten bis zum Ersten Weltkrieg an die 4000 Zeitungen – von liberal bis tiefschwarz, von nationalistisch bis weltoffen, mittendrin die Partei- und Konfessionsblätter, von den Sensationspostillen ganz zu schweigen. Die Presse war ein Abbild des Spektrums jenseits von Rhein und Ärmelkanal. Überall hatte die moderne Drucktechnik die Produktion rasant verbilligt und zum Massenartikel gemacht. Die Medien wuchsen in ihrem Selbstverständnis zur »vierten Gewalt« heran.

CHAUVINISMUS

In der Theorie vom Sonderweg spielt der überbordende Nationalismus der Deutschen eine zentrale Rolle. In Emanuel Geibels Gedicht mit dem bezeichnenden Titel »Deutschlands Beruf« heißt es 1861: »Und es mag am deutschen Wesen / Einmal noch die Welt genesen.« Der zweite Wilhelm nahm den Spruch in einer Rede von 1907 auf, wo aus dem »mag« schon ein »wird« wurde.[10] Im Sprachgebrauch wurde »mag« zu »soll« zugespitzt – als perfekter Beleg für typisch deutsche imperiale Arroganz. Nur offenbart der Blick auf das westliche Umfeld, dass der überschäumende Nationalismus keine deutsche Spezialität war. Die Überhebung der eigenen Nation war vor dem Ersten Weltkrieg eine Grundströmung, die gleichermaßen in Amerika, Frankreich und Großbritannien die Gemüter überschwemmte.

»Auserwählt« und »einzigartig« wähnten sie sich alle, mithin von Gott oder Geschichte beauftragt, ihr einzigartiges Wesen als nationale Mission zu begreifen. Was die Franzosen »Chauvinismus« nannten, hieß in der angelsächsischen Welt »*Jingoism*«, nach dem Kneipen-Song des späten 19. Jahrhunderts: *We don't want to fight, but by Jingo, if we do / We've got the ships, we've got the men, we've got the money, too.*

In Amerika wurde »*God's Own Country*« zum geflügelten

Wort. Der Begriff des *Exceptionalism*, in dem auch die Idee von der heilsgeschichtlichen Sendung steckt, erfüllt das amerikanische Bewusstsein seit dem 17. Jahrhundert, als die Pilgerväter auszogen, um jenseits des Ozeans die *City upon a Hill*, das »Neue Jerusalem«, zu bauen, das den Völkern als Leuchtturm dienen sollte. Sie sahen sich als Nachfahren der Kinder Israels, die ihren eigenen Exodus übers Meer vollzogen hatten, um auf Gottes Geheiß das Gelobte Land auf amerikanischem Boden in Besitz zu nehmen.

Alle Völker zwischen Berlin und Boston sahen sich als auserwählt, ihren Auftrag vor Gott und Geschichte zu erfüllen. In Frankreich wurde die *Mission Civilisatrice* zum Schlagwort, in Amerika *Manifest Destiny*. Wilhelm II. bramarbasierte von »Weltpolitik«, »Suprematie« und »deutscher Mission«. »Er sah sich als Instrument des Herrn«, schreibt der Historiker John Röhl »dazu berufen, das deutsche Volk herrlichen Zeiten entgegenzuführen«. Degeneriert seien die »weiblichen« lateinischen und slawischen Rassen. Die Zukunft gehöre den »männlichen« protestantisch-christlichen Germanen.[11]

Mithin: Chauvinismus, Jingoismus und *Exceptionalism* – das Auserwähltsein der eigenen Nation, das sich zum globalen Auftrag verdichtet – waren keine deutschen Besonderheiten, sondern gesamtwestliche Ideologien, ganz zu schweigen von der russischen Selbstsicht, wonach Moskau das »Dritte Rom« verkörpere. Das übersteigerte Nationalgefühl, das in Wilhelminien tobte, lässt sich im Vergleich zum Westen nicht als deutscher Sonderweg, sondern als eine breite europäische Trasse im Zeitalter des Nationalismus erkennen. Adolf Nazi war auf diesem Weg nicht eingezeichnet.

Auch nicht die Shoah. Selbst vom Ermächtigungsgesetz 1933 zieht sich kein gerader Weg nach Wannsee 1942, wo die »Endlösung« beschlossen wurde. Drei neue Bücher amerikanischer und britischer Autoren beschreiben auf insgesamt 2000 Seiten einen Weg, der weder gerade noch zwingend war, sondern Kontingenz und Opportunismus gehorchte.[12] In den Dreißigern war nur von Vertreibung und Deportation der Juden die Rede, zum Beispiel nach Madagaskar.

Noch 1940 dozierte Heinrich Himmler, die »physische Ausrottung eines Volkes« sei eine »bolschewistische Methode«, die als »ungermanisch und unmöglich« zu verwerfen sei. Stattdessen wollte er nur die *semantische* Vernichtung. »Den Begriff ›Juden‹ hoffe ich, durch die Möglichkeit einer großen Auswanderung sämtlicher Juden nach Afrika oder sonst in eine Kolonie völlig auslöschen zu sehen.«[13]

Warum dann das Menschheitsverbrechen, warum die Deutschen? Dass die Deutschen in Europa, wie hier dargelegt, nicht Freaks, sondern Familie waren, verschärft das Rätsel, statt es zu lösen. Wieso gerade die, deren Weg doch eingebettet war in den gesamtwestlichen mit all seinen Segnungen und Verirrungen? Heinrich Mann mag das Unheil 1914 vorausgeahnt haben, aber nicht als vorherbestimmtes. Er beschreibt das fürchterliche Unwetter, das die Kleinstadt Netzig zu vernichten droht, nur als flüchtigen Probelauf: Die »apokalyptischen Reiter flogen weiter; ... sie hatten nur ein Manöver abgehalten für den Jüngsten Tag, der Ernstfall war es nicht.«

TEIL II

DIE WIEDERGUTWERDUNG

KAPITEL 3

DER GUTE DEUTSCHE

VOM »UNTERTAN« ZU ANGELA MERKEL

Wie kam es dann zum »Ernstfall«? Längst füllt die Literatur über Hitler und Holocaust eine mittlere Bibliothek, und die Regale werden weiter wachsen. Nach Tausenden von Büchern und Abhandlungen wissen wir immer mehr und verstehen das Unbegreifliche trotzdem nicht. Gewiss ist nur eines: Wer den Weg der deutschen Geschichte nach 1945 verstehen will, muss beim »Zwölfjährigen Reich« anfangen. Die Zweite Republik – liberal, demokratisch, ultrastabil – trennen Welten vom Dritten Reich. Sie ist dennoch das Kind von Adolf Hitler. In plattem Sinne, also in der chronologischen Abfolge, sowieso, denn ohne Führer, Krieg und Untergang kein Neubeginn. Nur kennt die Geschichte keinen brutaleren Bruch zwischen Vater und Kind als den von 1945. Dieser bundesrepublikanische Spross ist ein Geschöpf, das sich ab der »Stunde null« als absolutes Gegenmodell zum Vorgänger verstand: »So will ich auf keinen Fall sein.« Das Projekt war die 180-Grad-Wende, die »Wiedergutwerdung der Deutschen«.[1]

Der Untertan war didaktisch-ironische Agitprop in der Tradition der Propheten, die den Untergang voraussagten, um ihn zu verhindern – was die Soziologie eine »selbstvereitelnde Prophezeiung« nennt. Die Warnung der Jeremiahs war stets pädagogisch. Sie sollte Reue und Umkehr bewirken und so die Weissagung zunichtemachen. Die Wiedergutwerdung der Nachkriegsdeutschen aber folgt dem Unheil, das bereits geschehen war. Sie steht in der Tradition des Bildungsromans. Er trägt den länglichen Untertitel: *Wie das verhassteste Volk auf Erden seine Sünden bereute, Buße tat, Gnade empfing und Selbstwert wiedergewann.*

»Nie wieder!« schwebte unausgesprochen über dem Grundgesetz des neuen Deutschlands. Nie wieder Krieg, Imperialismus, Rassismus, Obrigkeitsstaat; stattdessen Freiheit, unveräußerliche Rechte, Gewaltenteilung, Friedfertigkeit, gute Nachbarschaft. Die hervorstechenden Wegmarken sind Konrad Adenauer, Willy Brandt, Richard von Weizsäcker und Angela Merkel.

Adenauer setzte gegen massiven Widerstand die Wiedergutmachung an den Juden und die Westbindung durch – nie wieder Schaukelpolitik und »allein zu Haus« in einer Welt von Feinden. Brandt symbolisierte mit seinem Kniefall am Ehrenmal für die Toten des Warschauer Ghettos die Bitte um Vergebung. In seiner Rede zum 40. Jahrestag der Kapitulation nahm Weizsäcker für sein Land die »schwere Erbschaft« des Hitlerismus an. Indem er den 8. Mai 1945 ohne Wenn und Aber als »Tag der Befreiung« und nicht der Unterwerfung feierte, erklärte er den Bruch mit der Vergangenheit nachgerade zur Staatsräson der Zweiten Republik. Der Gründungsmythos waren Neuanfang, Läuterung und Erlösung von der Schuld.

War Diederich Heßling der »hässliche Deutsche«, so ist Angela Merkel, die im Jahre 60 der neuen Zeitrechnung Kanzlerin wurde, die »gute Deutsche«. Damit sollen keineswegs die historischen Verdienste von Adenauer und seinen Nachfolgern geschmälert werden. Adenauer wird noch heute von knapp zwei Dritteln der Befragten als »bedeutendster Kanzler« gesehen.[2] Doch agierten Regierungschefs vor Helmut Kohl, der Nummer zwei im Ranking, auf einer gänzlich anderen Bühne – in einer Zeit, da die Nation geteilt war und unter der Kuratel seiner westlichen Bewährungshelfer stand. Die »Wiedergutwerdung« war also nicht ganz freiwillig, fand sie doch unter der Knute der Alliierten statt. Besserung und Wohlverhalten waren das *Sine qua non* von Resozialisierung und Wiederaufstieg. Eine Alternative war nicht im Angebot; die schiere Notwendigkeit pflasterte den Weg der jungen Republik.

Im krassen Kontrast zu ihren Vorgängern im Kalten Krieg entfaltete sich die Regentschaft der Angela Merkel im Reich der Freiheit und wiedergewonnenen Souveränität. Die strategische Abhängigkeit vom Westen war zusammen mit der Bedrohung aus dem Osten abgeklungen, war doch 1994 der letzte russische Soldat aus der Osthälfte Europas verschwunden. Es wurde noch besser. Mit den Ketten des Kalten Krieges fielen auch jene, die Deutschlands Bewegungsfreiheit eingeschnürt hatten. Das Mündel war mit der stärksten Wirtschaft in der EU plötzlich die Nummer eins, das Schwergewicht Europas. Wer diesen unglaublichen Aufstieg 1945 vorausgesagt hätte, wäre in der Psychiatrie gelandet.

Es war wie in einem Märchen, wo der junge Held, manchmal gar ein Habenichts wie im *Gestiefelten Kater*, nicht nur die Prinzessin, sondern auch den Thron und das Reich kriegt. Die historische Ironie will es, dass diesem Deutschland die Vormacht zum Beginn des dritten Jahrtausends geradezu in den Schoß geplumpst war. Bismarck musste sie noch in drei Kriegen erkämpfen (gegen Dänemark, Österreich und Frankreich), ohne sie wirklich absichern zu können. Wilhelm II. und Adolf Hitler wollten die totale Herrschaft über Europa und scheiterten nach Abermillionen von Opfern – Finis Reich II und III. Merkel-Deutschland musste noch nicht einmal die Hand ausstrecken, geschweige denn einen einzigen Schuss abfeuern.

»Niemand würde ernsthaft bezweifeln«, meldete die *Financial Times* 2012, »dass Merkel heute die mächtigste Politikerin in Europa ist.«[3] Der britische *Economist* nennt sie den »unverzichtbaren Europäer« und registriert: »Schauen wir uns in Europa um, und da ist eine, die über allen anderen steht: Angela Merkel.«[4] Sie führte ab 2005, dem Beginn ihrer Regentschaft, ein Land, das kraft Bevölkerung (der größten Europas), Wirtschaftsleistung (der viertgrößten auf Erden) und zentraler strategischer Position tatsächlich die Vormacht ist.

Der Historiker ist perplex. Eine solche Machtfülle hätte früher die großen Kriege provoziert: die vielen gegen den einen, den sie allein wegen seiner Stärke als Bedrohung empfinden mussten. Doch welch wundersame Fügung: Dieses Deutschland ist umzingelt nur von Freunden, um den früheren Verteidigungsminister Volker Rühe zu zitieren – zum ersten Mal in seiner Geschichte. Gottfried Wilhelm Leibniz notierte zu Zeiten des 14. Ludwigs von Frankreich, des »Sonnenkönigs«: »Deutschland [ist] das Mittel von Europa. Deutschland ist vor diesen allen seinen Nachbarn ein Schrecken gewesen. … Deutschland ist der Ball, den einander zugeworfen, die um die Monarchie [also Hegemonie] gespielt, Deutschland ist der Kampfplatz, darauf man um die Meisterschaft von Europa gefochten.«[5]

Prägnanter als der Philosoph kann man die prekäre Lage des alten Deutschlands nicht ausdrücken. Die Bismarck-Nation sollte zwar zur Großmacht heranwachsen, aber den Kanzler quälte zeit seines Lebens der »Albtraum der Koalitionen«, der Zwei-Fronten-Krieg der Flankenmächte gegen die Mitte. Diese

Falle geriet zum Verderben von Kaiser und Führer sowie zur zweifachen Zerstückelung des Reiches.

Nach der zweiten Vereinigung von 1990 machte wie schon erwähnt das Wort vom *Fourth Reich* die Runde – jetzt, da die Ketten der Nachkriegszeit gefallen waren, würden die alten Ambitionen und Feindschaften wieder aufflammen.[6] Die Bühne von 1990 hielt indes keinen Vergleich mit jener aus, auf der Bismarck, Wilhelm und Hitler agierten. Das demokratische Reich der Angela Merkel befindet sich im Gegensatz zum Zweiten und zum Dritten Reich in einer strategischen Traumlage.

Statt *toujours en vedette*, stets auf der Hut, zu sein, wie es Friedrich der Große gefordert hatte, findet sich das heutige Deutschland eingebettet in gleich zwei mächtige Gemeinschaften. Die eine ist die Europäische Union der 28 (demnächst 27), die andere die NATO, das langlebigste Bündnis aller Zeiten. Statt »Erzfeinde« erblickt dieses Deutschland ringsum nur Bundesgenossen. Laut BBC-Umfrage war es 2014 das beliebteste Land auf Erden.[7] Welch unglaublicher Rollentausch im Vergleich zu 1945. Deutschland ist der sanfte Hegemon und Angela Merkel ihr Prophet.

In der Staatengeschichte schärft Macht normalerweise den Hunger nach mehr. Die Merkel-Republik entzieht sich dem klassischen Schema. Statt wie Wilhelm und Adolf immer weiter auszugreifen, legt sich dieser Gulliver freiwillig die Stricke an. Deutschland ist die Vormacht, die sich selber eindämmt. Seine Armee hat sich seit der Vereinigung 1990 gedrittelt. Gemessen an der Wirtschaftsleistung gibt es mit 1,2 Prozent für Wehr und Waffen so viel aus wie das kleine Holland. Das noch kleinere Israel kann zehnmal so viele Kampfpanzer wie die Bundesrepublik aufbieten.

Die Macht des neuen Deutschlands ist *soft power* – wirtschaftlich und diplomatisch, nicht militärisch. Erstaunlicherweise setzt die Merkel-Republik auch dieses Potenzial nur sehr sparsam ein, wie die nicht endende Krise des Euro seit 2010 zeigt. Die Gemeinschaftswährung sollte zwar ein Meilenstein auf dem Weg zur »immer engeren Union« sein, hat aber stattdessen den Dauerzwist zwischen Deutschland und den Südländern erzeugt. Die Mitglieder des »Club Med«, die so lange über ihre Verhältnisse gelebt hatten, konnten oder wollten sich nicht der Ausgabendisziplin und den Arbeitsmarktreformen zugunsten von Wettbewerbsfähigkeit unterwerfen, die Berlin ihnen unentwegt predigt. Oder sie tun es nur widerwillig und zögerlich.

Die Krisenländer raunen zwar vom deutschen »Diktat«, während die Griechen beim Ausbruch der Eurokrise auf ihren Protestplakaten das Konterfei der Kanzlerin mit Hitler-Bärtchen verzierten oder sie im BDM-Outfit zeigten. Aber dieser deutsche »Diktator« hat den Griechen nie die nächste Milliardenhilfe versagt, obwohl diese sich den Auflagen so begeistert unterwarfen wie ein Nimmersatt einer Schlankheitskur. Berlin hat es auch hingenommen, dass die Europäische Zentralbank die Eurozone mit Billionen an Liquidität überflutete und so die Zinsen gen null senkte. Statt im Sinne Berlins für Ausgabendisziplin zu sorgen, hat die EZB die Anleihen der Reformstau-Länder an ihrem Mandat vorbei aufgekauft und ihnen so den Schuldendienst erleichtert. (Italiens Anleihezins lag bis ins neunte Jahr der Krise nur 1,4 Punkte über dem deutschen.) Der deutsche Finanzminister wehrte sich, aber zahlte. Vom zweiten Wilhelm ist nicht überliefert, dass er die Nachbarn so großzügig alimentiert hätte.

DAS FREUNDLICHE GESICHT ODER: MORAL- STATT MACHTSTAAT

Grundsätzlich: Dieser Machtstaat will Moralstaat sein. Dazu gehört der Widerwillen nicht nur gegen Militäreinsätze, die das alte Deutschland so lustvoll wie leichtsinnig betrieben hatte. Dazu gehört auch der zögerliche Gebrauch ökonomischer Übermacht. Warum verhält sich Deutschland nicht wie ein klassischer Hegemon, geschweige denn wie seine Vorgänger? Die Antwort in zwei Wörtern: »Adolf Hitler«, auch ein Menschenalter nach dem Menschheitsverbrechen. Greifen wir zwei charakteristische Merkel-Reden heraus, die im Sinne der Wiedergutwerdung von Zerknirschung, Erlösung und Dankbarkeit künden. »Deutschland, das einst unsagbar viel Leid über die Welt brachte«, sprach sie 2016, »ist heute geachtetes Mitglied der internationalen Staatengemeinschaft. Wir haben unseren festen Platz in Europa. Dafür sind wir immer dankbar.«[8] Und mehr: »Wir empfinden dies als großes Glück, das sich … wie ein Wunder ausnimmt. Dass es nach 1945 möglich war, die Schrecken der Vergangenheit zu überwinden, dass schließlich aus Versöhnung sogar Freundschaft erwuchs, dafür sind wir Deutschen unendlich dankbar.«[9]

Heinrich Manns »Untertan« hätte seinen Glauben an den »gottgleichen Kaiser« verloren, wenn der so artig geredet hätte. Wilhelm II. wollte 1907 die Welt am deutschen Wesen genesen sehen. Angela Merkel warnte dagegen: »Wir müssen sehr aufpassen, dass wir uns international nicht dadurch ins Abseits stellen, dass wir allen sagen, wie es geht.«[10] Margaret Thatchers Devise lautete: »*We punch above our weight*«, ihr Land boxe oberhalb seiner Gewichtsklasse. Für Merkel-Deutschland gilt umgekehrt: Wir treten *unterhalb* unserer Gewichtsklasse an. Statt Fäusten wollen wir Demut und Empfindsamkeit zeigen.

Perfekt personifiziert die Kanzlerin seit ihrem Amtsantritt

2005 das neue Deutschland. Der Hohenzollern-Kaiser inszenierte einen bombastischen Personenkult, Hitler verzehnfachte ihn. Merkel hat sich dagegen bemüht, notiert *Die Zeit*, »alles Persönliche unsichtbar zu machen«. Ihre Beliebtheit beruhe auf dem, »was sie nicht ist: nicht eitel, nicht gierig, nicht hochnäsig, nicht aggressiv«.[11] Wie die Kanzlerin, so das Land: Wir haben die Macht, wollen sie aber nicht zeigen und letztlich auch nicht nutzen.

Ein Leitmotiv ist die Erlösung vom Fluch der deutschen Vergangenheit. »… der von Deutschland begangene Zivilisationsbruch der Shoah und der Zweite Weltkrieg … [hatten] unermessliches Leid über Europa und die Welt gebracht«, dozierte Angela Merkel. »Am Ende lag unser Land in Trümmern – materiell … und moralisch.« Aber wir haben uns musterhaft bewährt, will sie signalisieren. Der Vierklang lautet: »Aussöhnung …, Verständigung, Partnerschaft und schließlich Freundschaft.«[12] Der Leitstern seien »immer gute und einvernehmliche Lösungen«,[13] folglich nicht der Sieg nationaler Interessen im Kampf um Vorteil.

In der schlimmsten Krise ihrer Kanzlerschaft, als im Jahr 2015 fast eine Million Flüchtlinge und Migranten Deutschland erreichten, forderte Merkel, das Land müsse ein »freundliches Gesicht zeigen«,[14] nicht nationale Selbstsucht. »Unser Land« ist »ein gutes Land«. Die Wiedergutwerdung, wollte sie sagen, ist geschafft. Folglich sieht die »Welt Deutschland als ein Land der Hoffnung und der Chancen«, geradezu als kleines Amerika im 21. Jahrhundert.

Immer wieder zeigt sich der Rückgriff auf die Vergangenheit: »Und das war nun wirklich nicht immer so.« Wir sind ein Land, »in das man gern einwandert«. Wie ein Sünder, der die Bewährungsauflagen erfüllt und sich gebessert hat, darf Deutschland endlich auch Selbstgefühl zeigen. »Wir können stolz sein auf die Humanität unseres Grundgesetzes.« Warum? »Es macht mich stolz und dankbar zu sehen, wie unzählige Menschen in Deutschland auf die Ankunft der Flüchtlinge reagieren.«[15] So feierte Merkel die wiedergutgewordenen Deutschen. Zu Recht, darf man meinen, hatte doch kein anderes europäisches Land seine Tore und Herzen so weit geöffnet – weder Frankreich noch England. Die doch Einlass gewährten – Griechenland, die Balkanländer, Österreich –, waren nicht ganz so selbstlos, wussten sie doch, dass die Menschen in das neue Gelobte Land namens Deutschland strebten. Sie hatten auch – krasse Ausnahme Österreich – keine historische Schuld abzutragen und konnten deshalb keinen moralischen Gewinn aus Mildtätigkeit ziehen. Den bezifferte die Kanzlerin indirekt:»Das Bild Deutschlands hat sich an vielen Stellen in der Welt gewandelt.«[16]

Ihr legendärer Spruch»Wir schaffen das« widerspiegelte einen moralischen Gestus sondergleichen. Wenn das Gute regiert, wo ist dann das Problem? Prekär, ja konträr ist das Verhältnis von Ideal und Interesse im Leben der Nationen. Die reine Moral ist universell; die Pflicht kennt keine Grenzen. Das Gute geschieht um seiner selbst willen, nicht als Mittel zum Zweck.

Staatliches Handeln aber entfaltet sich nicht in einem Kant'schen Universum, wo allein die reine Absicht, nicht der gedeihliche Ausgang zählt. Idealerweise gehorcht auch der demokratische Staat der Moral und dem Völkerrecht. Doch gehört seine Verpflichtung zuvörderst seinem Bürger; seiner Moral sind buchstäblich Grenzen gesetzt. Das heißt: Die Mittel sind endlich, erst recht die des Wohlfahrtsstaates, wo die Einheimischen gegen die Neuankömmlinge um staatliche Gaben konkurrieren; offene Grenzen und Wohlfahrtsstaat gehen keine glücklichen Ehe ein. Hinzu kommt, dass der Staat Interessen verfolgt, seien es Sicherheit, Gewinn oder Vorteil.

Dies heißt nicht, den *sacro egoismo* der Nationen zu predigen, der alles erlaubt, was nützt – gemäß dem römischen Prinzip *salus populi suprema lex,* das Wohl des Volkes ist das höchste Gesetz. Nur muss auch der gute Staat bedenken, was er kann.

Brechen wir es auf den Flüchtlingsfall herunter, wo die Moral sich rasch an knappen Mitteln und schnöden Interessen ausrichten musste. Wie viele Menschen konnte Deutschland aufnehmen, wie sie integrieren – und zu welchem innenpolitischen Preis? (Der belief sich bei der Bundestagswahl 2017 auf knapp 13 Prozent für die fremdenfeindliche »Alternative für Deutschland«.) Denn beschädigt werden andere Werte wie die liberale Demokratie, die sich plötzlich einer Revolte gegen die Masseneinwanderung ausgesetzt sieht, und dies quer durch die westliche Welt, nicht nur in Deutschland.

Merkel, die Moralistin, weigerte sich hartnäckig seit dem Höhepunkt der Flüchtlingskrise 2015, »Obergrenzen« für die Aufnahme zu ziehen. Für sich genommen entspringt diese Weigerung der reinen Sittlichkeit, die weder Grenzen noch Konsequenzen kennt. Dass ein Staat eine solche Position nicht durchhalten kann, liegt auf der Hand. Seine Partei sei zwar bereit zu »Humanität und Solidarität«, verkündete CSU-Chef Horst Seehofer, »aber auch das hat Grenzen.«[17] Was macht dann der Staat? Die Regierung Merkel hielt das Prinzip hoch und sorgte dafür, dass die Kosten niedrig blieben. Die Akrobatik war beeindruckend. Doch Zyniker würden von Selbsttäuschung oder gar Heuchelei reden.

Oder giftiger noch von »Arroganz«, wie es der Historiker Heinrich August Winkler getan hat: »Der Tenor war: Wir können unser schlechtes Image loswerden, indem wir moralisch handeln und andern sagen, sie sollten sich gefälligst an uns ein Beispiel nehmen. Das ist eine neue Form von deutscher Arroganz.«[18] Man darf es nüchterner ausdrücken: Wie Deutschlands Grenzen offen- und dennoch die Humanität hochhalten? Um den Kuchen behalten und ihn gleichzeitig essen zu können, musste Berlin den Flüchtlingsstrom eben weit jenseits des

Landes zurückstauen – bis hin zur türkisch-syrischen Grenze, 2500 Kilometer im Südosten. Realpolitik im Gewande der
Idealpolitik, ein Klassiker seit Geburt der Bundesrepublik, hat
denn auch das Drama bestimmt.

Im Widerstreit von Interessen und Idealen lauert der Unterschied zwischen Sein und Schein; man sagt das eine und tut das
andere. Jedenfalls durfte Berlin einen fetten Gewinn einstrei-
chen, als Österreich, das zuvor den Strom der Flüchtlinge
systematisch nach Bayern weitergelenkt hatte, am 24. Februar
2016 mit seinen südöstlichen Nachbarn die Schließung der
Balkanroute verabredete. Prompt sank der Druck auf Deutschland; die verpönten »Obergrenzen« hatten andere gezogen. Aus
knapp 900 000 im Jahre 2015 wurden 280 000 im Folgejahr und
180 000 im Jahr 2017.

Nein, »ich bin Österreich nicht dankbar«, bekundete die
Kanzlerin. »Ich fand es nicht glücklich, dass einseitige Entscheidungen getroffen wurden.« Fürsorglich fügte sie hinzu,
der Wiener Balkan-Coup, habe »zu einer Belastung Griechen-
lands« geführt.[19] Künftige Historiker werden genauer nach-
recherchieren können, was Berlin inoffiziell getan hat, um die
Kluft zu schließen. Die Instant-Recherche dreier österreichischer Journalisten scheint anzudeuten, dass Merkel zweigleisig
gefahren ist. »Die Deutschen wollten nur nicht selbst als diejeni-
gen gelten, die schließen«, zitiert das Trio einen anonymen
hochrangigen Diplomaten. Der damalige mazedonische Außenminister sagte es offen: »Es gab eine stille Zustimmung
Deutschlands zur Schließung der Balkanroute. Die deutschen
Politiker wünschten, dass wir es tun, aber sie änderten ihr Vokabular nicht.«[20]

Die Akten werden es dereinst zeigen. Auf jeden Fall hatte
Merkel Größeres, aber nicht minder Realpolitisches im Sinn:
den Flüchtlingsstrom nicht bloß an der Salzburger Grenze, sondern an der Quelle aufzuhalten, an der türkisch-syrischen. Nur:

Im Zuge klassischer Selbsteindämmung musste das deutsche Interesse im gesamteuropäischen Handeln eingebettet werden, um der deutschen Macht den Stachel zu nehmen. Die Macht aber nutzte Merkel, indem sie die EU am 18. März 2016 dazu brachte, die Türkei mit viel Geld als Grenzwächter zu rekrutieren. Die Türken sollten alle Flüchtlinge wieder aufnehmen, die aus ihrem Gebiet auf die nahen griechischen Inseln gelangt waren. Im Gegenzug sollte Ankara sechs Milliarden Euro für die Versorgung von knapp drei Millionen Flüchtlingen im eigenen Land kassieren.

Als weiteren Anreiz sollten die Türken irgendwann Visafreiheit für Reisen in die EU erhalten. Nein, keine »Obergrenzen«, auch theoretisch kein Ende von »Schengenland«, wo von Portugal bis Polen kein Passzwang mehr gilt. Aber doch verschärfte nationale Kontrollen in den deutschen Grenzgebieten. Abermals verlangsamte sich der Zufluss. An der Grenze nicht nur bei Salzburg stauen sich seitdem wieder die Fahrzeuge.

Mit dem Zufluss verringerte sich auch die ärgste Bedrohung der Merkel'schen Kanzlerschaft seit 2005. Verkörpert durch die »Alternative für Deutschland«, verlor die populistische Revolte 2016 wenigstens zeitweise ihr Momentum. Die bayerische CSU, der ewige Widersacher, ließ die Fäuste sinken. Doch sollte die Attacke wieder hochkochen, als die CSU im Sommer 2018 den Merkel-Sturz zu proben schien, um der AfD in den bayerischen Landtagswahlen Stimmen abzujagen.

Die allgemeinere Moral von dieser Geschicht' geht indes weit über den Machtkampf und die Flüchtlingskrise hinaus, die Merkel mit aller Kraft zu »europäisieren« suchte. Sie offenbart, wie das neue Deutschland gelernt hat, seine Macht auszuspielen, indem es diese selber einhegt. Deutschlands Griff nach der Weltmacht hatte die Welt zweimal im totalen Krieg gegen das alte Deutschland vereint. »Nie wieder!«, lautet seitdem die ungeschriebene Präambel des Grundgesetzes. Der außenpolitische Stil des »guten Deutschlands« lässt sich einfach zusammenfassen: statt national europäisch; nicht »ich«, sondern »wir«; statt »harter« Macht »weiche« Macht; statt Selbstsucht Selbsteindämmung; statt Gewalt Gemeinschaft, die sich freilich als stiller Kraftverstärker entpuppt. Wie kann der Verzicht Macht gebären? Ist das nicht ein Unding? In der Sprache der Ökonomie lautet die Antwort: Das »gute Deutschland« hatte anders als alle Vorgänger seit Preußen gelernt, »öffentliche Güter« oder »Allgemeingüter«[21] herzustellen – zum Nutzen der anderen und zum Frommen des eigenen Landes. Dass dabei das Risiko der Interessenverklärung, auch der Selbstüberschätzung, wächst, ist Teil des Geschäfts.

Doch wächst auch die Dividende, weil sich die nackte Macht – die Fähigkeit, andere dazu zu bringen, zu tun, was sie nicht wollen – in Autorität verwandelt, die auf Zustimmung basiert. So wird das Gute zum Nützlichen. Deutschland ist die Führungsnation, die scheinbar nicht führt. *Leading from behind* war die nicht ganz aufrichtige Parole des Supermacht-Präsidenten Barack Obama. Bei der deutschen Verteidigungsministerin von der Leyen wurde daraus »Führung aus der Mitte« – inmitten der Herde, aber doch als ihr Lenker, was sie anscheinend nicht bedacht hatte.[22]

Nach 1945 war es allerdings noch ein langer Weg, bis der hässliche zum guten Deutschen wurde, das Hehre zum Nützlichen und die Selbstbindung zur weichen Vorherrschaft. Die Etappen folgen dem Schema des klassischen Bildungsromans: Jugend – Prüfung – Reife. *Coming of age* heißt es treffend, aber unübersetzbar im Englischen. Die folgenden Kapitel zeichnen den Werdegang der künftigen »moralischen Supermacht« nach. Es ist eine Geschichte von Glück und Geschick, die umso wundersamer ist, als Deutschland seit dem Dreißigjährigen Krieg, der Mitteleuropa verwüstete, mit Glück und Geschick nicht gerade gesegnet gewesen war.

KAPITEL 4

»AUFERSTANDEN AUS RUINEN«
ADENAUER UND DIE WUNDERSAME
JUGEND DER BONNER REPUBLIK

MICHEL IM GLÜCK: EIN REALMÄRCHEN

»Auferstanden aus Ruinen«: So lautete die erste Zeile der DDR-Nationalhymne. Sie hätte genauso gut zur Bundesrepublik gepasst. In Trümmern lagen die Städte, deren historische und industrielle Zentren bis zu 80, 90 Prozent zerbombt waren. Total war die moralische Zerstörung nach dem Vernichtungskrieg gegen Juden und andere »Untermenschen«. Die »Stunde null« wurde zum geflügelten Wort. Vor den Deutschen lagen Ächtung und Vergeltung, so weit das Auge reichte. Selbst ein freundlicher Beobachter wie der amerikanische Deutschland-Historiker Fritz Stern erinnert sich an sein Gefühl des »Misstrauens und der Abscheu«. Er konnte sich nicht vorstellen, je »ein deutsches Auto zu kaufen«.[23]

Noch fantastischer war das dreifache Glück, das den Westdeutschen zuteilwerden sollte. *Einmal* in der Gestalt von Konrad Adenauer, der 1949 im Bundestag mit nur einer Stimme Mehrheit gewählt wurde – seiner eigenen. Sein Widersacher, der Sozialdemokrat Kurt Schumacher, stand für einen national-neutralistischen Kurs kontra Westbindung und Integration. Dieser hätte die westlichen Besatzer nicht mit Wohlwollen erfüllt.

Zum *Zweiten* Amerika, das Land, das den Krieg entschieden hatte, aber gnädigerweise nicht die Erinnerungen teilte, die Deutschlands westliche Nachbarn peinigten: die Terrorbombardements von London, Coventry und Rotterdam, die grausame Besatzungsherrschaft quer durch Westeuropa, die massenmörderischen Repressalien gegen Zivilisten wie in Oradour-sur-Glane. Dazu kamen die Schmach der zweifachen Erniedrigung Frankreichs durch die deutschen Siege von 1871 und 1940 sowie der Blutzoll, den Großbritannien im Ersten Weltkrieg entrichten musste. An der Marne, der Somme und bei Ypres waren des Königreichs *best and brightest* gefallen, eine ganze Generation. Die antideutschen Ressentiments schlugen so hoch, dass die Königsfamilie 1917 ihren Namen von »Saxe-Coburg and Gotha« in »Windsor« änderte. Der Deutsche war fürderhin der »Hunne«.

Der *dritte* Glücksfall war ironischerweise der nächste Krieg, der Kalte Krieg, der 1946 ausbrach und den geächteten Deutschen den Weg in die Gemeinschaft der Sieger bahnen sollte. Die »Umkehr der Allianzen« war das größte Geschenk. Der neue Feind war nun Moskau, und die Vereinigten Staaten fanden in ihrem Deutschland, den drei Westzonen, rasch einen unwürdigen, aber unverzichtbaren Verbündeten gegen Stalin, den Bundesgenossen von gestern.

Ein Blick auf die historischen Dimensionen: Das letzte *renversement des alliances* in Europa lag fast ein Vierteljahrtausend zurück und war als »diplomatische Revolution« in die Geschichte eingegangen. Zwei Jahrhunderte lang hatte der Machtkampf zwischen Frankreich und Habsburg die Geschicke Europas bestimmt. Plötzlich, nach einem ewigen Duell um die Vorherrschaft, schlossen sich die beiden Erzfeinde gegen das aufsteigende Preußen des Großen Friedrich zusammen. Diese unglaubliche Wende sollte die vertraute europäische Ordnung umkrempeln. In ihrem Bündnisvertrag von 1757 einigten Paris und Wien sich darauf, Friedrichs Macht in Europa so weit zu reduzieren, dass er »nie wieder die öffentliche Ruhe stören kann«.[24]

Frankreich Seit' an Seit' mit Habsburg war Preußens Pech, wäre es doch im Siebenjährigen Krieg – in der totalen Umzingelung – fast zugrunde gegangen. Umgekehrt war das *Renversement 2.0* ein mirakulöser Glücksfall für das halbe Deutschland. Schon im Februar 1946, gerade mal neun Monate nach der Kapitulation, schrieb der amerikanische Diplomat George F. Kennan jenes legendäre *Long Telegram*, das die Sowjetunion, den Verbündeten von gestern, als neuen Hauptgegner Amerikas ausmachte und vierzig Jahre lang die Politik des *Containment* bestimmte – die »langfristige, geduldigste, aber entschlossene und wachsame Eindämmung« des sowjetischen Expansionismus.

Fast zeitgleich hielt Außenminister James F. Byrnes in Stuttgart seinen nicht minder unfassbaren »Speech of Hope«, in dem er dem Morgenthau-Plan Ade sagte, der die Zerstückelung und Deindustrialisierung Deutschlands vorgesehen hatte. Bedeutsamer als dieser diplomatisch verklausulierte Vortrag war der knappe Satz, den Byrnes einen Monat später von sich gab: »Der Kern unseres Programms war es, das deutsche Volk für uns zu gewinnen; es war die Schlacht um die Herzen zwischen uns und den Russen.«[25]

Die Besiegten konnten ihr unverdientes Glück nicht fassen – ebenso wenig wie die täglich freundlicher werdende Behandlung durch die Amerikaner. Der Umschwung begann mit der Starthilfe aus dem Marshall-Plan, setzte sich dann fort in der Rettung Westberlins durch die Luftbrücke 1948/49, welche die sowjetische Blockade durchbrach. Der Rest ist bekannt: 1949 die Gründung der Bundesrepublik, 1952 der erste Schritt in die europäische Integration mit der Europäischen Kohle- und Stahlgemeinschaft, 1955 die Wiederbewaffnung der Bundesrepublik und deren Aufnahme in die NATO, 1957 die Europäische Wirtschaftsgemeinschaft EWG, die 1993 zur Europäischen Union heranwachsen sollte. Im Jahre 2013 waren aus den ursprünglich sechs Mitgliedsstaaten 28 geworden, Nationen, die sich jahrhundertelang an die Kehle gegangen waren. Was wäre aus Deutschland ohne diese Gemeinschaft geworden? Wahrscheinlich wieder jener »Spielball«, den Leibniz beschrieben hatte – mit Deutschland als »Kampfplatz«. Diesmal stand ein Wiederholungsspiel nicht mehr auf dem Programm; stattdessen durften die Westdeutschen Resozialisierung und Rehabilitierung unter dem wetterfesten Schutzschirm der Sieger genießen.

Die europäische Integration war der Schlüssel, doch das verkeilte Schloss haben die Vereinigten Staaten geknackt. Wieso Truman und Eisenhower, nicht De Gasperi und Monnet und Schuman, die legendären Väter der Vereinigung? Oder Churchill, der in seiner historischen Zürcher Rede von 1946 das »Ende der Vergeltung« und einen »segensreichen Akt des Vergessens« gefordert hatte. Sodann: »Der erste Schritt zu einer Art Vereinigten Staaten von Europa« müsse eine »Partnerschaft zwischen Frankreich und Deutschland sein«.

BEFRIEDUNG EUROPAS, AUFSTIEG DEUTSCHLANDS

Churchills Logik war richtig, die Geschichte aber grollte: »Nein, und schon gar nicht so schnell.« Noch dreißig Jahre später sollte ein französischer Präsident, Valéry Giscard d'Estaing, bester Freund des Kanzlers Helmut Schmidt, vor seinem Parlament verkünden, wie »wichtig es für das militärische Gleichgewicht unseres Kontinents« sei, »dass die französischen Streitkräfte nicht kleiner sein dürfen als die der anderen Kontinentalmacht, nämlich Deutschlands«. [26]

Schon 1950 entschloss sich Washington dazu, die Westdeutschen zu bewaffnen, um das Land zwischen Rhein und Elbe als Bollwerk gegen die Sowjetunion zu befestigen. Frankreich, der ewige Zweite seit der Reichsgründung unter Bismarck, war »not amused«, um Queen Victoria zu bemühen. Den *boche* aus dem Abgrund holen, ihn bewaffnen, gar als Gleichen unter Gleichen im Bündnis aufnehmen? *Jamais* – nie und nimmer! Doch der Druck des übermächtigen Amerikas wuchs. Also auf Zeit spielen. Der von Frankreich lancierte Entwurf für eine Europäische Verteidigungsgemeinschaft (EVG) sah zwar einen deutschen Beitrag vor, aber ohne Generalstab und eigene Armee. Diese Streitmacht durfte nicht mehr als ein Fünftel der Sechser-Truppe umfassen (Bundesrepublik, Frankreich, Italien, Benelux). Ein Bonmot machte die Runde. Das deutsche Kontingent müsse stark genug sein, um die Sowjets abzuschrecken, aber gleichzeitig so schwach, um Luxemburg nicht zu ängstigen. Überdies, so die französische Forderung, sollten die USA und Großbritannien als Garantiemächte nicht nur gegen Moskau, sondern auch gegen Bonn fungieren.

BEFRIEDER UND BESCHÜTZER

Es halfen weder Druck noch Zuckerbrot wie die US-Militärhilfe für den französischen Kolonialkrieg in Indochina. Zu mächtig war die Angst vor dem Comeback des deutschen Erzfeindes, mächtiger als die vor Stalin. Nach vier Jahren Geplänkel und Winkelzügen legte die französische Nationalversammlung ihr Veto gegen die EVG ein. Russland war weit, aber Deutschland, der ewige Angstgegner, gleich nebenan. Der frühere Premier Édouard Herriot verdammte die EVG in der Nationalversammlung als »lächerlich und monströs«; die europäische Armee wäre das »Ende Frankreichs«, weil sie den »deutschen Militaristen und Revanchisten die Oberhoheit« zuschanzen würde.[27]

74

Das Drama der geplatzten Hoffnungen sollte sich trotzdem zum Guten wenden, war doch das Glück den Bundesdeutschen abermals hold. Der für sie weitaus bessere Deal fiel dem britischen Außenminister Anthony Eden »am Sonntagmorgen [5. September 1954] in der Badewanne ein«, wie er in seinen Memoiren *Full Circle* verriet. Statt in die EVG sollte die Bundesrepublik in die NATO und in die Westeuropäische Union (WEU[28]) kommen. Mit der Aufnahme in zwei Bündnisse würde der deutsche Paria gleich zweimal befördert werden. Einen Stern würde ihm die rein westeuropäische WEU, den anderen das Atlantische Bündnis verleihen.

Eine dicke Scheibe des Kuchens kriegten auch die angstgeplagten Franzosen ab. In der EVG wären sie allein mit dem deutschen Erzrivalen geblieben – in einer unwürdigen und womöglich gefährlichen Position. In der WEU aber war die Großmacht Britannien mit dabei, in der NATO auch die Supermacht Amerika, zwei Schwergewichte, die nicht nur für die Sicherheit gegen die Sowjetunion, sondern auch für das Wohlverhalten des neuen Deutschlands einstehen würden. Die Außerkontinentalen würden als Garanten der »doppelten Eindämmung« amtieren – von Moskau wie Bonn.

Die Demontage der Europäischen Verteidigungsgemeinschaft war ein Schicksalsmoment, der im Englischen so prägnant wie unübersetzbar »*make or break*« heißt. Die Lösung hieß »Sicherheit für und vor Deutschland«. Wie sollte das funktionieren? Nach Edens Erleuchtung in der Badewanne gelobte London, vier Divisionen auf dem Kontinent zu stationieren und sie nicht gegen den Willen der NATO-Mehrheit abzuziehen. Die Franzosen durften aufatmen.

Die Hauptrolle aber spielten die Vereinigten Staaten. Dass sie den richtigen Part zur richtigen Zeit deklamieren würden, war keineswegs gegeben. Hatte nicht der todkranke Roosevelt Stalin in Jalta signalisiert, die amerikanischen Truppen würden nur noch zwei Jahre lang in Europa bleiben? In der Tat waren 1950, als die EVG auf dem Reißbrett entstand, nur noch 100 000 US-Soldaten präsent, der kärgliche Rest von drei Millionen. Nun überwand Amerika wider alle historische Erfahrung den Isolationismus der 20er- und 30er-Jahre und rang sich dazu durch, eine europäische Macht zu werden. Das Unterpfand waren sechs Divisionen, die in Europa stationiert bleiben sollten. Als die Bundesrepublik 1955 in die NATO avancierte, standen 350 000 Mann amerikanischer Truppen auf dem Kontinent.

Um Moskau zu beeindrucken? Gewiss, aber das ist nur ein Teil dieser Erzählung. Hören wir den Schwur, den die Großen Zwei plus Kanada tätigten. Obwohl Deutschland mit keinem Wort erwähnt wurde, galt das Gelübde der alten Nemesis Europas, die zweimal nach der Oberherrschaft gegriffen hatte. Die drei würden als »Bedrohung ihrer eigenen Sicherheit jegliche Gewaltanwendung betrachten, welche die Einheit der Atlantischen Allianz und deren defensive Ausrichtung beeinträchtigt«. Das »angreifende Mitglied würde das Beistandsrecht verwirken«. Das Trio würde zudem »andere Maßnahmen ergreifen«.[29] Übersetzt: Die Deutschen sind jetzt drin, aber unter scharfer Beobachtung: Wehe ihnen, wenn …

Das Drama hätte zur europäischen Tragödie verkommen können, wenn sich die Amerikaner abermals, wie nach dem Ersten Weltkrieg, abgekehrt hätten. Verblasst ist der Schicksalsmoment, der über die Zukunft Deutschlands und Europas entschied. Nicht Stalin, nicht hehre Reden und feierliche Integrationsverträge haben das wunderbare Gebilde Europa entstehen lassen, das der Bundesrepublik das »Auferstanden aus Ruinen« verhieß. Das zeigte das klägliche Ende der EVG, eines rein kontinentalen Projekts, das Frankreich, Italien und Benelux mit dem Erben des Dritten Reiches versöhnen sollte, aber nicht stark genug für diese Aufgabe war.

Erst die Einbindung der amerikanischen Supermacht, verbrieft durch seine dauerhafte Militärpräsenz, hat das Unmögliche möglich gemacht: den Zusammenschluss alter Feinde im gemeinsamen Haus. Daraus folgt, dass nicht die Integration die Befriedung Europas bewirkte, sondern umgekehrt. Als Kanzlerin Merkel 2016 dozierte, Europa sei »schneller eine Frage von Krieg und Frieden, als man denkt«, beschwor sie den Gründungsmythos der Gemeinschaft, der wie alle solche Mythen die harten Fakten ins milde Licht der Verklärung hüllt. Demnach sei die EU die Ursache der Überwindung. Tatsächlich besagt die längst vergessene Gründungsgeschichte das Gegenteil: Sicherheit nach innen wie nach außen – das *Dual Containment* des alten wie des neuen Gegners – ließ die Ängste der Westeuropäer schwinden; erst dann konnte das Wagnis der Vergemeinschaftung beginnen, von der zuvörderst der deutsche Verlierer profitiert hat.

Frankreich und die Bundesrepublik konnten einander die Hand zur »Ehe« reichen, weil da plötzlich mit Amerika ein Dritter im Spiel war, der stärker war als beide zusammen. Dieser neue Player konnte den einen vor dem anderen schützen und beide vor den hässlichen Konsequenzen deplatzierter Vertrauensseligkeit bewahren. Die Kleinen mussten nun nicht mehr die Großen fürchten, deren Opfer sie über die Jahrhunderte gewesen waren.

Selbst Belgien, das ewige Schlachtfeld, selbst das winzige Luxemburg konnten sich mit Frankreich und Westdeutschland zusammentun, weil der Große Bruder mit seinen Divisionen eine gesamteuropäische Versicherungspolice ausgestellt hatte. Existenzielle Unsicherheit und imperiale Ambition hatten die europäischen Kriege von gestern ausgelöst, wenn nicht erzwungen. Alle zusammen konnten sich nun unter dem ausladenden Schutzschirm der Atommacht einrichten und den Frieden genießen, der früher nur eine Pause zwischen zwei Waffengängen gewesen war.

Der »Europäisierung Amerikas« ist es zu verdanken, dass diese perverse Dynamik aus dem Repertoire verschwand. Die Großen haben *nicht* wie seit eh und je gegeneinander gerüstet und so abermals Angst und Zwietracht gesät. Denn: In einem Selbsthilfesystem, wo jeder für seinen Schutz selber sorgen muss, ist die Sicherheit des einen die Unsicherheit des anderen. Was dem einen seine Verteidigung, ist dem anderen dessen Angriffsvorbereitung. So gerät der Drang nach Sicherheit zur Unsicherheit, so gebiert Rüstung Gegenrüstung, im Extremfall den Präventivkrieg, wie es der Erste Weltkrieg im Kern gewesen war. Die Kleinen mussten sich nicht mehr ducken oder den Großen Schutzgeld zahlen. Der Schatten des Misstrauens lichtete sich. Gute Nachbarschaft konnte wachsen und mit ihr die Integration.

Nach fünfhundert Jahren des Bruderkriegs hat Amerika der europäischen Verwandtschaft in seiner Doppelrolle als »Befrieder und Beschützer«[30] die Trasse zur Versöhnung und Vereinigung gebaut. Dieses »Ende der Geschichte« ist zwar längst »eingepreist«, wie die Ökonomen sagen, und deshalb vergessen, war aber unverzichtbar für die Überwindung des vergifteten europäischen Erbes nach einem halben Jahrtausend von Furcht und Feindschaft. Die garantierte Sicherheit kam zuerst, die Integration folgte.

SELBSTVERLEUGNUNG ALS SELBSTBEHAUPTUNG

»Im Anfang war Adenauer.« Dieser gern zitierte Satz des Historikers Arnulf Baring ist wie alle eingängigen Wendungen nur ein Teil der Wahrheit.[31] Am Anfang war ein besetztes Land unter Militärherrschaft, dann eine Bundesrepublik unter der Knute der Alliierten. Diese behielten sich die Oberhoheit über die Außenpolitik sowie das Recht vor, die »volle Regierungsgewalt« an sich zu nehmen, so denn »Sicherheitsgründe« oder die »Aufrechterhaltung der demokratischen Regierungsform« die abermalige Unterwerfung erforderten. Das gezähmte Wesen blieb an der Kette, wiewohl die nach der Gründung der Bundesrepublik viel länger geworden war.

Unter dem Druck der Amerikaner richteten die Sieger die scharf bewachte Bühne her, die der erste Kanzler Adenauer meisterhaft bespielen sollte. Nur Talleyrand war besser gewesen. Auf dem Wiener Kongress 1815 gelang es diesem Meisterdiplomaten, das verhasste Frankreich, das unter Napoleon fast den ganzen Kontinent unterjocht hatte, schon Monate nach der endgültigen Niederlage in Waterloo an den Tisch der Großmächte zu bugsieren.

WIEDERVEREINIGUNG AUF DIE LANGE BANK

Als Erstes sagte der beinharte Realist Adenauer dem Traum von der Wiedervereinigung schon im Herbst 1945 (!) Ade: Der russisch besetzte Teil sei erst einmal »für Deutschland verloren«. Kurz danach formulierte der Kanzler der Verlierer, was zur Politik des Westens werden sollte, bevor dieser es selber wusste: Deutschland diesseits der Elbe sei ein »integrierender Teil Westeuropas«. An Frankreich: nicht das Ruhrgebiet internationalisieren. Das würde unheilvolle Erinnerungen an die Ruhrbesetzung von 1923 wecken und Revanchegelüste befeuern. Es gebe einen besseren Weg, die Sicherheitsängste der Nachbarn zu dämpfen: die »wirtschaftliche Verflechtung« auf dem Weg zur »Union der westeuropäischen Staaten«.[32] Wie es denn auch 1952 mit der Kohle- und Stahlgemeinschaft (EGKS, auch Montanunion genannt) geschah, welche die klassischen Ressourcen der Kriegführung europäisierte.

Dieser erste Akt in dem Drama »Selbstbehauptung durch Selbstverleugnung« war der Beginn einer dauerhaften Gewinnsträhne. Ein Beispiel: Um den Deutschen das erzreiche Saarland vorzuenthalten, betrieben die Franzosen nach 1945 die Abtrennung. Adenauer konterte mit einer deutsch-französischen Union, was bei der Siegermacht keine Gegenliebe entfachte. Außenminister Robert Schuman, ein Gründervater der europäischen Einigung, hielt mit dem nach ihm benannten Plan dagegen, der sich zur besagten Montanunion verdichtete. Adenauer hatte richtig gewettet. Nun, da Paris ein Aufsichtsrecht über die Rohstoffe des Krieges verbrieft bekam, ließ es vom Saarland ab – und eine Volksabstimmung zu. 1957 wurde das Saarland Teil der Bundesrepublik.

Machiavelli wird gern der Satz zugeschrieben: »Es ist nicht weise, zu verteidigen, was man ohnehin aufgeben muss.« Der Spruch ist zwar nicht verbrieft, passt aber haargenau zur Adenauer'schen Strategie. Das Geniale an diesem »Kanzler der Alliierten«, wie sein SPD-Gegner Kurt Schumacher ihn verhöhnte, war es, das Unvermeidliche zu wollen und scheinbare Unterwerfung in Einfluss umzumünzen. So gebar der Verzicht den Vorteil und die Diskriminierung die Gleichberechtigung. Das Mündel durfte plötzlich im Kreise der Erziehungsberechtigten mitreden.

Hier wurde der Stil der neuen deutschen Außenpolitik geboren, den Lichtjahre von der alten trennten: Interessenpolitik im Gewande der Idealpolitik, Selbstbindung als Befreiung, der moralische Gestus als realpolitisches Instrument. Dieser Stil war plötzlich so deutsch, wie es einst die imperiale Rhetorik des zweiten Wilhelm gewesen war. Und er sollte die Außenpolitik aller künftigen Kanzler prägen, die wie Adenauer das Gute predigten, um zugleich das Nützliche zu ernten.

Die Leiter zum Aufstieg war das europäische Projekt, dem Adenauer unaufhörlich mit selbstlos-visionären Worten huldigte. Doch war das europäische Ideal, um Bagehots berühmtes Wort von der englischen Verfassung aufzugreifen, der *»digni-*

fied« (würdevolle) Teil, das nationale Interesse der »*efficient«*
(wirksame). Was hatte denn der deutsche Jungstaat zu verlieren, wenn er die Souveränität, die er nicht hatte, auf dem europäischen Altar opferte?

Nichts, aber er konnte umso mehr gewinnen; die Tugend war
ihr eigener Lohn. Das entrechtete Halbland konnte allein durch
Mitgliedschaft im Club der Sieger die Freiheit zurückerobern.
Mitmachen bedeutete Mitsprache, folglich den Anfang vom
Ende der Unterordnung. Selbstverleugnung verhieß Selbst-
bestimmung – ein logisches Unding, aber eine diplomatische
Meisterleistung.

Die Nichtsouveränität für das europäische Ideal aufzugeben,
brachte Hoheitsrechte Schritt um Schritt zurück. Europa war
zugleich das hehre Ziel und der machtpolitische Weg. Selten
in der Staatengeschichte waren das Gute und das Nützliche so
brüderlich vereint wie im Falle der Adenauer-Republik. Dass
im Prozess der Selbstvergemeinschaftung auch das Pflänzchen
des Vertrauens wachsen würde, war der Extrabonus, der weiteren Aufstieg verhieß.

Gleich hinter den Idealen standen die Interessen, die ein
deutscher Kanzler nur verbrämt artikulieren konnte. Platt resümiert: Dabei sein war alles. Das warf die offenkundige Frage
auf: Wie konnte ein Land aufsteigen, das sich selber die Kugel
ans Bein band? Die Ironie lässt sich kaum übertreffen, verfolg-
ten doch die Gründerväter der Europäischen Gemeinschaft
genau das entgegengesetzte Ziel von Adenauer.

Die damals vorherrschende Ideologie der Integration, die vor
allem von dem Franzosen Jean Monnet verkörpert wurde, war
der »Funktionalismus«, sozusagen die Integration auf leisen
Sohlen. Nein, kein hehres Endziel, keine feierlichen Schwüre,
sondern pragmatische List. Die Logik lief so: Wer A integriert,
muss zwangsläufig auch B, dann C integrieren – und immer so
weiter, bis die Vereinigten Staaten von Europa plötzlich Wirk-

lichkeit waren. Also erst Kohle und Stahl. Dann aber müsste eine gemeinsame Agrarpolitik her, dann der freie Handel insgesamt, der wiederum staatenübergreifende Regeln und so eine europäische Gerichtsbarkeit heischte, dann die Angleichung von Steuern und Finanzen. Jeder Sektor würde die Vergemeinschaftung des nächsten erzwingen und schließlich die nationale Souveränität wie in einem Säurebad auflösen.

Adenauer, der alte Fuchs, drehte diese List um. Für ihn war jeder Schritt in die Integration ein Schritt aus der Unterwerfung. Er gab auf, was er nicht hatte, und bekam dafür, was er wollte: die nächste Konzession von den Siegern, ein neues Maß an Mitbestimmung, einen Hebel, um ein weiteres Stück nationaler Verfügungsgewalt loszueisen. Das Übernationale war der Weg zur *nationalen* Emanzipation des Unterworfenen, also genau das Gegenteil von dem, was sich die Propheten der Integration erträumten. Diese indirekte Strategie galt für die Adenauer'sche Politik insgesamt, also auch im untergründigen Ringen mit den Alliierten.

BÜCHSENÖFFNER BUNDESWEHR

Schon bevor die Amerikaner sich zur Wiederbewaffnung durchgerungen hatten, stellte Adenauer seinen ersten Beitrittsantrag an den Verein der Sieger – eine atemberaubende Strategie für einen Verlierer, der sich mit seiner Remilitarisierung den Aufpassern andienen wollte. Viele Jahre später, am Ende seiner Kanzlerschaft, erinnerte sich Adenauer:»Es wurde mir klar, dass in einer Zeit wie der unsrigen Politik so viel Kraft hat, wie die Kraft bedeutet, die hinter ihr steht. Wenn man keine Kraft hat, kann man keine Politik machen. [Dann] wird unser Wort nicht beachtet.«[33]

Gemäß dem großen Theoretiker der Realpolitik, Niccolò Machiavelli, wonach gute Streitkräfte verlässliche Verbündete schaffen,[34] platzierte Adenauer mit seinen armseligen Chips eine waghalsige Wette – *all in.* Kaum war die Bundesrepublik 1949 geboren, da ließ Adenauer Washington in einem Interview mit einer US-Zeitung wissen:»Deutschland sollte zur Verteidigung Europas in einer europäischen Armee unter europäischem Oberbefehl beitragen.« Aber bitte keine Freiwilligen in Deutschland ausheben; das wäre »Landsknechtstum«.[35] Denn, wie Adenauer dürr notierte, deutsche Legionäre würden sein eigentliches Ziel aushebeln:»die Erlangung der Souveränität als Folge der Wiederaufrüstung«.

Sechs Jahre später durfte er die reichliche Ernte einfahren: die Bundesrepublik als (teil-)souveräner Staat im Atlantischen Bündnis mit dem großen Amerika. Der Preis sah auf den ersten Blick hoch aus: eine Bundeswehr mit einer halben Million Soldaten. Dafür gab es aber den unbezahlbaren amerikanischen Schutzschirm und die Club-Mitgliedschaft im mächtigsten Bündnis auf Erden. Der dritte Hauptgewinn war die Befreiung aus der strategischen Mittellage, in der Deutschland entweder Spielball und Beute oder Spielverderber und Aggressor geworden war.

DER ALBTRAUM DER KOALITIONEN

Einerseits war dieses Deutschland stets zu schwach gewesen, um sich der Begehrlichkeiten seiner Nachbarn zu erwehren, andererseits, nach dem Aufstieg Preußens, nie stark genug, um sie alle zu bezwingen. Die Mitte war das Schlachtfeld der Mächte im Dreißigjährigen Krieg, dann im »Fünfzigjährigen Krieg« von 1668 bis 1713, dem immer wieder aufflammenden Kräfteringen der beiden Hauptmächte Frankreich und Habsburg, das sämtliche europäische Staaten plus England in den Kampf zog. Weiter im 18. Jahrhundert mit dem Siebenjährigen Krieg, in dem eine gesamteuropäische Allianz (minus England) der neuen Großmacht Preußen fast den Garaus gemacht hatte. Seitdem geistert der »Albtraum der Koalitionen« durch die Köpfe deutscher Staatenlenker. Ein halbes Jahrhundert später unterwarf Napoleon in seinen Eroberungskriegen die deutschen Lande vom Rhein bis zur Memel.

Als die Deutschen unter Bismarck zur Führungsmacht avancierten, ging es ihnen nur kurz besser. Nach den Einigungskriegen konnte das Reich gerade mal eine Generation lang in prekärer Ruhe leben, bevor sich Frankreich, Russland und Großbritannien gegen Berlin zusammenrotteten. Unter Wilhelm II. und Adolf Hitler griff das Reich zweimal zur Weltmacht, um der hoch verletzlichen Mittellage ein für alle Mal zu entfliehen. Beide scheiterten, der Zweite grausamer und blutiger als der Erste.

Adenauers größtes Verdienst war es, der unabänderlichen Geographie den existenziellen Stachel zu nehmen. Bismarcks Schreckgespenst, verkündete er, war der »Albtraum der Koalitionen«, das seine hieß »Potsdam« (wo die Siegermächte im Sommer 1945 das Schicksal Deutschlands entschieden). 1953, mitten im Gezerre um die Wiederbewaffnung, dozierte der Kanzler: »Es ist kein Zufall, dass die Sowjets sich immer wieder auf dieses Abkommen beziehen. Sie meinen damit einen ewigen Morgenthau-Plan der Vier Mächte. Die Gefahr einer gemeinsamen Politik der Großmächte bestand seit 1945.« Seine Politik sollte es der Bundesrepublik »von Anfang an« ermöglichen, dieser Gefahrenzone zu entfliehen, erklärte er. Denn Deutschland dürfe nicht zwischen die Mühlsteine geraten. Die Partnerschaft mit dem Westen werde uns »endgültig von dem Albdruck Potsdam befreien«.[36]

Wie? Indem Adenauer die Mittellage gegen jene Westbindung eintauschte, die bis heute währt. Die physische Geographie, definiert durch Längen- und Breitengrade, ist ewig, die politisch-strategische Geographie ist Knetmasse. Mit der politischen Verschiebung der Bundesrepublik in den Westen konnte Adenauer den Fluch der Mitte abschütteln, der zugleich Verwundbarkeit und Verführung barg: Deutschland mal als Opfer, mal als Angreifer – und dazwischen als Akrobat der Schaukelpolitik, die nicht die Sicherheit stärkte, sondern das Misstrauen schärfte. Der Preis war der Verzicht: auf Autonomie in der Außen- und Sicherheitspolitik – und auf die Wiedervereinigung hier und jetzt. Die Kosten von Entsagung und Einordnung waren hoch, die Profite um ein Vielfaches höher. Noch nie hat ein Start-up mit so wenig Kapital so schnell schwarze Zahlen geschrieben.

Adenauers »indirekte Strategie«, wie es im Militärischen heißt, haben seine innenpolitischen Widersacher nie verstanden, während sie von einem neutralen Gesamtdeutschland – zurück in die Mitte – träumten. Ob Adenauers sozialdemokratische Gegenspieler ähnlich gehandelt hätten, wenn sie selber an die Macht gelangt wären? Vielleicht, weil Opponieren und Regieren zweierlei Ding sind.

Doch erst 1972 konnte die SPD mit Willy Brandt das Kanzleramt erobern – nachdem sie Westbindung wie Wiederbewaffnung akzeptiert und dem Sozialismus abgeschworen hatten. Unbewusst und ungewollt aber lieferte die SPD Adenauer lebenswichtigen Feuerschutz. Der Kanzler konnte den Alliierten immer wieder signalisieren: Wollt ihr mich mit Zugeständnissen stärken – oder euch mit den Schumachers und Ollenhauers herumplagen, die zwar den Kommunismus hassen, aber bereit sind, in das Geschäft mit Moskau einzusteigen? Die Ironie will es, dass die SPD Adenauer ungeplant dabei half, im Bildungsroman der jungen Bundesrepublik die frühen Kapitel zu schreiben, die von der Prüfung zum Aufstieg führten.

»Was, wenn?« ist ein hübscher Zeitvertreib der Historiker, der nur fantasievolle Antworten liefert. Probieren wir das Spiel dennoch. Unterstellen wir eine »österreichische Lösung«, das heißt: Neutralisierung und Abzug der Besatzungsmächte wie 1955 aus Mini-Habsburg. Unterstellen wir weiter, die USA, des deutschen Bollwerks und der strategischen Tiefe beraubt, hätten sich abermals in die »Festung Amerika« zurückgezogen. Stalin und seine Erben hätten eine freigeräumte Bühne bespielen können. Adenauer hat dieses Risiko besser erkannt als so viele seiner Landsleute. Deshalb hat er die berüchtigten Stalin-Noten von 1952 abgewehrt, in denen der Kreml der Bundesrepublik den Köder der Wiedervereinigung plus Neutralisierung hinhielt, um die Fusion mit dem Westen zu vereiteln.

Die Verlockung stieß auf offene Ohren, nicht nur in der SPD, sondern auch in den bürgerlichen Parteien, die CDU eingeschlossen. Doch Adenauer blieb stur auf Westkurs, den er so rechtfertigte: »Ein falscher Schritt konnte uns das Vertrauen der Westmächte kosten … und wir waren lediglich Verhandlungsobjekt zwischen Ost und West.«[37] Schlimmer noch als die Teilung war die Neutralisierung. Die war »unrealistisch«. Wir »mussten entweder zur einen oder zur anderen Seite, wenn wir nicht zerrieben werden wollten«.[38]

Doch ging es nicht nur um Deutschland, sondern auch um den ganzen Halbkontinent. Man stelle sich Europa ohne die USA vor. In Frankreich und Italien hätten zwei große prosowjetische kommunistische Parteien die Regierung kapern und ihre Länder dem sowjetischen Einfluss öffnen können. Großbritannien hätte sich auf seine Insel zurückgezogen. Ein neutralisiertes und entmilitarisiertes Deutschland wäre abermals zur Beute geworden. Ein bewaffnetes jedoch wäre erneut zur Bedrohung der Anrainer geworden. Wie hätte in diesem Unsi-

cherheitssystem die europäische Integration florieren können?
Wie sollten so Vertrauen und gute Nachbarschaft entstehen?

»Unsere Aufgabe war, das Misstrauen ... zu zerstreuen«,[39] lehrte Adenauer. Auf diesem Weg zur Rehabilitierung spielt das Wiedergutmachungsabkommen mit Israel 1952 eine entscheidende Rolle, ja den Türöffner. Mit diesem Vertrag sagte Bonn dem Staat der Juden, damals gerade vier Jahre alt, 3,5 Milliarden Mark zu (heute etwa sechs Milliarden Euro). Aus heutiger Sicht war das eine lächerliche Summe in Relation zum Menschheitsverbrechen. Dennoch war nicht populär, was Adenauer in seinen *Erinnerungen* mantramäßig »unsere moralische Verpflichtung« nannte.

Adenauer setzte den Vertrag durch, auch gegen den vehementen Widerstand im eigenen Lager sowie in der Arabischen Liga, die mit Wirtschaftssanktionen drohte: »Ich war nicht bereit, mich durch [deren] Drohungen beirren zu lassen.« Hier ging es um eine »zwingende moralische Verpflichtung«.[40] Der Kanzler hatte kein besonderes Verhältnis zu den Juden, sei es Zu- oder Abneigung. Doch war es ihm ernst mit der Aufgabe – wie konnte es nach dem Holocaust auch anders sein? Zwar gebe es gegenüber dem Staat Israel keine finanziellen Verbindlichkeiten, ließ er wissen, »aber doch eine ungeheure Schuld gegenüber dem gesamten Judentum«.[41]

Freilich entfaltete sich die moralische Pflicht auf dem soliden Untergrund nationaler Interessen, die Adenauer immer wieder zart anklingen ließ. Wer die Schuld nicht anerkannte, sei »politisch blind«. Wieso? »Deutschland konnte nicht wieder zu einem geachteten und gleichberechtigten Mitglied der Völkerfamilie werden, ehe es seinen Willen zur Wiedergutmachung ... erwiesen hatte.«[42]

Sodann: »Von entscheidender Bedeutung für unser Ansehen in der Welt schien mir auch vom ersten Tag an das Verhältnis zum Judentum zu sein.«[43] Dessen mythische Macht mag Adenauer überschätzt haben, aber nicht das Gewicht Amerikas. In der Kabinettssitzung vom 17. Juni 1952 verwies der Kanzler auf das kritische Verhältnis zur Supermacht und warnte, der »ergebnislose Abbruch von Verhandlungen mit Israel würde die schwersten ... Gefahren für die Bundesrepublik heraufbeschwören«.[44]

Erinnern wir uns an die damalige Bühne der Politik, auf der Israel nur eine Nebenrolle spielte, wenn auch in diesem Moment eine gewichtige im Kalkül der Adenauer-Republik. In der Bühnenmitte handelten Bonn und die Westmächte den alles entscheidenden »Deutschlandvertrag« aus, mit Washington in der Hauptrolle (siehe Seite 74–78). Der sah die (Teil-)Souveränität der Bundesrepublik nebst Wiederbewaffnung im Rahmen der EVG vor, wurde am 26. Mai 1952 zwar unterzeichnet, trat aber nicht in Kraft, weil das Pariser Parlament die europäische Armee aus Furcht vor dem deutschen Nachbarn verwarf (siehe Seite 74).

Zeitgleich verhandelte Adenauer ab Dezember 1951 mit Vertretern Israels. Es war ein quälender Prozess, der mehr als einmal zu scheitern drohte. Den Israelis waren die Erben Hitlers ein Gräuel, das Gespräch mit ihnen eine Sünde vor den Augen des Allmächtigen. Die Deutschen hatten zwar Schuldgefühle, aber kein gesteigertes Interesse an Erlösung durch massive Ablasszahlungen. Zum Schluss obsiegte das kalte Interessenkalkül auf beiden Seiten.

In Israel tobte die rechte Opposition unter dem nachmaligen Premier Menachem Begin: »Blutgeld!« Nur drei Jahre zuvor hatte das Land im Unabhängigkeitskrieg gegen alle Wahrscheinlichkeit eine gesamtarabische Koalition zurückschlagen können. Die sann auf Rache und richtete sich auf die nächste

Runde ein. In dieser Lage hätte die linke Regierung Ben-Gurion wohl auch Geld und Gut vom Beelzebub (hebr.»Herr der Fliegen«, Satan) genommen. In Deutschland war der Vertrag so willkommen wie ein Gerichtsvollzieher vor der Wohnungstür. In einer Umfrage des Meinungsforschungsinstituts Allensbach befürworteten gerade elf Prozent den Deal ohne Wenn und Aber.[45]

Bei der knappen Ratifizierung des Abkommens am 4. März 1953 musste die SPD einspringen, weil Adenauer, nachdem ihm 106 CDU-Abgeordnete abhandengekommen waren, keine eigene Mehrheit hatte. In der liberalen *Zeit* verwarf Marion Gräfin Dönhoff den Vertrag in einem denkwürdigen Schulterschluss mit dem bayerischen Rechtskonservativen Franz Josef Strauß, dem späteren Verteidigungsminister: Der Staat der Überlebenden dürfe von Deutschland keine Lieferungen bekommen, weil sie dessen »Kriegspotenzial stärken« könnten. Geld dürfe erst fließen, »nachdem Israel und die arabischen Staaten Frieden geschlossen haben«, also am Sankt-Nimmerleins-Tag.[46]

Drei Wochen später durfte Adenauer, der Kanzler des vormaligen Paria-Staates, seine erste Reise nach Amerika antreten, wo er unter Abspielen der Nationalhymne mit allen militärischen Ehren empfangen wurde. In seinen *Erinnerungen* notierte er mit leisem Stolz, dass in seinem New Yorker Hotel, dem Waldorf Astoria, zum ersten Mal nach dem Krieg wieder die deutsche Flagge aufgezogen worden war. Es war die Besiegelung des »Beginns einer wunderbaren Freundschaft«, wie sie in der Schlussszene von *Casablanca* zelebriert wurde.

War das gerade ratifizierte Abkommen mit Israel das Entréebillet zum Ritterschlag im Weißen Haus? *Honi soit qui mal y pense.* Wieder einmal war der seltene Fall eingetreten, dass Real- und Idealpolitik eine Ehe eingegangen waren, wo das moralisch Gebotene zugleich das politisch Profitable war. Hat Washington Druck gemacht? Der durfte sanft sein, traf er doch auf einen willigen Partner, der aus Eigeninteresse das historisch Richtige tat: die Aussöhnung mit Frankreich, die Wiedergutmachung an den Juden wie am jüdischen Staat, die Waffenbruderschaft mit den Vereinigten Staaten. Dieses Paket ließ sich nicht aufschnüren.

Was immer seine innere Überzeugung war, Adenauer musste hehre Worte säen, um realpolitische Früchte zu ernten. Dass der Mann mit dem versteinerten Gesicht sich im Falle Israel mit Geschick und harter Hand auch gegen seine vielen Kritiker in der eigenen Partei durchsetzte, zeigte abermals eine Weitsicht, die einem Großteil der politischen Klasse seinerzeit abging. Erst seine Nachfolgerin Angela Merkel sollte Jahrzehnte später bekunden, dass die »Sicherheit Israels« zur »Staatsräson meines Landes« gehöre.[47] Nützlichkeitserwägungen waren zu diesem Zeitpunkt nicht mehr nötig.

KAPITEL 5

DIE »ADENAUER-RESTAURATION«
LEGENDE UND WIRKLICHKEIT

Adenauer ist der Gottseibeiuns der progressiven Geschichtsschreibung. Schon 1950 fiel das R-Wort, das als »Adenauer-Restauration« einen festen Platz in den liberalen Medien einnehmen sollte. Der Publizist Eugen Kogon sprach von einer »christlichen, autoritären Restaurationsregierung«.[48] Ein paar Jahre später, das »Wirtschaftswunder« tobte schon, verhöhnte der König des Kinderbuchs, Erich Kästner, die Zweite Republik als »motorisiertes Biedermeier«. Im *Spiegel*, der Adenauer in herzlicher Feindschaft zugetan war, gehörte das R-Wort zum Standardinventar.[49]

War es wirklich so? »Restauration« bedeutet die »Wiederherstellung« oder »Wiedereinsetzung« von überkommenen Sitten und Institutionen. Gehen wir sie durch, um hinter dem angeblichen Rückfall einen Modernisierungsschub sondergleichen zu erkennen.

WERTE UND NORMEN

In Regelwerk der Sitten und Gebräuche herrschte nicht Rückschritt, wie die Theoretiker der Restauration wähnten, sondern einfach nur Beständigkeit. Die »Leitkultur« des Diederich Heßling musste den Westdeutschen nach 1945 keineswegs auferlegt werden; sie hatte Kaiser, Weimar und Nazismus überlebt und die Adenauer-Ära ebenso geprägt wie die Jahrzehnte zuvor. Gleiches gilt pikanterweise auch für die DDR. »Der Zukunft zugewandt«, hatte der Arbeiter- und Bauernstaat sich bekanntlich nicht dem »Konradismus«, sondern dem Marxismus verschrieben. Doch ob Adenauer oder Ulbricht: Auf beiden Seiten des »Eisernen Vorhangs« (Churchill) basierte die Nachkriegskultur auf jenen »typisch« deutschen Eigenschaften, die von Ordnungsliebe und Sparsamkeit über Fleiß und Pünktlichkeit bis zu Gehorsam und Autoritätsgläubigkeit reichten. Diese Merkmale mussten nicht oktroyiert werden; sie hatten Wilhelminien, Weimar und das Zwölfjährige Reich überlebt.

Schund und Schlamp waren in der Arbeitswelt so verwerflich wie im Mittelalter, als die Gilden eifersüchtig über die Qualitätsstandards wachten, um die Billigkonkurrenz von Außenseitern abzuwehren – daher auch der mühselige Weg, der bis heute vom Lehrling über den Gesellen bis zum Meister führt. Sonntags ging es wie eh und je mit geputzten Schuhen in die Kirche. Im Treppenhaus haben Kinder wie vor 1945 artig gegrüßt, in der Straßenbahn den Platz für Ältere frei gemacht. Wer eine Uniform trug, und sei es auch nur der Bahnschaffner, war eine Respektsperson wie seit Urzeiten. Für die »soziale Kontrolle« sorgten die Nachbarn, nicht die Büttel. Ein Rückblick aus der Erinnerung des Autors an seine Berliner Kindheit:

»Mutter musste sich nicht von Schulschluss bis zum Einbruch der Dunkelheit aus dem Fenster hängen, um den Sohn im Blick zu haben. Mindestens ein halbes Dutzend Augenpaare spähte uns Kinder aus, angefangen mit der ›Portiehschen‹, die säuberlich registrierte, wer den Ball in die Scheibe geschossen hatte. An der Ecke stand der Lebensmittelhändler. ... Und Karolas körperbehinderte

Mutter war die zuverlässigste Wache am Fenster. Alle kannten unsere Eltern. Jeder Erwachsene war eine Autoritätsperson.«[50]

Ganz ohne Adenauer, darf man hinzufügen. Der Staat, der heute fragt:»Was kann ich für Sie tun?«, pflegte in den Fünfzigern wie zu Zeiten des Hauptmanns von Köpenick zu blaffen:»Können Sie sich überhaupt ausweisen?« Der Staat oben, der Bürger unten – das war nicht Oktroi, sondern Kontinuität. Solche Gewohnheiten musste niemand»restaurieren«; sie waren in der jungen Republik so zu Hause wie der Gehorsam gegenüber der roten Fußgängerampel. Der Wandel fand anderswo statt.

»KINDER, KÜCHE, KIRCHE«

Heute ist diese Dreifaltigkeit der Inbegriff des Reaktionären. Damals war die Rückkehr in die autonome Familie der Schritt in die Emanzipation. Denn die Totalitären hatten alle gesellschaftlichen Institutionen, von den Vereinen bis zu den Gewerkschaften,»gleichgeschaltet«, weitgehend auch Familie und Kirche. Die Kindererziehung wurde dem allmächtigen Staat unterworfen, der die Kleinen lehrte, die eigenen Eltern zu denunzieren.

Die»Pimpfe« mussten ab zehn zum Jungvolk, die Mädchen zum Jungmädelbund, die Älteren in die Hitlerjugend und in den Bund deutscher Mädel. Die Restauration, wiewohl unter rotem Vorzeichen, fand in der DDR statt. Nur hießen die entsprechenden Formationen»Junge Pioniere« und»FDJ«. Dagegen war die Adenauer-Republik, die das Private wieder in seine Rechte einsetzte, eine Bastion familiärer Selbstbestimmung. Die Entstaatlichung der Erziehung wurde zum Baustein des liberalen Staates, mithin zum Hort der Bürgerfreiheit.

SEXUALITÄT

Die »Pille« wurde 1960 in den USA freigegeben, ein Jahr später in Deutschland. Zum Symbol und Treibsatz der Kulturrevolution, die das Sexualverhalten und Geschlechterverhältnis in Familie und Beruf umkrempeln sollte, geriet die hormonale Geburtenkontrolle erst in den späten Sechzigern. Davor musste nichts »restauriert« werden. Sexualität war selbstverständlich »repressiv«, Unberührtheit vor der Ehe das Ideal.

Unverheiratete Mütter galten wie in der alten Ordnung als »gefallene Mädchen«. Ihnen wurde bis in die Achtziger ein amtlich bestallter Vormund für das uneheliche Kind beigestellt, wie dieser Autor erfuhr, als die trauscheinlose Kleinfamilie aus der Klinik in die heimische Wohnung kam und tags darauf das Jugendamt anrief, um den Besuch des designierten Vormunds anzukündigen. Der Gang zum Standesamt folgte auf dem Fuße. Adenauer musste in dieser vererbten Kultur nicht die Sittenpolizei bemühen. Der Paragraf 218, der die Abtreibung unter Strafe stellte, war keine Erfindung der Bonner Republik, sondern Gesetz seit dem Kaiserreich. Dito der Paragraf 175, der Homosexualität ahndete; der existierte seit 1872. Tradition ist nicht Restauration.

POPKULTUR

Rock und Pop hätten erst in der Studentenrevolte den Mief und Muff der Fünfziger vertrieben, lautet eine probate Lesart. Tatsächlich entwuchs diese Musik plus Blues und Jazz der gänzlich neuen Jugendkultur der Fünfziger. Die Kids, wie man sie heute nennt, lauschten nicht den »Schlagern der Woche«, sondern der Hitparade auf AFN, dem amerikanischen Militärsender. 1958 durchbrachen tausend Jugendliche die Eingänge des Berliner Sportpalasts, um das Kurt-Edelhagen-Orchester von der Bühne zu jagen, das als Warm-up-Band mit Mutters Swing- und Tanzmusik auftrat. Die Kids wollten endlich Bill »Rock Around the Clock« Haley und seine *Comets* hören. Zwischendurch demolierten sie die Hallen – auch quer durch die Republik, wo der »King of Rock'n' Roll« in Hamburg, Essen und Stuttgart gastierte. Den gewaltsamen Protest der Jungen haben nicht die Studenten der Sechziger erfunden. »Jede Jugendrevolte manifestiert sich in einem Haarschnitt«, erinnert sich der Publizist Hellmuth Karasek.[51] Die kurz geschorenen Schläfen der Nazizeit wichen dem gegelten »Entenschwanz« der »Halbstarken« und dem Cäsaren-Look der »Exis«. Jene trugen schwarze Lederjacken und Röhrenhosen, um sich von den Altvordern abzusetzen, diese schwarze Rollkragenpullover und olivgrüne »Kutten« aus US-Restbeständen. Die einen polierten ihre Mopeds, die anderen zitierten Sartre und Hemingway, um die Mädels zu beeindrucken. Levi's für die Jungen, Pettycoats für die Mädchen. Alle wollten so cool sein wie James Dean in *Rebel Without A Cause*,[52] der im wirklichen Leben in seinem Porsche umkam.

Man trank Whisky und Cola statt Korn und Fassbrause. Der »Toast Hawaii« (mit Schinken und Käse) wirkt im Rückblick wie ein Denkmal des Spießertums. Damals symbolisierten die exotische Ananasscheibe und die Maraschinokirsche jedoch die große weite Welt, welche die Westdeutschen zu erobern begannen. Fischernetze und Chianti-Flaschen wurden zur Pflichtdekoration des Partykellers. Die »Chester«-Zigarette war das Billigimitat der US-»Chesterfield«. Herr und Frau Biedermeier waren im 19. Jahrhundert zu Hause geblieben; im Wirtschaftswunderland verhieß das Auto außer Status auch Freiheit, die unter Hitler erstickt worden war. Hasch, Hippies und Kinderläden mussten noch warten; ansonsten wehte ein Modernisierungsschub mit kräftigem amerikanischen Anstrich – Musik, Tanz, Kleidung – durch den »Mief und Muff« der Fünfziger.

Im Politischen bedeutet »Restauration« die Wiederherstellung alter Herrschaftsformen. Welcher denn? Der des Kaiserreichs? Das war 1918 unwiderruflich untergegangen. Zurück zu den vergifteten Verhältnissen der Weimarer Republik mit ihren totalitären Parteien? Außer der SPD und den Kommunisten konnte keine Vorkriegspartei in der Bundesrepublik wieder Fuß fassen; die KPD wurde 1956 vom Verfassungsgericht verboten. Die schleichende Wiederkehr des Nazismus unter den geladenen Kanonen der Alliierten? Die Sozialistische Reichspartei SRP probierte die »Restauration« und wurde schon 1951 als verfassungswidrig aufgelöst. Dass die minderen Kader in Schule, Verwaltung und Polizei aus der Nazizeit übernommen wurden, ist so richtig, wie es unvermeidbar war, um die Mechanik des Staates am Laufen zu halten. Dass Bedienstete des höheren NS-Apparats – Richter, Beamte, nach 1955 auch Wehrmachtsoffiziere – den Sprung in die Funktionselite der Zweiten Republik schafften, ist ebenfalls richtig. Das war nicht gerecht, aber im Rückblick weise gewesen. Die Einbindung der Verlierer durch den Artikel 131 des Grundgesetzes (Übernahme in den neuen öffentlichen Dienst) entschärfte das Ressentiment, das sich zur Fundamentalopposition wie in Weimar hätte verdichten können.[53]

KLASSENHERRSCHAFT

Das Prinzip »Glück im Unglück« gilt auch für die unterstellte Restauration der alten Machtstrukturen. Weimar war eine Tragödie, Hitler der GAU der europäischen Geschichte. Doch welch dialektische List griff da um sich! Gerade die schrecklichen Umbrüche in der ersten Hälfte des 20. Jahrhunderts haben der Modernisierung den Boden bereitet, auf dem die Bundesrepublik die Früchte ihrer segensreichen Jugend ernten konnte.

Wie das – die sieche Weimarer Republik, dann die Nazis als Modernisierer? Bei nüchterner Betrachtung sehr wohl. Die Monarchie, die in Frankreich nach der Revolution und Napoleons Kriegen mit den Bourbonen zurückkam, wurde 1918 in Deutschland endgültig entsorgt. Der Exitus hatte Konsequenzen. Mit dem Kaisertum fiel die Machtbastion des Adels, der alten herrschenden Klasse. Dann legte Hitler Hand an, was David Schoenbaum in seiner bahnbrechenden *Sozialgeschichte des Dritten Reiches* mit feiner Ironie kommentiert hat. Da entstand eine Welt,

»wo ein Prinz von Schaumburg-Lippe als Goebbels' Adjutant fungierte und ein Prinz von Homburg Görings Telefon bediente; wo preußische Feldmarschälle einen österreichischen Gefreiten begrüßten. … Die Säulen der damaligen Gesellschaft, die Junker, die Industriellen und das Bildungsbürgertum, erfuhren die Revolution bewusst an sich selbst und taten sich mit ihren eigenen Feinden zusammen, um das Haus abzureißen, das sie beherbergt hatte.«[54]

Mit den Gebietsverlusten nach dem Ersten Weltkrieg, und erst recht nach dem Zweiten, zerbrach die ökonomische Basis der Aristokratie. Erst wurde Westpreußen, etwas später Ostschlesien abgetrennt. Nach 1945 gingen Pommern, Posen, Rest-Schlesien und Ostpreußen an Polen und Russland; zugleich wurden die Latifundien in der nachmaligen DDR enteignet. Die Macht des ostelbischen Adels wurzelte im Boden, und der wurde ihm unter den Füßen weggezogen.

Landbesitz war freilich schon während Hitlers fieberhafter Industrialisierung im Dienste des kommenden Krieges entwertet worden. Der Industriesektor explodierte geradezu nach 1932. Bis 1938 wuchs die Chemikalienproduktion um mehr als das Doppelte, vervierfachte sich der Investitionsgüter-Output. Der Maschinenbau war fast viermal so groß am Vorabend des Zweiten Weltkriegs, der Roheisen-Ausstoß fünfmal.[55] Von solch atemlosem Tempo auf dem Gewaltmarsch von »Agraria« zu »Industria« hätte Wilhelminien nicht zu träumen gewagt. Unweigerlich musste die rasante Industrialisierung den Niedergang der Nobilität beschleunigen. Kapital brachte mehr als Kartoffeln bei der Anhäufung von Reichtum.

Dass ein Titel vom schlichten Freiherrn bis zur geschlossenen Krone auch in der frühen Bundesrepublik ein Entréebillet für die höheren Etagen der Wirtschaft und des Auswärtigen Amtes verschaffte, war die eine Seite der Medaille. Die andere, entscheidende war es, dass etwa ein Alexander zu Dohna-Schlobitten, Herr über ostpreußische Güter, nach dem Krieg in der Schweiz seinen Unterhalt als Angestellter, dann als Betreiber einer Reinigung verdienen musste. Seine Tochter wurde Fotografin. In der durchlässiger werdenden Bundesrepublik war ein »von und zu« nützlich, Talent, Ausbildung und bürgerliches Streben waren erfolgreicher.

Nach dem Ersten Weltkrieg erlebte der Adel einen »Sturz aus großer Höhe«,[56] konnte sich aber bis 1933 wieder halbwegs aufrappeln. Erst der »Aufstieg des Plebejers«[57] – des Kleinbürgertums unter Hitler – schlug der Aristokratie das Fundament weg. Wer in Weimars Offizierskorps und Beamtenschaft übrig geblieben war, musste »von der neuen Elite seine Direktiven entgegennehmen und nach deren Regie handeln«.[58] Die adligen Verschwörer vom 20. Juli, die Hitler aus dem Militär heraus zu stürzen versuchten, wurden 1944 auf grausame Weise umgebracht.

Mit Blick auf die »soziale Zusammensetzung der Führungsschichten hat die NS-Revolution die von 1918/19 mit ungleich größerer Intensität fortgesetzt, sie hat – so paradox das klingt – eine soziale ›Demokratisierung‹ … bewirkt und die alten Machteliten der Monarchie endgültig abgelöst«, urteilt der Zeithistoriker Horst Möller. Die neue Elite stammte überwiegend aus dem kleinbürgerlichen und agrarischen Milieu, dem niedrigen Beamtentum und den Entwurzelten des Krieges. Industrielle fehlten völlig. Bezeichnend war das »Verschwinden der ostelbischen Großgrundbesitzer als gesellschaftlich oder politisch tonangebende Schicht«.[59]

Das Rad des Elitenaustausches dreht sich weiter. In den letzten Zeilen seines Buches spricht David Schoenbaum von der »totalen sozialen Revolution des totalen Krieges«, der die »überlieferte deutsche Gesellschaft« in seinen Trümmern begrub. Die Nazis hatten die alten Eliten weggefegt, nun hatte auch deren Stündlein geschlagen. Die totale Niederlage plus Entnazifizierung entmachtete die Nazi-Elite, die ein paar tausend Top-Positionen besetzt hatte. Finis Reich, Ende seiner Herrschaftskaste.

Fazit: Deutschland erlebte im 20. Jahrhundert eine dreifache Revolution. Weimar beseitigte die Monarchie, Hitler die angeschlagene Aristokratie und der Krieg die Herrschaft der Totalitären. Die Kräfte der Reaktion konnten sich aus einem schlichten Grund nicht durchsetzen: Sie waren aus der Arena vertrieben worden. Der Boden war nun weitaus gründlicher umgepflügt und planiert als nach dem gewaltsamen Ende des Ancien Régime in Frankreich, dem schon 1814 die echte Restauration durch die Bourbonen folgte.

Zu Recht schrieb der Historiker Hans Maier über die »Restauration«: Die Deutschen machten in der Adenauer-Republik »endgültig und unwiderruflich Bekanntschaft mit [der] modernen Gesellschaft, sie näherten sich dem demokratischen Westen an und belebten … die freiheitlichen Traditionen aufs neue [nach] einer Katastrophe ohne Beispiel«.[60] Dieses Verdikt gilt ansonsten nur für Japan, wo der Tenno zwar blieb, aber die herrschende Militärkaste unwiederbringlich zerschlagen worden war. In Portugal und Spanien konnte der Faschismus die Modernisierung noch dreißig Jahre lang aufhalten.

DIE PARTEIEN

Schon gar nicht trifft »Restauration« auf das Parteiensystem zu. Die CDU, eine Neugründung, trug zwar »christlich« im Namen, fungierte aber als mächtiger Modernisierungsmotor, derweil die SPD, die älteste Partei, noch dem Klassenkampf huldigte und die FDP sich wie ihre Vorgänger als Klientelpartei formierte, die auch alten Nazis eine Heimat bot. Betrachtet man Modernisierung als Auflösung eingefrorener gesellschaftlicher Konflikte, agierte die CDU geradezu als Rammbock des Fortschritts.

Indem sie alle unter einem Dach vereinte, planierte die Union die tradierte Kluft zwischen Stadt und Land, Protestanten und Katholiken, Nord und Süd, Groß- und Kleinbürgertum, Industrie und Agrarwirtschaft. Nur der Antagonismus zwischen Rheinland und Ostelbien bedurfte keiner Befriedung, waren doch die Sowjetische Besatzungszone, wo für Adenauer die »Steppe« begann, und die amputierten Ostgebiete nicht mehr im Spiel. Modernisierungspolitisch gesehen war die Teilung Glück im Unglück.

Keine andere Partei, sei's unter Wilhelm oder Weimar, hatte je ein so breites Zelt aufgestellt wie die CDU. Konflikte wurden nicht auf der Straße, sondern innerhalb des Zeltes ausgetragen oder eingedämmt – durch Proporz, Kuhhandel und Kompensation. Die Wahlergebnisse bestätigen diese Lesart. Die Union lag 1949 mit 31 Prozent nur knapp vor der SPD, dann preschte sie davon – mit 48 Prozent vier Jahre später und 50 Prozent im Jahre 1957.

Im Weimarer Reichstag tummelten sich neun teilweise tödlich verfeindete Parteien. Die Folge: Keine Regierung hielt länger als 21 Monate. In der Adenauer-Republik, wo die neue Fünf-Prozent-Klausel griff, schrumpfte die Zahl der Parteien auf drei, die bis zum Aufstieg der Grünen unter sich bleiben sollten. Im Vergleich zu Italien und Frankreich, wo die Regierungen schneller wechselten als die Jahreszeiten, wurde die Adenauer-Republik zur Bastion der Stabilität. Das Politwunder war erstaunlicher noch als das Wirtschaftswunder.

DIE PRESSE

In keinem Bereich weicht das Bild von der »Restauration« so kräftig von der Realität ab wie im medialen. Keine gleichgeschaltete Zeitung kam nach 1945 zurück; der Alliierte Kontrollrat hatte sie allesamt verboten. Aus den *Münchner Neuesten Nachrichten* wurde die *Süddeutsche Zeitung,* aus der *Frankfurter* die *Frankfurter Allgemeine Zeitung* – mit neuem Auftrag und Personal. Gänzlich neue Produkte schossen aus dem Boden: Tageszeitungen wie die *Welt,* Wochenzeitungen wie *Zeit, Spiegel* und *Stern,* von den Illustrierten und Lokalblättern ganz zu schweigen.

Die freie Presse ist übrigens älter als die Zweite Republik, entstand sie doch in dem Interregnum zwischen Kapitulation und Gründung der Bundesrepublik. Im Anfang war *nicht* Adenauer, sondern der Presseoffizier der Besatzungsmacht. Der suchte nach halbwegs unbescholtenen Figuren und schenkte ihnen, wie sich bald herausstellte, eine Lizenz zum Gelddrucken, indem er ihnen die Start-up-Erlaubnis und Zuteilung von Zeitungspapier bescherte.

Am Anfang waren buchstäblich die Trümmer des Tausendjährigen Reiches. Die *Süddeutsche Zeitung,* die im Oktober 1945 unter amerikanischer Ägide auf den Markt kam, wurde damals im Keller des zerbombten Hauses in der Sendlinger Straße hergestellt. In der britischen Zone entstanden *Spiegel, Stern, Welt* und *Zeit* ex nihilo. Dass hier und da Ex-Nazis wie Giselher Wirsing (*Christ und Welt*) und alte Kameraden aus der »Propagandakompanie« (PK) wie Henri Nannen (*Stern*) und Paul Sethe (FAZ) mitmachten, entwertet das Grundsätzliche nicht: 1945 war das Geburtsdatum einer freien und unabhängigen Presse, sieht man von den Partei- und Kirchenblättern ab, die ihre Institutionen bedienten. Im Artikel 5 des Grundgesetzes heißt es dürr: »Die Pressefreiheit wird gewährleistet. Eine Zensur findet nicht statt.« In der Weimarer Republik folgte diesem Satz im Artikel 118: »Doch können durch Gesetz abweichende Bestimmungen getroffen werden.« Das Republikschutzgesetz erlaubte Beschlagnahme und Verbot von Gedrucktem. Die Pressenotverordnung von 1931 erleichterte das schnelle Verbot von Zeitungen. Dagegen zeigte der Ausgang der sogenannten *Spiegel*-Affäre von 1962 (Adenauer war noch im Amt), wie weit sich Bonn von Weimar entfernt hatte: Auf Druck des Verteidigungsministers Franz Josef Strauß ließ die Staatsanwaltschaft wegen des Verdachts von Landesverrat die Redaktion des Magazins am Hamburger Speersort besetzen und Redakteure verhaften. Die Anklage musste fallen gelassen werden und Strauß aus dem Kabinett ausscheiden. Im Konflikt zwischen Staatsmacht und Presse obsiegte vor dem Bundesgerichtshof die Pressefreiheit. In Weimar wäre die Causa anders ausgegangen.

DIE WIRTSCHAFT

Eigentlich wollten die Alliierten nach 1945 Deutschland zerschlagen, auf jeden Fall die Schwer- und Rüstungsindustrie. Tatsächlich haben die Westmächte ein Wirtschaftssystem demontiert, das neben Japan das höchstverflochtene der Welt war. »Noch nie«, erinnert sich der amerikanische Militärgouverneur Lucius D. Clay, »hatte es eine ähnliche Anstrengung gegen die Konzentration wirtschaftlicher Macht gegeben.«[61] Fast alle Kartelle wurden aufgelöst; hernach drängten die Westmächte die Bundesregierung zu einer Gesetzgebung, welche die Wiedergeburt marktfeindlicher Zusammenschlüsse weitgehend verhinderte. Der berühmteste Fall ist die »Dekonstruktion« der IG Farben, der Bayer, Hoechst, BASF und andere entwuchsen. Die Kartellierung der deutschen Wirtschaft und Bankenwelt reichte ins späte 19. Jahrhundert zurück; hier fanden also ein Bruch sondergleichen sowie ein Stück »Amerikanisierung« statt. »Den USA war es gelungen, Westdeutschland eine Antitrust-Politik, vergleichbar mit der eigenen, aufzuzwingen.«[62] Immerhin ersetzten auf diese Weise informelle Oligopole die vertikalen Monopolstrukturen. Auf diesem Boden sollte die Bundesregierung die Wettbewerbsgesetze sukzessive verschärfen. Das passende R-Wort ist hier nicht »Restauration«, sondern »Revolution«.

ZENTRALSTAAT ADE

Unter den Nazis wurde der deutsche Föderalismus ein Jahr nach der »Machtergreifung« zerschlagen. Dem Führer untertan, regierten Reichsstatthalter die Länder. Weimar war zwar de jure ein Bundesstaat, aber in Wahrheit ein hoch zentralisiertes Gebilde. Die 25 Länder konnten im Weimarer Reichsrat keine Gesetze einbringen; bei Konflikten konnten sie im Reichstag überstimmt werden. Dagegen hat der Bundesrat, der die Länder vertritt, in manchen Bereichen ein nicht überstimmbares Vetorecht, etwa bei Bundesgesetzen, die die Verwaltungshoheit der Länder und deren Finanzen berühren.

Es gibt keinen übermächtigen Reichspräsidenten mehr wie in Weimar, wo er in die Länder hineinregieren konnte. Hätte der

Reichsrat das Gewicht des Nachfolgers, des Bundesrats, gehabt, wäre das Ermächtigungsgesetz von 1933, das Hitler den Weg in die Diktatur ebnete, vielleicht nicht zustande gekommen. Auch auf diesem Gebiet wurde nichts restauriert, sondern ein neues Machtgleichgewicht zwischen Bund und Gliedstaaten festgeschrieben. Gegenüber der Bundesrepublik sind Großbritannien und Frankreich Hochburgen des Zentralismus. Generell gilt also mit Blick auf die Bundesrepublik das Gegenteil von Restauration. Das Grundgesetz war die »politische und juristische Antithese zur Weimarer Verfassung«.[63] Die Unterschiede aufzuzählen würde ein eigenes Kapitel erfordern. Grundsätzlich gilt, dass auf dem Boden der Adenauer-Republik die erste solide verankerte liberale Demokratie mit klar begrenzter Staatsmacht entstand. Grundrechte durften überhaupt nicht angetastet werden; Verfassungsänderungen, die in Weimar von Präsident oder Parlament verfügt werden konnten, erfordern eine Zweidrittelmehrheit in Bundestag und -rat.

GEWALTENTEILUNG

Die hatte das Naziregime eingestampft, das Grundgesetz hat sie in Beton gegossen. Dito den Rechtsstaat, ein kompliziertes Gebilde der deutschen und europäischen Jurisprudenz, das endlose philosophische Debatten gezeugt hat und nicht unbedingt identisch ist mit dem liberalen, das heißt machtbegrenzten Staat. Was in der Bundesrepublik heranwuchs, lässt sich am einfachsten mit dem angelsächsischen Begriff *rule of law* fassen. Der besagt ganz knapp: Der Herrscher steht unter, nicht über dem Gesetz.

In der *Spiegel*-Krise wurde die Gewaltenteilung getestet, und die Judikative setzte sich gegen die Exekutive durch. Dieses frühe 1:0 ließ bereits 1962 die gewaltige Distanz erkennen, die Bonn von Weimar trennte. Vergleichen wir die höchsten Gerichte der

Ersten und der Zweiten Republik: Der Weimarer Staatsgerichtshof bezeichnete sich zwar selber als »Hüter der Reichsverfassung«, war es aber nicht. Er beschäftigte sich hauptsächlich mit Verfassungsstreitigkeiten zwischen den Ländern und zwischen diesen und dem Reich. Die Macht gehörte in der Praxis der Exekutive, die sogar Grundrechte per Notverordnung aufheben konnte. Die sind in der Bundesrepublik unverletzlich.

Stein geworden ist das Prinzip der Gewaltenteilung im Karlsruher Bundesverfassungsgericht (BVG). Seine Befugnisse gehen weit über jene des Weimarer Staatsgerichtshofs hinaus. Karlsruhe kann Gesetze und Dekrete der Exekutive aufheben. Ist ein Gesetz verfassungsgemäß? Karlsruhe entscheidet. Fühlt sich ein Bürger in seinen Grundrechten verletzt? Er darf, anders als in Weimar, Klage führen. Das Gericht hat das letzte Wort darüber, ob Parlamente und Regierungen das Grundgesetz einhalten.

Das BVG ist die letzte Instanz, wo es um die Auslegung der Verfassung geht. Es ist in seinem Aktionsradius vergleichbar mit den beiden mächtigsten Gerichten der westlichen Welt, dem Supreme Court der USA und dem Obersten Gericht Israels. Wie diese ist Karlsruhe der oberste Schiedsrichter, der über die Spielregeln des liberaldemokratischen Staates entscheidet und dabei eine zentrale Rolle ausfüllt, die es in Frankreich und England so nicht gibt.

De facto – oder paradoxerweise – ist das Verfassungsgericht im Laufe der Jahrzehnte sogar zur höchsten *politischen* Instanz geworden, so zum Beispiel, als es 1994 den hoch umstrittenen Einsatz der Bundeswehr *out of area* freigab. Wo ein Staat seine Truppen einsetzt, ist eine politische Frage par excellence. In der Bundesrepublik wurde sie nicht im Parlament beantwortet, sondern im Verfassungsgericht, das auch im »Kulturkampf« – etwa bei den Gesetzesänderungen zu Abtreibung oder gleichgeschlechtlicher Ehe – einen mächtigen Part spielte.

Grundsätzlich: Trotz mancher Klagen über den Interventionismus, gar unangemessene Machtaneignung genießt das BVG höchsten Respekt unter den Institutionen der Bundesrepublik. Drei Viertel der Befragten bekunden ihr Vertrauen in die Roten Roben.[64] Manche sprechen sogar von der »Karlsruher Republik«, die nachgerade Lichtjahre von Weimar und Wilhelminien entfernt ist. Nun zum letzten Punkt:

LASTENAUSGLEICH UND FLÜCHTLINGSINTEGRATION

Diese Politik – Entschädigung und Eingliederung – hat auf den ersten Blick mit »Restauration« nichts zu tun. Im tieferen Sinn aber sehr wohl, hat sie doch die hässlichste Variante des Rückfalls verhindert. Das wäre die Wiederherstellung der unglücklichen Weimarer Verhältnisse gewesen: des Revanchismus in der Außenpolitik und des Hasses auf den demokratischen Staat im Inneren.

Lastenausgleich und Integration haben diesen Sprengsatz dauerhaft entschärft. Bis 1950 kamen etwa zwölf Millionen Flüchtlinge und Vertriebene aus den Ostgebieten und Tschechien, davon acht Millionen nach Westdeutschland. Entscheidend für das künftige Wohl und Wehe der Bundesrepublik war deren Verteilung im ganzen (Halb-)Land, wie sie zunächst von den Alliierten, dann von den deutschen Behörden betrieben wurde: 150 000 in diesem Bundesland, 500 000 in jenem, je nach Größe. Die Hauptlast trugen naturgemäß die großen Flächenstaaten Bayern und Niedersachsen mit je knapp zwei Millionen, aber sorgfältig verstreut über das ganze Gebiet.

So konnte keine kritische Masse, keine Echokammer des Ressentiments entstehen, wo alte Nazis und neue Demagogen Wut und Entfremdung auf die Mühlen des Revanchismus hätten lenken können. Zwar blieben Rückkehrträume lebendig bis in die Siebziger, sorgfältig gepflegt von den Vertriebenenverbänden. Aber es wuchs kein revisionistisches Potenzial heran, das die Emanzipation der Bonner Republik von den Besatzungsmächten im Keim erstickt hätte.

Eine Partei, der Bund der Heimatvertriebenen und Entrechteten (BHE), probierte es mit dem Slogan »Heimatrecht«, hinter dem sich die Wiederherstellung des Reiches in den Grenzen von 1937 verbarg. Der BHE, den heute niemand mehr kennt, gelangte nur ein Mal in den Bundestag (1953) und schaffte es auch in das zweite Kabinett Adenauer. Dann begann die Partei im Gleichschritt mit der Eingliederung wegzuschmelzen, bis sie schließlich ganz verschwand.

Warum, mag ein Vergleich mit den Palästina-Flüchtlingen nach dem israelischen Unabhängigkeitskrieg 1948/49 erklären, die nicht integriert, sondern zur Verfügungsmasse der arabischen Kriegspolitik wurden. Angesiedelt in Flüchtlingslagern rund um Israel, wo es weder Arbeit noch den Pass des Aufnahmelandes gibt, gerieten diese Menschen (geschätzt 550 000 bis 800 000) zur Reservearmee des arabischen Revanchismus.

Jetzt, in der dritten und vierten Generation, sind daraus vier bis fünf Millionen Heimatlose unter dem Halbmond geworden. Bestärkt durch ihre Führer von Arafat bis Abbas, träumen sie von der Rückkehr nach Haifa und Jaffa. Ihre Landkarten verzeichnen keinen Staat Israel – analog zu den Karten der Vertriebenenverbände und rechtsextremen Kleinparteien, die Deutschland in den Grenzen von 1937 zeigten. Der Revisionismus der Palästinenser (»Recht auf Rückkehr«) bleibt ein mächtiger Stolperstein auf dem Weg zum Frieden in zwei Staaten. Die deutsche Variante gibt es seit Jahrzehnten nicht mehr; die Bundesrepublik hat feierlich auf die Ostgebiete verzichtet.

Die Flüchtlinge und Vertriebenen aus den ehemaligen Ostgebieten sind inzwischen aus dem Blickfeld verschwunden. Ein Wort steht für den Unterschied zwischen Bundesrepublik und Arabisch-Nahost: »Lastenausgleich«, die Entschädigung für Gut und Boden in der verlorenen Heimat. Hinzu kam eine lange Liste von Integrationshilfen: statt Lagern Wohnraum per Zuweisung, millionenfach staatsfinanzierte Wohnungen, Existenzgründungsdarlehen. An die 150 Milliarden Mark wurden in den fünfzig Nachkriegsjahren von den alteingesessenen Hiesigen zu den Neuen umverteilt. (1 Mark von 1955 entspräche heute 5 Mark, also 2,5 Euro). Kleine Verluste wurden gänzlich entschädigt, Vermögen von einer Million allerdings nur zu acht, neun Prozent ersetzt. Nicht minder befriedend war die Aufnahme der Neuankömmlinge in das westdeutsche Rentensystem.

Der bürokratische Prozess war so frustrierend wie langwierig. Entscheidend aber war das Prinzip, wonach die Verlierer nicht nur Restitution, sondern auch Anerkennung erhielten. Der Lastenausgleich signalisierte: Wir teilen mit euch, ihr gehört zu uns, dies ist eure neue Heimat. Aus Vertriebenen wurden (neudeutsch) Stakeholder, Anteilseigner der neuen Republik, die eben nicht ihrem Schicksal überlassen oder gar in Flüchtlingslagern festgehalten wurden. Die Verelendung und Entwürdigung ganzer Bevölkerungsgruppen durch Hyperinflation und Weltwirtschaftskrise wie in Weimar, die den Totalitären die Massen zugetrieben hatten, fanden in der Bundesrepublik nicht statt. Das wäre die gefährlichste Art der »Restauration« gewesen.

Dass es so glimpflich abging, hat freilich nicht nur mit Umverteilung zu tun, sondern auch mit dem rasant wachsenden Kuchen, »Wirtschaftswunder« genannt. Das Wunder war ein jährliches Durchschnittswachstum von acht Prozent in den Fünfzigern. Genährt wurde es gewiss durch Fleiß und Knowhow, aber vor allem durch den neuen »Produktionsstandort«, die Verankerung im Westen, die Adenauer gegen alle Widerstände durchgesetzt hatte.

Der Hauptmotor des Wirtschaftswunders war das Export-
wunder, das viele Väter hatte: eine unterbewertete D-Mark,
sodann Konsumverzicht, der Kapital für Investitionen freisetzte
und zugleich die Importe drosselte. In den Fünfzigern wuchsen
die Ausfuhren bis auf ein Jahr doppelstellig: zwischen 16 und
20 Prozent pro Jahr; 1950 sogar um 74 Prozent! Entscheidend
aber war ein dritter Faktor: das internationale Umfeld.
Das hätte nach der Kapitulation zunächst dunkler nicht aussehen können. Westdeutschland hatte 1945 seine klassischen
Exportmärkte im Osten, in Ostelbien wie in Osteuropa, verloren. Bald danach aber gab es märchenhaften Ersatz. Amerika
verteilte mit dem Marshall-Plan Starthilfen und öffnete seine
Märkte aus strategischen Gründen, derweil die europäische
Integration Handelsbarrieren in Westeuropa niederriss. Der
Osten war perdu, doch im Westen wurden der Bundesrepublik
weitaus gewinnträchtigere Märkte wie auf dem Silbertablett ge-
reicht. Abermals Michel im Glück – erst recht im Vergleich zu
Weimar, das letztendlich an der Weltwirtschaftskrise und dem
wuchernden Protektionismus zugrunde gegangen war.

DIE RESTAURATION ALS LEGENDE

»Restauration« war in Wahrheit eine Waffe im Ringen um die
Deutungshoheit in der Jugendphase der Zweiten Republik.
Dieses Instrument musste stumpf bleiben, weil die Bühne für
den Rückschritt ein für alle Mal zertrümmert worden war. Was
sollte denn restauriert werden, das als Vorbild hätte dienen
können? Worauf zurückgreifen, was nicht durch die deutsche
Vergangenheit befleckt worden war? Das autoritäre System des
Großen Friedrich, das sich im Dauerkrieg mit Resteuropa befand? Das Bismarck-Reich, das bei aller Schläue und Weisheit
des Gründers in der Katastrophe von 1918 endete? Die Weimarer Republik, die im Kreuzfeuer der linken und rechten Tota-

litären zugrunde ging? Oder gar zurück in die lange Nacht der Nazis, die Europa in den blutigsten Krieg aller Zeiten gestürzt hatten?

Die Nachkriegsdeutschen im Westen hatten das Glück im Unglück, von vorne anfangen zu müssen. Das ist ein Leitmotiv dieses Bildungsromans. Heraus kam das Gegenteil früherer Inkarnationen. Es konnte auch nicht anders sein. Die richtige Erzählung handelt von Demokratisierung und Liberalisierung und dem Aufwachsen der »MRD«, der westlich eingefärbten »Mittelstandsrepublik Deutschland«.

In der Ära Adenauer, die immerhin vierzehn Jahre lang währte, wurden die ersten Kapitel des republikanischen Bildungsromans geschrieben, aber eine Prüfung stand noch aus: der Friedensschluss mit dem Osten. Im nächsten Kapitel wird sich abermals zeigen, wie stilbildend der »Restaurator« gewirkt hatte. Der gute Deutsche wurde diesmal von dem sozialdemokratischen Kanzler Willy Brandt (1969–1974) verkörpert. Er inszenierte in der Ost-, was Adenauer in der Westpolitik vorgemacht hatte: Interessenpolitik im Gewande der Versöhnungspolitik. Vorhang auf für Akt zwei der Wiedergutwerdung.

KAPITEL 6

WILLY BRANDT UND DER KNIEFALL

DER WIEDERGUTWERDUNG ZWEITER TEIL

Der 7. Dezember 1970 ist ein feucht-grauer Wintertag. In Warschau legt Bundeskanzler Willy Brandt einen Kranz nieder am Mahnmal für die Opfer des Aufstandes im Warschauer Ghetto. Die Revolte der eingepferchten Juden hatte am 19. April 1943 begonnen; vier Wochen später meldete der SS-Befehlshaber Jürgen Stoop:»Es gibt keinen jüdischen Wohnbezirk in Warschau mehr.« 12 000 Juden wurden in den Kämpfen umgebracht, weitere 30 000 danach. Der Rest wurde in die Vernichtungslager verschleppt.

Am Mahnmal zupft Brandt die Schleife an dem mit weißen Nelken verzierten Gebinde zurecht. Er geht ein paar Schritte zurück, dann sinkt er plötzlich auf die Knie. Sein »Blick geht in die Ferne«, registriert der *Spiegel*.[65] Der Reporter der *Süddeutschen Zeitung*, Hans Ulrich Kempski, schreibt:»Brandt braucht Sekunden, die den Zeugen endlos erscheinen, bis er wieder steht. Es sieht aus, als brauche er alle Kraft, um Tränen niederzukämpfen.«[66] Brandt selber erinnert sich:»Der Kniefall von Warschau war nicht geplant. Am Abgrund der Geschichte und unter der Last der Millionen Ermordeten tat ich, was Menschen tun, wenn die Sprache versagt.«[67]

Das heimische Publikum war nur halb begeistert – ein Echo der Reaktion auf Adenauers Wiedergutmachungspolitik gegenüber Israel. Nur 41 Prozent hielten die Geste für angemessen, 48 Prozent für übertrieben. Dagegen war der Widerhall im Ausland überwältigend. *Time* kürte Brandt zum *Man of the Year*. Ein Jahr später wurde er mit dem Friedensnobelpreis geehrt. Im Westen war der Kanzler eindeutig der gute Deutsche, ein Mann, der praktizierte, was er predigte.

Ein halbwegs vergleichbares Schuldbekenntnis hatte die europäische Welt zuletzt 894 Jahre zuvor in Canossa erlebt, als der deutsche Kaiser Heinrich IV. drei Tage barfuß im Schnee ausharrte, um am vierten Tag vom Bannfluch des Papstes Gregor VII. erlöst zu werden. Freilich war der Ablauf minutiös ausgehandelt und choreographiert worden; eine spontane Geste der Abbitte wie Brandts Kniefall war in der Inszenierung nicht vorgesehen. Mit der Demutsgebärde bestätigte die weltliche Macht die der Kirche. Anderseits rettete die Entbannung Heinrich vor der Entmachtung und gab ihm Legitimation und Handlungsfreiheit im Kaiserreich zurück. Er hatte sein Ziel erreicht.

Hier mag der Historiker eine Parallele ziehen.»Legitimation und Handlungsfreiheit« summieren sich jenseits der herzergreifenden Geste in Warschau zur Kurzfassung der Brandt'schen Ostpolitik. Sie sollte die politische Landkarte Europas neu zeichnen und der Bundesrepublik ein ungeahntes Maß an Bewegungsfreiheit verleihen. Abermals, wie unter Adenauer, waren Selbstverleugnung und Zerknirschung die Geschwister der Selbstbehauptung, zeugte das moralisch Gebotene das politisch Nützliche im europäischen Mächtespiel.

ABHÄNGIGKEIT ALS SCHICKSAL UND CHANCE

Gehen wir ein paar Schritte zurück: vom Mahnmal zum Großen Deal von 1952, der 1954 ergänzt und besiegelt wurde (siehe Anthony Edens Erleuchtung in der Badewanne, die das westliche Deutschland in den Kreis der Siegermächte führte, Seite 74). Es war ein ganzes Paket von Abkommen: der Deutschlandvertrag, der Beitritt zum rein europäischen Bündnis der Westeuropäischen Union (WEU) und die Aufnahme in die Atlantische Allianz nebst Wiederbewaffnung. Dieses Paket enthielt gleichsam das außenpolitische Grundgesetz der jungen Republik.

Die eine Seite der Medaille war die beispiellose Unterordnung und Einzäunung des demokratischen Deutschlands. Zwar erhielt Bonn die »volle Macht« im Inneren wie im Äußeren. Aber die Großen Drei – USA, Britannien und Frankreich – behielten ihre bisherigen Rechte »in Bezug auf die Stationierung von Streitkräften und deren Sicherheit«. Mit anderen Worten: Sie mussten nicht einmarschieren wie Frankreich 1923 in das Ruhrgebiet. Sie waren schon da und blieben erst einmal *forever*.

Die Drei konnten den »Notstand« erklären und sich so die »volle Macht« wieder zurückholen. Sie behielten sich alles vor, was »Deutschland als Ganzes, einschließlich der Wiedervereinigung«, betraf – mit anderen Worten: Sie bestimmten den künftigen Platz Deutschlands in der Nachkriegsordnung. Die Bundesrepublik musste den Verzicht auf Atom- und Chemiewaffen nachgerade in Blut unterschreiben. Sie durfte keinesfalls Gewalt bei der Wiedervereinigung einsetzen. Obwohl sie nicht beim Namen genannt wurde, warnten die Drei die Bundesrepublik vor jedwedem Griff zu den Waffen; der wäre gleichbedeutend mit dem Verlust aller Schutzgarantien – und schlimmer: dem Einsatz »anderer Maßnahmen«. Ja, die Deutschen dürfen wieder eine Armee haben, aber diese halbe Million müsse vollständig in die NATO eingegliedert werden, und zwar ohne eigenen Generalstab.

DIE »GERMANISIERUNG« WESTLICHER POLITIK

Was die Westdeutschen als Souveränität erhielten, war eine Reihenhaushälfte, aber ohne Besitztitel. Die Schlüssel und das Hausrecht blieben in den Händen der Alliierten – so wie in der anderen Hälfte Deutschlands die Sowjetunion der Hausherr war. Die eingekastelte Emanzipation war die eine Seite des Deals, die schwere Hypothek auf dem Weg in die Freiheit. Doch wurde sie aufgewogen, ja überwogen durch die Verpflichtungen des Westens, die der jungen Republik ein ungeahntes, wenn auch nur verliehenes Machtpotenzial an die Hand gaben. Adenauer hatte mit Verzicht und (zu Hause hoch angefeindeter) Westbindung ganze Arbeit geleistet, stellte doch die Habenseite der Bilanz das Soll weit in den Schatten. Die Aktiva verhießen dem ehemaligen Paria-Staat eine glänzende Startposition. Hervorzuheben sind vier Posten:[68]

Erstens sei die Bundesregierung die einzig »frei bestimmte und legitime« zwischen Rhein und Oder, folglich hatte sie das Alleinvertretungsrecht, folglich würde der Westen nie und nimmer der DDR, dem Gegenstaat, die Ehre der Anerkennung erweisen. Die Bundesrepublik war der einzig rechtmäßige Erbe des Dritten Reiches, das echte Deutschland.

Zweitens müsse ein Friedensvertrag für das ganze Deutschland »frei vereinbart« sein, was auch für die »endgültige Festlegung der Grenzen« galt. Übersetzt: Der Status quo bleibt offen; Bonn muss nichts weggeben aus der Erbmasse. Denn die Alliierten erkannten die Nachkriegsgrenzen an der Elbe wie an der Oder vorläufig nicht an. Der Verlust der Ostgebiete und der »Sowjetischen Besatzungszone« war also nicht final. Noch besser: Dieser Passus verhieß den Westdeutschen, es werde keinen Zwangsfrieden geben, kein Oktroi im Zusammenspiel mit Moskau, kein neues »Potsdam« oder »Versailles«.

Drittens: Die Sicherheitsgarantie für Westdeutschland galt auch für Westberlin, tief im Gebiet der DDR. Somit gelobten die Drei: Wir akzeptieren die Teilung nicht. Fasst Mut, irgendwann wird es das ganze Deutschland sein, just wie es Adenauer immer wieder versprochen hat, um den hartnäckigen Widerstand der SPD-Opposition ins Leere laufen zu lassen. Die SPD wähnte – oder gab vor –, mit Entwaffnung und Neutralisierung einen besseren Deal für die Nation herausschlagen zu können.

Schließlich der dynamische Teil, der den Deutschen die Erlösung vom Fluch der Zerstückelung verhieß – Seit' an Seit' mit den Westmächten. Bonn und die Drei werden »mit friedlichen Mitteln ihr gemeinsames Ziel verwirklichen: ein wiedervereinigtes Deutschland«. Ein Volk, ein Staat, ein Europa – und mit der Supermacht Amerika im Rücken.

Die Bilanz: Adenauer hatte einen hohen Preis in der Münze des Wohlverhaltens und der Abhängigkeit bezahlt, was aber Unterordnung nicht schuf, sondern nur widerspiegelte, also außer der gefährlichen Neutralisierung keine Alternative zuließ. Umso erstaunlicher war der Lohn der Tugend. Der erste Kanzler hatte nicht nur einen Platz, wenn auch am unteren Ende, an der Tafel der Mächtigen ergattert, sondern auch ein Veto über deren Politik gegenüber der Sowjetunion.

Wie das? Der Schwanz, der mit dem Hund wedelt? Der Schwanz hatte zwar feierlich Optionen geopfert, aber gleichzeitig die Bewegungsfreiheit des Westens kräftig beschnitten – nicht schlecht für einen Jungstaat, der gerade noch als Mündel behandelt worden war. Noch besser, geradezu unglaublich war es, dass Bonn im Westen einen Kraftverstärker gegenüber der Sowjetunion gefunden hatte. Das war die »Politik des Junktims«, die dem Schwanz beachtliche Muskeln verlieh.

Integration und Westbindung sollten sich in Adenauers Rhetorik zur »Politik der Stärke« vereinen, welche die Sowjetunion bald zwingen würde, ihre DDR-Beute wieder auszuspucken und die Vereinigung zuzulassen, selbstverständlich im Westen. Das war das schöne Bild, das Adenauer immer wieder in seinen Verlautbarungen ausmalte. Der Realist (oder Zyniker) in ihm wusste sehr wohl, dass diesseits der Apokalypse nichts und niemand die sowjetische Atommacht aus Mitteleuropa vertreiben und dem Westen den Sieg im Kalten Krieg verschaffen würde. Die Vorstellung vom »Rollback«, der Anfang der Fünfziger durch die amerikanische Rhetorik geisterte, war ein Luftschloss; Adenauers reale Politik war es nicht.

Der springende Punkt, der in den Sonntagsreden nicht aufschien, war seit eh und je Adenauers Albtraum namens »Potsdam«: die Siegermächte, die zu viert das Schicksal Deutschlands besiegeln würden. Folglich das »Junktim«, das Adenauer den Westmächten als Preis für die Einbindung aufschwatzen konnte. Es besagte: keine Verhandlungen mit dem Kreml, ohne die deutsche Frage auf die Tagesordnung zu setzen. So war's denn auch in den Vier-Mächte-Konferenzen 1954 in Berlin, 1958 und 1959 in Genf. Jedermann konnte sich ausrechnen, dass Moskau sich nicht rühren würde, aber gar kein Deal war hundertmal besser als einer auf Kosten der Deutschen, also die Festschreibung der Teilung sowie der Abtrennung der Ostgebiete zugunsten des Roten Reiches und Polens.

Zudem erbrachte das Junktim einen kostbaren Vorteil in der Innenpolitik: Es gaukelte dem Wahlvolk vor, dass die heiß umkämpfte Westbindung bloß die Vorstufe der nationalen Einheit sei, dass die Alliierten es schon richten würden. Alles hing nun davon ab, dass Bonn die Schutzmächte darauf festnageln könnte, den deutsch-sowjetischen Konflikt zu dem ihren zu machen. Moskau will Entspannung und Rüstungskontrolle? Bitte schön, aber erst reden wir über Deutschland, das A und O unseres Verhältnisses. Wir kommen nur ins Geschäft, wenn der Kreml sich bei der deutschen Frage bewegt. Dass der seine mit Millionen an Gefallenen erkämpften Kriegsgewinne nicht aufgeben würde, war so gewiss wie die Schneeschmelze im Frühling. Entscheidend im Bonner Kalkül war: Solange Moskau blockte, durfte sich auch der Westen nicht bewegen und so, Gott bewahre!, einen Deal auf Kosten Deutschlands einfädeln. In diesem Sinne konnte der westdeutsche Schwanz sehr wohl mit dem alliierten Hund wedeln, als Torhüter (oder Verkehrspolizist) die Ostpolitik des Westens sozusagen »germanisieren«. Diese Strategie – kein Deal zulasten Deutschlands – hatte freilich einen hässlichen Makel: Die Vetomacht der Westdeutschen war *geborgt*, und zwar nur auf Zeit. Als Verfallsdatum sollte sich das Jahr 1958 erweisen, als der Kreml ultimativ die nächste Berlin-Krise provozierte, die ihren Höhepunkt mit dem Mauerbau 1961 erreichte.[69] Das war das Ende des Junktims sowie der Unteilbarkeit des Konflikts.

Die Präsenz in Westberlin und die Sicherheit der Bundesrepublik waren in der Tat ein überragendes amerikanisches Interesse im Ringen mit Moskau, die Wiedervereinigung war es nicht. Bloß keine gewaltsame Konfrontation im Herzen Europas, wo Tausende von Atomwaffen lagerten und hochgerüstete Armeen einander gegenüberstanden. Plötzlich war der deutsche Konflikt mit Moskau nicht mehr identisch mit dem amerikanischen; die Interessen liefen auseinander.

Für John F. Kennedy war die »Wiedervereinigung ein unrealistisches Verhandlungsziel«.[70] Zumal nach der Kuba-Krise 1962, als die beiden Supermächte in der Karibik den Dritten Weltkrieg probten, begann Kennedy die Furcht vor einem atomaren Duell zu quälen. Dieses würde nicht so glimpflich ablaufen wie der Fast-Krieg um die sowjetischen Atomraketen, die Kennedys Gegenspieler Nikita Chruschtschow nach Kuba verbracht hatte, nur 150 Kilometer vom amerikanischen Festland entfernt. Rüstungskontrolle und Krisenbeherrschung, also Verständigung mit Moskau, mussten her. Angesichts des kosmischen Risikos dürften die Deutschen den Supermächten nicht mehr im Wege stehen. Folglich ließ Kennedy wissen:

»Deutschland ist seit 16 Jahren geteilt und wird es bleiben. Die Sowjetunion geht ein unnötiges Risiko mit dem Versuch ein, einen akzeptierten Tatbestand rechtlich festzuschreiben. [Sie] möge Deutschlands Teilung aufrechterhalten, aber nicht versuchen, uns davon zu überzeugen, den Zustand zu legalisieren und so unsere Bindungen an Deutschland zu schwächen – und dessen Bindung an Westeuropa.«[71]

»AUF EINEM BEIN KANN MAN STEHEN, NICHT GEHEN«

Washingtons Kehrtwende war das Ende der geborgten Macht und der Bonner Vetomacht gegenüber der amerikanischen Russlandpolitik. Kennedy musste den deutschen Klotz am Bein loswerden, um im Namen der Entspannung einen Deal mit Chruschtschow auszuhandeln. Als frisch gewählter Kanzler (1969–1974) erinnerte Willy Brandt an den Bau der Berliner Mauer 1961, der – die Teilung war nun perfekt – die baldige Wiedervereinigung als fromme Fiktion entlarvt hatte.

Die CDU-Opposition im Bundestag, die an den alten Formeln festhielt, belehrte er, »dass damals ein Vorhang weggezogen worden war und sich herausstellte, die Bühne war leer«. Die Grenze durch Berlin »ist gleichbedeutend mit einer Grenze zwischen den beiden Supermächten«. Die Mauer durch die Stadt war eine dreifache, teilte sie doch Berlin, Deutschland und Europa zwischen den Blöcken auf. Da konnten auch die »mächtigen Vereinigten Staaten« nicht mehr helfen, die Kraft des deutschen »Schwanzes« war auf null geschrumpft. Folglich

musste Bonn »zusätzliche Überlegungen anstellen«.[72] Vorhang
auf für die neue Ostpolitik unter dem Etikett »Friedenspolitik«.

Wer »Willy Brandt und Friedenspolitik« eingibt, wird bei
Google Zehntausende von Einträgen finden, bei »Willy Brandt
und Frieden« sind es Hunderttausende. In seinem Buch *Friedenspolitik für Europa* trägt das dritte Kapitel die bezeichnende
Überschrift »Frieden über alles« – das höchste Gut, das alle
anderen ausstach. Wo blieb dann das »nationale Interesse«?
Brandt nahm diesen Begriff nur in den Mund, um im nächsten Atemzug zu verfügen: »Es … gibt kein nationales Interesse
mehr, das sich von der Gesamtverantwortung für den Frieden
trennen lässt.«[73] Noch plakativer: »Der Wille zum Frieden und
zur Verständigung ist das erste und letzte Wort, das Fundament
unserer Außenpolitik.«[74] Das war nicht ganz so erhaben, wie es
klang. Denn zwischen dem ersten und letzten Wort lag ein breites Terrain, wo es durchaus um die Durchsetzung nationaler
Interessen im traditionellen Sinne ging.

ROMANTIK UND REALPOLITIK

Brandt meinte es sehr wohl ernst mit seinem viel zitierten
»Ohne Frieden ist alles nichts«. Die Aussöhnung mit den öst-
lichen Nachbarn, von Polen über die Tschechoslowakei bis
Russland, Länder, die Hitler-Deutschland verwüstet und versklavt hatte, war ihm ein Herzensanliegen, eine so tief emp-
fundene moralische Pflicht wie der Kniefall in Warschau. Wie
sahen es die Freunde in Amerika, nun, da der deutsche Stolperstein auf dem Weg der globalen Entspannung endlich weg-
zurollen begann? Für Henry Kissinger, den Sicherheitsberater
von Richard Nixon, war Brandt bloß ein »politischer Romantiker«,[75] sozusagen: Dieser Träumer weiß nicht, was er tut. Das
Verdikt verdient gleich zweifachen Widerspruch.

Einmal, weil Brandts moralische Botschaft aufrichtig war. Zum Zweiten steckte hinter den hehren Worten – wie bei Adenauer vor und Merkel nach ihm – ein harter realpolitischer Kern, der überhaupt nicht »romantisch« war. Nur Individuen schwelgen in Gefühlen, Staaten verfolgen Interessen, ganz gleich, wie illusionär sie manchmal sein mögen. Brandts Friedenspolitik entfaltete sich vordergründig im Reich des Guten, dahinter aber standen Notwendigkeit und Interessenpolitik.

Die Westmächte, allen voran die Vereinigten Staaten, hatten das Junktim (keine Annäherung ohne Fortschritt bei der Wiedervereinigung) auf dem Marsch nach Moskau gekappt; Verständigungspolitik schlug Deutschlandpolitik. Bonn musste mitziehen oder zurückfallen. Es drohte, so Brandt, die »Isolierung«,[76] was ein klassischer Begriff im Vokabular der Machtpolitik ist.

Der »Romantiker« Brandt hatte die Zwangslage sehr wohl erkannt: Die Détente der Großen, warnte er, dürfe nicht »um Deutschland herumgehen oder über es hinweggehen«.[77] Der erste große Schritt erfolgte 1969, fast zeitgleich mit Brandts Wahl zum Kanzler. Das war der Verhandlungsauftakt von SALT in Helsinki, dem amerikanisch-sowjetischen Vertrag über die Begrenzung ihrer strategischen Potenziale. Er wurde drei Jahre später besiegelt – und darin kein Ton über Deutschland.

So musste Bonns geborgte Macht versickern, seine Wächterrolle zwischen Ost und West dahinschrumpfen. Die Zweite Republik hätte wieder zu jenem »Spielball« werden können, den schon Leibniz beklagt hatte (siehe Seite 60). Schlimmer: Es reckte sich erneut der alte »Albtraum der Koalitionen«, das Gespenst, das alle deutschen Staatenlenker seit dem Großen Friedrich heimgesucht hatte. Folgerichtig dozierte Brandt: »Die Auflehnung gegen die Interessengemeinschaft des Westens« würde die »Neigung« verstärken, »sich über unsere Köpfe hinweg zu verständigen. Eine antideutsche Koalition war der Albtraum

Bismarcks, der Albtraum Adenauers. Wir dürfen nicht selbst dazu beitragen, dass aus der Sorge eine Bürde wird.«[78] Isolierung und Einkreisung zu verhindern war die Hauptstoßrichtung des neuen strategischen Kalküls, das sich unter dem Banner der »Friedenspolitik« und »Versöhnung« entfalten sollte – auf hartem realpolitischen Boden. Die Bonner Republik hatte zwar in den Fünfzigern den Frieden mit dem Westen besiegelt, aber nicht mit dem Osten. Je mehr diese Wunde schwärte, desto mehr schwächte sie die Position der Bundesrepublik zwischen Ost und West.

Im Osten trat die Bundesrepublik nolens volens als Europas Chefrevisionist auf, der die DDR und die neuen Grenzen nicht anerkennen wollte. Solange Bonn sich weigerte, musste die imperiale Macht im Kreml ihr Besitztum in Gefahr sehen, zumal ihr noch der »Rollback« der Fünfziger in den Ohren klang. Ihre Satrapen-Regime fürchteten um ihren Bestand, jedenfalls solange das großmächtige Amerika hinter seinem widerborstigen deutschen Klienten stand.

Nur: Plötzlich hatte die aufblühende Zweisamkeit zwischen Washington und Moskau Bonn des einzig praktikablen Hebels beraubt, um zumindest den Status quo offenhalten und ihn eines schönen Tages gewaltlos verändern zu können. Die Republik war allein zu Haus; sie blieb auf ihren Rechtsstandpunkten sitzen, derweil die Verbündeten ihre Chancen im Kreml ausloteten.

Herbert Wehner, der Fraktionschef der SPD und knochenharte Realist, ja Zyniker, der gern mit schneidender Zunge durch Brandts hochherzige Parolen fuhr, reduzierte die neue strategische Konstellation auf einen Satz: »Wir haben bis jetzt über unsere Verhältnisse gelebt – so, als ob wir eine adoptierte Siegermacht wären.«[79] Damit wollte Wehner sagen: Unsere Macht gegenüber dem Osten ist nur abgeleitet, ein Kredit aus westlicher Hand, der jetzt aufgebraucht ist und nicht mehr erneuert wird. Und nun? Die kühle Antwort gab Wehner der christdemokratischen Opposition im Bundestag:»Sie können auf einem Bein [den Westverträgen] bestenfalls stehen, aber nicht gehen.«[80]

DIE HALBIERTE AUSSENPOLITIK

Die anatomische Metapher hätte die Situation nicht plastischer beschreiben können. Zwanzig Jahre lang war die Außenpolitik des Landes in der Mitte gleichsam halbiert gewesen: offene Arme nach Westen, Frontstellung nach Osten. Das erlaubte es Moskau und den Genossen im Warschauer Pakt, die Feindschaft mit dem »revanchistischen« Bonn zu pflegen, was sowohl die innere als auch die Blockdisziplin stärkte. Der Schurke vor den Toren ist immer gut für den Machterhalt. Folglich musste die Bundesrepublik den (verlorenen) Posten als Torwächter zwischen den Blöcken räumen und dem Standbein im Westen ein Spielbein im Osten hinzufügen, wie der kaltäugige Wehner die Marschrichtung vorgab.

Die Republik, nun unter sozialdemokratischer Führung, musste mit dem Kreml und seinen Statthaltern ins Geschäft kommen, aus der halbierten Außenpolitik eine ganze machen. Wäre sie noch an der Macht gewesen, hätte sich die Union dieser Einsicht gewiss nicht verschlossen. Außer zu Moskau hatte Bonn keine diplomatischen Beziehungen zu den Hauptstädten des Ostblocks. Mit denen konnte sie nicht einmal offiziell reden, geschweige denn gedeihliche Beziehungen aufbauen. Das zweite Bein musste her, forderte die Staatsräson.

Also raus aus der ungemütlich gewordenen West-Festung und unter der Flagge selbstloser Friedenspolitik rein in das uralte Spiel der europäischen Mächte, wo schon Bismarck gepredigt hatte,»nie den Draht nach St. Petersburg abreißen« zu lassen. Egon Bahr, Brandts Planungschef, Sonderbotschaf-

122

ter und realpolitischer Guru, brachte es auf den Punkt:»Der Schlüssel lag in Moskau.«Die Annäherung sei ein»Wert an sich und ein Mittel zum Zweck zugleich«.[81] Zu welchem?

DIE BUNDESREPUBLIK UND IHR GEGENSTAAT

Auf dem Weg nach Osten müsse Bonn als Erstes die DDR in einem klassischen Flankenmanöver in die Zange nehmen, um sie aus ihrer»Riegelstellung hinauszudrängen«, räsonierte Egon Bahr.[82] Für den Architekten der neuen Ostpolitik war »die Nation ein stärkeres Motiv« als das Übernationale, das die Rhetorik seines Chefs durchzog.[83] Denn die DDR hatte im eigenen Lager die Position besetzt, welche die Bundesrepublik als Torwächter im Westen gehalten hatte. Analog zu Bonn hatte Ostberlin die Verbündeten im Warschauer Pakt auf ihr eigenes »Junktim« einschwören können: keine Annäherung ohne Anerkennung des zweiten deutschen Staates, der überall im Westen geächtet wurde, weil Adenauer es so durchgesetzt hatte.

Für Bahr war die Sache klar. Es galt, die»Vetoposition der DDR auszuhebeln«,[84] deren Pendant Bonn im Westen bereits verloren hatte. Also musste Bonn das Ostberliner Schmiedchen mithilfe des sowjetischen Schmieds ausmanövrieren. Der Sowjetunion hielt die Brandt-Regierung das Zuckerbrot hin, nach dem Moskau am meisten gierte: die Legitimierung ihrer Kriegsbeute bis zur Elbe, eingewickelt in einen feierlichen Gewaltverzicht und das abermalige Abschwören von allen atomaren Ambitionen. Die Einsicht in das Unabänderliche bedeutete das Ende aller revisionistischen, wenn auch irrealen Träume. Gelänge das Manöver, wäre der ostdeutsche Streckenwärter sein Amt los und die Gleise nach Warschau und Moskau offen.

Innerhalb dreier Jahre war die Reise vollendet. Zu einem unsäglichen Preis? Friedensromantik als Ersatz für Interessenpolitik? Die Opfergaben auf dem Altar der Entspannung waren in Wahrheit keine. Sie waren das östliche Gegenstück zu Adenauers renditereicher Verzichtpolitik im Westen, als er die Souveränität, die Bonn nicht hatte, eintauschte gegen Mitgliedschaft und Mitsprache im Club der Sieger. Nach der Unterzeichnung des Deals mit Moskau 1970 ließ Brandt denn auch sein Wahlvolk und die Opposition wissen: »Mit diesem Vertrag geht nichts verloren, was nicht längst verspielt worden war.«[85] Also waren allenfalls symbolische Kosten entstanden, während sich der strategische Gewinn als gewaltig entpuppen sollte.

BRANDT, BAHR UND KISSINGER

Die Freunde in Washington haben den harten Kern der Friedenspolitik nicht gesehen, geschweige denn erahnt, welche Früchte der Saat entspringen sollten. In der Regierung Nixon changierte die Sicht auf die neue Ostpolitik zwischen Argwohn und Herablassung. Was hatten die Deutschen vor? Einen Entspannungswettlauf nach Moskau, gar ein zweites Rapallo – ein Remake des Bündnisses gegen den Westen von 1922, als die Weimarer Republik im Gefolge des Ersten Weltkriegs ihre Isolierung im Zusammenspiel mit Moskau abschütteln konnte? Oder war es umgekehrt bloß vergebliche Liebesmüh?

Richard Nixon, sein Sicherheitsberater Henry Kissinger und sein erster Außenminister William Rogers »hielten die Ostpolitik für einen gravierenden Fehler«, notierte Robert Dallek, der renommierte Chronist der Nixon-Präsidentschaft. Für Rogers war Bahr bloß eine »schlängelnde Eidechse«, der nicht zu trauen war. Doch hätte ihm alle Schläue nicht geholfen, denn »die Deutschen sind ausgetrickst worden«. Kissinger tat die Ostpolitik als ehrgeiziges Verlustprojekt ab: »Ich habe den [Moskauer] Vertrag überflogen, und ich sehe nichts, was die Deutschen außer einem Vertrag gekriegt hätten; es war Entspannung ohne Substanz.«[86]

In diesem Falle irrte der Großmeister. Binnen dreier Jahre hatte die Bundesrepublik die europäische Bühne großflächig umgeräumt und sich selber einen Platz in der Mitte verschafft, der nun nicht mehr vom Wohlwollen der West-Alliierten abhing. Der »Romantiker« Brandt hatte die strategische Position seines Landes geradezu traumhaft verbessert, der Freundschaft mit dem Westen eine deutsche Schlüsselrolle im Osten hinzugefügt – handlungsfähig nach beiden Seiten. Die Instrumente waren drei Verträge mit der Sowjetunion, mit Polen und mit der ausgehebelten DDR, die einen Strich unter den Zweiten Weltkrieg zogen. Ein Vierteljahrhundert nach der totalen Kapitulation hatten die Deutschen ihr Schicksal in die eigene Hand genommen, aber nicht als hoch gefährdetes Weltkind in der Mitte, sondern mit gut abgesichertem Standbein im Westen und gelenkigem Spielbein im Osten.

Die Abkommen mit Moskau und Warschau (12. August und 7. Dezember 1970) bestätigten zusammen mit dem Gewaltverzicht die »Unverletzbarkeit« des territorialen Status quo. Und der kommunistische »Gegenstaat« in Ostberlin, den Bonn nicht mehr isolieren konnte? Der kriegte die De-facto-Anerkennung im Grundlagenvertrag zwei Jahre später, im gehörigen Abstand zur Sowjetunion. Der feine Unterschied zwischen *de facto* und *de jure* war ein semantischer. Statt Botschaften wurden Ständige Vertretungen zwischen den beiden Hauptstädten ausgetauscht.

Großmeister der Staatsräson wie Kissinger und Talleyrand hätten es kaum besser machen können, entrichtete doch der »politische Romantiker« Brandt den Preis in entwerteter Münze. Das westdeutsche Veto gegen die Ostpolitik des Westens war wertlos und weg; keine Macht der Welt konnte der Nation die verlorenen Ostgebiete zurückholen oder den ostdeutschen Gegenstaat von der Landkarte schaffen. Der erneuerte Verzicht auf Atomwaffen war keiner, hätte doch der Griff zur Bombe, der im Bereich der technischen Möglichkeiten lag, der Bundesrepublik die unerbittliche Feindschaft im Westen wie im Osten eingetragen, womöglich eine militärische Reaktion.

BILLIGHEIMER BONN

Genau betrachtet hatte Bonn so gut wie nichts bezahlt. Trotz feierlicher Festschreibung blieb der Status quo zumindest formal offen. Der Moskauer Vertrag sprach zwar von dessen »Unverletzlichkeit«. Aber der Bundestag schob 1972 eine Entschließung hinterher, wonach die Verträge »keine Rechtsgrundlage für die gegenwärtig bestehenden Grenzen« schafften. Das Warschauer Abkommen bestätigte zwar die Oder-Neiße-Linie als »westliche Staatsgrenze« Polens, verwies aber im selben Atemzug auf die Westverträge von 1954, wonach die endgültige Festlegung der deutschen Grenzen einem umfassenden Friedensschluss vorbehalten bleiben müsse.[87] Es war also noch nicht aller Tage Abend.

Die Moral von der Geschicht'? Friedenspolitik war Interessenpolitik mit hoher Rendite. Die Regierung Brandt hatte unhaltbare revisionistische Illusionen aufgegeben und dafür eine Hauptrolle auf der europäischen Bühne gewonnen. Sie hatte die Realitäten akzeptiert, um sie umso besser verändern zu können. Dabei stellte die Brandt-Regierung Adenauer auf den Kopf. Dessen Devise war: Erst die deutsche Einheit, dann die europäische Entspannung, eine Formel, die im Zuge der Annäherung der Supermächte nicht einmal rhetorisch zu retten war.

Brandt ging umgekehrt vor – statt fruchtloser Frontstellung eine indirekte Strategie mit Zukunftsperspektive: »Fortschritte im Sinne der deutschen Einheit kann es nur in dem Maße geben, in dem sich die allgemeinen Ost-West-Beziehungen grundlegend verbessern.«[88] An dieser Logik gab es nichts zu rütteln. Die »zweibeinige« Strategie der Bundesrepublik konnte nur in einer aufgelockerten Umgebung florieren. Nur in einem solchen Milieu würde die Blockdisziplin nachlassen, dies würde den Osteuropäern Bewegungsraum verschaffen, und die verarmende DDR könne sich so dem reichen Bruder annähern. Wo dem »Rollback« und der »Politik der Stärke« abgesagt wurde, würden sich die Regime des Warschauer Pakts dem Westen, zumal dem unmittelbaren deutschen Nachbarn, öffnen. Selbst die DDR, deren Bestand nun vertraglich gesichert war, würde ihren Bürgern Freiheiten, vorweg Reisefreiheit, gewähren, welche die brutale Teilung der Nation mildern, sie eines Tages sogar aufheben könnte. Die Sowjetunion, deren Imperium in Ostmitteleuropa nun bestätigt wurde, würde mit einem kleineren Knüppel hantieren und die Mauern nach Westen durchlässiger machen. Wo militärische Macht an Wert verlor, würde die wachsende deutsche Wirtschaftsmacht umso mehr Profit abwerfen. Die Sonnenseite des Verzichts war die »weiche Subversion« – »*Killing me softly*«, wie Roberta Flack in ihrem Hit der 70er-Jahre sang.

WILLY BRANDTS SAAT, HELMUT SCHMIDTS ERNTE

Die Zukunft war jedenfalls offen, und Bonn war auf den westlichen Zug aufgesprungen, um ihn an vorderster Stelle mitlenken zu können. So geriet der Störenfried zum artigen Musterknaben der Entspannung, der sich im Führerstand einrichten konnte. Das Mündel hatte sich nach Adenauer zum zweiten Mal emanzipiert, seine Autonomie und sein Gewicht kräftig vergrößert. Nicht schlecht für einen »politischen Romantiker«, dem Interessenpolitik scheinbar fremd war. Brandts Nachfolger, Helmut Schmidt, auch »Schmidt-Schnauze« genannt, beleuchtete 1975 den Kern der neuen Ostpolitik mit der ihm angeborenen schnörkellosen Sprache.
»Im Laufe der letzten fünf Jahre – und die ganze Welt sieht es

so – ist der außenpolitische Handlungsspielraum der Bundesrepublik außerordentlich erweitert worden.« Die Ostverträge
haben »unser Land sehr weitgehend von der Rolle des Klienten befreit, der … fast ohne Unterlass auf die Wiederholung
der Versicherung der Schutzmächte und Hauptverbündeten
angewiesen zu sein glaubte« – oder es glauben musste. Diese
Notlage sei nun »weitgehend reduziert«.[89] Überdies: Von der
»Handlungsfähigkeit haben wir Gebrauch gemacht«. Mithin:
Ende der Abhängigkeit, die immer wieder Tributzahlungen an
die Westmächte erfordert hatte.

Die Regierung Schmidt beendete schon in ihrem zweiten
Jahr jenes Offset-Abkommen, unter dem Bonn seit 1961 an die
40 Milliarden Mark für den Unterhalt der US-Truppen in Westdeutschland entrichtet hatte. Ein Jahr später, 1977, weigerte sich
die Bundesrepublik erfolgreich, dem amerikanischen Druck bei
den Atomexporten nachzugeben. Es ging um den Verkauf eines
kompletten Brennstoffzyklus an Brasilien, der theoretisch den
Bau von Atomwaffen ermöglichen konnte. Bonn zog den Deal
durch. Als die Sowjets 1979 in Afghanistan einmarschierten,
lehnte die Regierung Schmidt die von Washington geforderten
Wirtschaftssanktionen ab, zahlte aber symbolischen Tribut
mit dem Boykott der Olympischen Spiele in Moskau. 1982 ent-
brannte der Zwist um das große Gasröhren-Geschäft mit der
Sowjetunion, das die Regierung Reagan zu stoppen versuchte. Schmidt: »Die Pipeline wird gebaut werden; das Gas wird
[westwärts] fließen.«[90]

Nicht minder imposant war der strategische Gewinn, den
Bonn aus der moralisch begründeten Friedenspolitik zog. An
der Nahtstelle zwischen den hochgerüsteten Blöcken war die
alte Bundesrepublik vorbestimmtes Schlachtfeld sowie Haupt-
opfer eines heißen Krieges. Diesem existenziellen Risiko nahm
die Besänftigungspolitik gegenüber der sowjetischen Supermacht den schärfsten Stachel.

Das Interessenkalkül, obwohl nur in Nebensätzen artikuliert, lag auf der Hand. Nimm Moskau das Feindbild vom deutschen »Revanchisten«, und es sinkt der militärische Druck. Noch wertvoller: Es sinkt so die strategische Abhängigkeit vom Westen, die stetes Wohlverhalten erzwang. Ökonomisch ausgedrückt: Es fiel Bonns Nachfrage nach Sicherheit *Made in the West* und mit ihr der Preis, den die Republik an den Westen entrichten musste. Buchstäblich waren das die bereits erwähnten Milliarden an »Offset-Zahlungen« für die US-Militärpräsenz, die unter Schmidt beendet wurden; ein politischer Preis war zum Beispiel die widerwillige, aber als notwendig eingestufte Unterstützung des französischen Agrarprotektionismus in den Gremien der Europäischen Gemeinschaft.

Die Moral von dieser Geschicht' war die gleiche wie die der feingesponnenen Realpolitik im Gewande verpflichtender Werte, die Adenauer gegenüber dem Westen inszeniert hatte. Die Ostpolitik war der Wiedergutwerdung zweiter Teil, wo das Gute das Nützliche schmückte. 1972 war das Werk mit den Ostverträgen vollbracht. Im Laufe der kommenden Jahre sollten die Früchte der neuen Ostpolitik immer prächtiger glänzen. Unter den Kanzlern Helmut Schmidt, Helmut Kohl und Angela Merkel wuchs der einstige Zögling der Siegermächte Jahr um Jahr zur Führungsmacht Europas heran – zum dienstbaren Riesen, der scheinbar nichts für sich und alles für das Gemeinwohl wollte.

Adenauer und Brandt webten an zwei verschiedenen Kanten, aber zusammen kreierten sie einen neuen außenpolitischen Stil, den nicht einmal Bismarck, geschweige denn Wilhelm Zwo und sein »Untertan«, Diederich Heßling, verstanden hätten. Ein »Platz an der Sonne«, wie ihn der Staatssekretär des Auswärtigen Amtes, Bernhard von Bülow, 1897 für das Reich forderte, wäre den Lenkern der Bundesrepublik nie über die Lippen gekommen.

Eine Nation, deren Nationalismus sich zum Chauvinismus unter Wilhelm und zum mörderischen Rassismus unter Adolf gesteigert hatte, deren Schicksal nach 1945 vom Wohlwollen der Sieger abhing, musste lernen, die nationalen Belange in die Sprache des Übernationalen zu kleiden – sei es »Europa«, »Frieden« oder »Verantwortung«. Selbstverständlich hatte die Bundesrepublik nationale Interessen, doch taucht dieser Begriff oder derjenige der »Staatsräson« im öffentlichen Diskurs so gut wie nie auf.

MORAL ALS STAATSRÄSON

Wenn er dies doch tat, dann unter dem Rubrum »Moral als Staatsräson«. Unter diesem Titel veröffentlichte der frühere Botschafter in Israel, Niels Hansen, einen Rückblick auf die Adenauer'sche Wiedergutmachungspolitik, wobei er richtigerweise einflocht, dass Moral von »realpolitischen Erwägungen nicht zu trennen« sei.[91] Man darf es strenger ausdrücken: Ein interessenloser Staat ist ein Oxymoron, ein Widerspruch in sich selbst. »Realpolitische Erwägungen«, die es zuhauf gab, wurden bloß nicht artikuliert; das unterscheidet die Zweite Republik grundlegend von ihren Vorgängern.

Die haben bramarbasiert und provoziert, das Nationale zum Maß aller Dinge gemacht. Der neue Stil, der seit Adenauer und Brandt die deutsche Politik prägen sollte, ist das Nationale im Gewande des Internationalen, sozusagen die scheinbare Entnationalisierung staatlicher Interessen, sei's im Namen Europas oder der »Verantwortungspolitik«.

Honi soit qui mal y pense – ein Schuft, wer Böses dabei denkt. Zum einen entsprang dieser Stil schierer Notwendigkeit. Von dem amerikanischen Präsidenten Theodore Roosevelt ist der Spruch überliefert: »*Speak softly, but carry a big stick*« – Sei sanft in der Rede, aber mit einem dicken Knüppel in der Hand! Den

Knüppel hatte die Bundesrepublik nicht, und sie hat ihn – die militärischen Mittel – noch heute nicht. Wer hätte in der Lage der jungen Republik kalte Interessenpolitik betreiben können wie der Preußenkönig Friedrich? Dazu brauchte man Macht, Manövrierraum und Legitimität, die Bonn in seinem Nachkriegszwinger erst erwerben musste.

Zum Zweiten war die Selbstfesselung – genauer: Selbsteindämmung – im Namen Europas oder der Friedenspolitik nicht nur ein Weg in die Selbstbestimmung, sondern auch ein Segen für die Nachbarschaft. War nicht das moderne Deutschland seit dem Großen Friedrich, spätestens seit Bismarck, immer eine Nummer zu groß für Europa gewesen? Von Adenauer bis Merkel machte sich die Zweite Republik klugerweise kleiner in Wort und Tat, um die europäische Ordnung nicht abermals zu stören und gerade deshalb zu florieren. Win-win für die Nation und die Mitwelt.

So ergatterte Deutschland tatsächlich einen »Platz an der Sonne«, ohne einen einzigen Schuss abfeuern zu müssen. Die Schattenseite war die Kluft zwischen Reden und Tun. Den Stil als »Heuchelei« zu etikettieren trifft die Sache nur zum Teil, setzt diese doch das Bewusstsein für den Unterschied zwischen Predigt und Profitdenken voraus. Die Wiedergutwerdung wuchs aber zur deutschen Zivilreligion heran: So reden wir, das glauben wir, so sind wir.

Etwa so: Wir sind die Friedensmacht, Machtpolitik betreiben andere; wir stehen für Verantwortungspolitik: nie wieder Krieg, nie wieder Selbstüberhebung, nie wieder nackte Interessenpolitik. Wir gehen mit gutem Beispiel voran, sei's bei der europäischen Einigung, dem Atomausstieg, der Energiewende zugunsten der Erneuerbaren oder bei der Flüchtlingspolitik. Wir verkörperten einst das Böse. Jetzt stehen wir für das Gute, also sind wir auch gut. Und wer gut ist, betreibt keine schnöde Interessenpolitik.

Wem dieses Kapitel im Bildungsroman der Nachkriegsdeutschen noch nicht reichte, der konnte zwanzig Jahre nach dem Warschauer Kniefall ein epochales Wunder erleben, das jegliche Vorstellungskraft der Zeitgenossen sprengte. Denn kein Mensch glaubte damals noch an die Wiedervereinigung. Im Programm stand nur das »geregelte Miteinander« zweier deutscher Staaten.

Die Berliner Mauer zerbröckelte 1989; ein Jahr später kollabierte die DDR westwärts in die Hände der Bundesrepublik, und wiederum ein Jahr später war die Sowjetunion Geschichte. Aufgelöst wurde nicht die NATO, sondern der Warschauer Pakt. Gegen dieses welthistorische Mirakel war das Wirtschaftswunder der Fünfziger bloß eine Fingerübung. Felix Germania, aber es war nicht nur Glück, sondern auch Geschick – klassische Interessenpolitik als moralischer Auftrag. Mit schlechten Karten hatte die Bundesrepublik den Pot abgeräumt, ohne wie Wilhelm und Adolf den Tisch und das Casino zu zerlegen.

TEIL III

AUF DEM HOCHSITZ DER MORAL

DIE SCHATTENSEITEN
DER WIEDERGUTWERDUNG

KAPITEL 7

FRIEDENSMACHT DEUTSCHLAND
ERHEBEND, PRAKTISCH, GUT

»ENTRÜSTET EUCH!«

Am Samstag, dem 10. Oktober 1981, versammelten sich 300 000 Menschen unter dem Motto »Frieden schaffen ohne Waffen« im Bonner Hofgarten. Es war die größte Demonstration, welche die Hauptstadt je gesehen hatte, und weitere, ähnlich wuchtige sollten in den kommenden zwei Jahren folgen. Nach Bonn kamen sie von überallher in 41 Sonderzügen und 3000 Bussen: Junge und Alte, Gewerkschafter und Sozialdemokraten, Studenten und Schüler. Es war, so der SPD-Politiker Erhard Eppler – ein Wortführer der Bewegung – das »Bündnis derer, die nichts mehr von Rüstung wissen wollen«.[1]

Manche Protestplakate witzelten »Sonne statt Reagan«, »Pershing zwo ab ins Klo« oder »Petting statt Pershing«. Andere waren bösartig: »Alle reden vom Atomkrieg. Wir machen ihn. Ihre US-Regierung«. Die Theologin Uta Ranke-Heinemann, Tochter des früheren Bundespräsidenten Gustav Heinemann, geißelte den »Wahnsinn unserer Politiker«, um des Landes kommenden »Opfertod für fremden Größenwahn« heraufzubeschwören – Deutschland als Lamm Gottes, als Jesus unter den Völkern.[2] Publizistisch tätige Küchenpsychologen lästerten: In den Köpfen der Furchtsamen wabere die Idee, dass Amerika-

135

ner und Russen mit dem atomaren Holocaust das ganze Volk für die Verbrechen des Dritten Reiches bestrafen wollten – mit vierzig Jahren Verzug. Richtig ist auf jeden Fall, dass der Verschwörungsmythos ein Leitmotiv der Friedensbewegung war. Die Weltmächte hätten sich gar gegen das ganze Europa zusammengerottet. Auf der Strecke zur amerikanischen Botschaft am Rhein wurden symbolische Friedhöfe angelegt, die Kreuze mit den Namen europäischer Städte versehen, die im atomaren Duell der Supermächte verglühen würden. Die Friedenswut kannte kaum noch Grenzen. Der Architekt der Entspannung Willy Brandt, inzwischen eine Ikone der Linken, wurde 1983 auf einer ebenso gewaltigen Demonstration in Bonn ausgebuht. In seiner Amtszeit hatte keiner öfter mit Parolen wie »Friedenspolitik« und »Friedensmacht Deutschland« hantiert als Brandt, aber nun war er manchen Protestlern nicht friedensbeseelt genug. Sie störten seine Rede mit »Du Heuchler!« oder »Willy, halt's Maul!«.[3]

Was hatte die Hunderttausende, die Anfang der Achtziger durch die Städte marschierten, so in Rage gebracht? Der Frieden, genauer: die Vorstellung, dass Abschreckungs- gleich Auslöschungspolitik sei – und deren vorherbestimmte Opfer vorweg die Deutschen seien. Ihnen drohe das Schicksal von Hiroshima und Nagasaki, der Weltenbrand auf dem »Schießplatz der Supermächte«, wie eine landläufige Formel besagte. Im englischsprachigen Ausland wurde *German angst* zum geflügelten Wort. Ein amerikanischer Kollege schickte diesem Autor eine Karikatur mit dem Titel »Putting on the angst«.

Woher die existenzielle Panik? Schließlich lagerten seit den Fünfzigern etwa 6000 taktische Atomwaffen der USA in Europa, hauptsächlich in Westdeutschland, und etwa doppelt so viele sowjetische östlich der Elbe. Die hätten jeden Quadratmeter Deutschlands mehrfach in Glut und Asche legen können. Diese Waffen, 50-mal so viele wie die geplanten 108 *Pershing*,

waren »eingepreist«, wie ein Begriff der Ökonomen besagt –
nicht mehr präsent im öffentlichen Bewusstsein.

HELMUT SCHMIDT: »VATER« DER NACHRÜSTUNG

Und nun? Am Anfang der Revolte der alten Ostermarschierer
und jungen Protestler stand vier Jahre vor der Bonner Groß-
demo 1981 ein scheinbar nichtiger Anlass: ein gelehrter Vortrag
vor ausgesuchtem Publikum, der Geschichte machen sollte. Im
fernen London, am Institute for Strategic Studies, hielt Bundeskanzler Helmut Schmidt am 28. Oktober 1977 eine verklausulierte Rede, deren Auswirkungen damals nicht einmal die im
Saal versammelten Experten erahnen konnten.

Schmidt fing harmlos an; er wollte über »neue Probleme« mit
Blick auf eine gute Sache sprechen, die Bemühungen der beiden
Supermächte, ihre strategischen Arsenale unter dem Kürzel
SALT[4] zu begrenzen. »SALT«, dozierte der Kanzler, »schreibt
das nuklearstrategische Gleichgewicht zwischen der Sowjetunion und den Vereinigten Staaten fest. Man kann es auch so
ausdrücken: SALT neutralisiert deren Potenziale. In Europa
verschärft das die Ungleichheiten bei den nukleartaktischen
und konventionellen Kräften.«

Die Folge? Da die Sowjetunion in Europa militärisch überlegen sei, werde »unvermeidlich die Sicherheit der Westeuropäer … gefährdet, es sei denn, wir beseitigen die Ungleichheiten
im Gleichschritt mit den SALT-Verhandlungen«. Solange das
nicht der Fall sei, »müssen wir das gesamte Spektrum der Ab-
schreckung aufrechterhalten. Das Bündnis muss bereit sein, die
Mittel dafür zur Verfügung zu stellen.«[5]

Mit diesen geschraubten Wendungen wurde die »Nach-
rüstung« geboren, obwohl Schmidt, der wohl den kommenden
Aufruhr im Inneren vorausahnte, das Gleichgewicht durch
Abrüstung statt der Stationierung von US-Marschflugkör-

pern und *Pershing II*-Raketen wiederherzustellen gedachte. Schmidts atomare Theo-Logik war nicht zu widerlegen. Die Sowjets hatten eine neue Generation von Mittelstreckenraketen, die mobile SS-20 mit Dreifach-Sprengköpfen, in Dienst gestellt, dazu den *Backfire*-Bomber. Wieso sich an diesen Waffen reiben – angesichts der Overkill-Potenziale auf beiden Seiten? Die abschreckungstheoretische Antwort: Die neuen Systeme flogen zu kurz, um Amerika zu treffen; sie waren einzig und allein für Westeuropa bestimmt und schafften somit eine Sonderbedrohung für Amerikas abhängige Verbündete.

Unausgesprochen geriet die Londoner Botschaft zur Anklage gegen den US-Präsidenten Jimmy Carter – übersetzt etwa so: »Gleichstand durch SALT mag ja gut für euch sein, aber wir mussten uns immer auf Amerikas globale strategische Überlegenheit verlassen, um die sowjetische in Europa auszugleichen. Eure SALT-Politik ist selbstsüchtig, weil ihr so das Risiko Richtung Europa verschiebt.« Im öffentlichen Diskurs nannte Schmidt die SS-20 ganz knapp ein sowjetisches »Druckinstrument«[6] gegen die europäischen Verbündeten. Deshalb wollte er den Amerikanern in seiner Londoner Rede klar machen: »Es ist unerhört, dass ihr dieses Problem nicht angehen wollt. Doch hat Jimmy Carter mir 1977 praktisch immer wieder gesagt: Ihr seid verrückt. Was kümmert euch die SS-20?«[7]

So drastisch hat Schmidt es in seinem nukleartheologischen Vortrag nicht gesagt, aber »hinterher, bei einem kleinen Abendessen, habe ich auf den Tisch gehauen«.[8] War der Kanzler der Vater der Nachrüstung? »Philosophisch« ja, war er doch der erste Europäer, der den Amerikanern wegen ihrer strategischen Selbstbezogenheit die Leviten las – die neuen Waffen reichten ja nicht bis Amerika. »Realiter« eher nein, weil Abrüstung – weg mit der neuen Generation sowjetischer Mittelstreckenwaffen – in Schmidts Kalkül das Mittel der Wahl war.

Um Moskau zu ermuntern, den Status quo ante wiederherzustellen, verabschiedete das Bündnis zwei Jahr später den »Doppelbeschluss«, der auch als »Null-Lösung« in die Geschichte einging. Die Sowjets sollten doch bitte ihre »eurostrategischen« Systeme in den nächsten vier Jahren wieder demontieren. Wenn nicht, müsse der Westen mit weitreichenden *Cruise Missiles* und *Pershing II* gegenhalten. Die konnten sowjetisches Territorium treffen und würden so die Lücke im Abschreckungsspektrum wieder schließen.

Der Verlauf dieser Geschichte sollte zeigen, dass die Sowjets keinesfalls gedachten, ihren Vorteil wieder wegzuschenken. Als Schmidt in London vortrug, hatten die Sowjets etwa 30 SS-20 stationiert; 1978 waren es 70, 1979 wiederum doppelt so viele. Es ging also zügig voran. Der Kreml glaubte offensichtlich, dass ihm die Friedenskämpfer in den Stationierungsländern den Verzicht ersparen würden, zumal in der Bundesrepublik, wo der Löwenanteil der neuen Systeme aufgestellt werden sollte: 96 *Tomahawk* Marschflugkörper und alle 108 *Pershing II*-Systeme. Moskau bemühte sich auch nach Kräften, die Protestbewegung in Westeuropa mit Argumenten und Geldern zu versorgen. Zur *German angst* gesellte sich die »Hollanditis« als Diagnose des niederländischen Nationalneutralismus.

Der Nuklearpazifismus der Deutschen wuchs nach dem Doppelbeschluss zu gewaltigen Dimensionen heran. 1981 demonstrierten 300 000 in Bonn. Ein Jahr später waren es 400 000, abermals in Bonn. 1983 gingen quer durch die Republik 1,3 Millionen auf die Straße. Der »Krefelder Appell« gegen die Stationierung wurde von vier Millionen unterzeichnet. Die Strategie des Kreml schien also aufzugehen. Nur war das prominenteste Opfer nicht die Gegenstationierung, sondern Helmut Schmidt, der 1982 von der CDU/CSU und FDP im Bundestag gestürzt wurde, indem sie Helmut Kohl zum Kanzler kürten.

Die Liberalen, Schmidts Koalitionspartner, waren im wirtschaftspolitischen Streit mit den Sozialdemokraten von der

Fahne gegangen. Die FDP wollte auf keinen Fall die von der SPD geforderte Erhöhung der Staats- und Sozialausgaben mittragen. Schmidts eigene Partei hatte ihm wegen der Nachrüstung die Gefolgschaft aufgekündigt. Der König hatte keine Soldaten mehr. In einer Parteiversammlung nach der anderen hatten die Genossen gegen die Nachrüstung votiert. Jahre danach erinnerte sich Schmidt:»Ich hatte einfach nicht mehr die Kraft, zusätzlich eine zweite Schlacht gegen die Genossen in der Wirtschaftspolitik zu schlagen.«[9] Er wurde am 1. Oktober 1982 mithilfe der abtrünnigen FDP abgewählt. An seine Stelle trat der Unions-Kandidat Helmut Kohl.

Am 22. November 1983 stimmte eine massive Mehrheit der SPD-Abgeordneten im Bundestag gegen den Stationierungsbeschluss der Regierung Kohl – und wider den Ratschlag ihres Ex-Kanzlers. Der protestierte auf seine Weise gegen die rebellierenden Parteifreunde, indem er in einer Mischung aus Hohn und Resignation einen Papierflieger mit der Aufschrift»Pershing II« durch den Plenarsaal segeln ließ. Es war eine Geste der Vergeblichkeit, das Ende seiner politischen Karriere.

PAZIFISMUS ALS ZIVILRELIGION

Die Nachrüstung kam und ging. Am 23. November, einen Tag nach dem Votum im Parlament, landeten die ersten Teile des *Pershing*-Systems in der Bundesrepublik. Zwei Jahre später waren alle 108 Raketen gefechtsbereit. Die von der Friedensbewegung beschworene Apokalypse – Deutschland als»Schießplatz der Supermächte« – fand nicht statt. Im Gegenteil: Unter dem neuen Generalsekretär Michail Gorbatschow setzte sich im Politbüro schrittweise eine zweifache Einsicht durch: einmal, dass die Sowjetunion, laut Schmidt ein»Obervolta mit Atomwaffen«, das einen dreimal höheren Anteil der Wirtschaftsleistung als Amerika fürs Militär ausgab, sich einen Rüstungswettlauf mit dem Westen nicht leisten könne. Zum Zweiten: dass die westeuropäische Friedensbewegung zwar die Schlagzeilen beherrschen, aber nicht die offizielle Politik kippen konnte. Die Meinungsumfragen hatten ein trügerisches Bild gezeichnet. War die Frage krass und direkt formuliert, also: »Sind Sie dafür oder dagegen, dass *in Ihrer Gegend* neue Raketen stationiert werden?«, antworteten acht von zehn Deutschen voraussagbar mit Nein. Wer will schon eine Atomrakete als Nachbarn haben? Wurde es aber komplizierter, drehten sich die Mehrheiten. Zum Beispiel bei dieser Formulierung: »Die Länder Westeuropas und der NATO sind generell auf dem richtigen Kurs. Sie wollen über Abrüstung verhandeln, aber die Mittelstreckengeschosse stationieren, falls die Sowjets die Bedrohung nicht zurücknehmen?« Fast 70 Prozent der Westdeutschen fanden dies richtig. Überdies hatte das gemeine Volk quer durch Westeuropa andere Sorgen, stand doch an der Spitze nicht die Raketenangst, sondern die Furcht vor der Arbeitslosigkeit, dem Sozialabbau und der Kriminalität.[10]

Der Avantgarde fehlten also Armee und Hinterland. Deshalb gewann Helmut Kohl haushoch die Wahlen von 1983 – mit fast 49 Prozent der Stimmen, derweil die SPD fast fünf Prozentpunkte abgeben musste. Der Kanzler, der ein Jahr zuvor Helmut Schmidt nur mithilfe der fahnenflüchtigen FDP stürzen konnte, hatte die Grundstimmung des Wahlvolks richtig eingeschätzt. Wo es um den Erhalt der NATO und den Widerstand gegen die »sowjetische Bedrohung« ging, zugleich um so gute Dinge wie eine friedliche Verhandlungslösung, hielten die Grundfesten bundesrepublikanischer Politik dem Angriff der Friedensbewegung stand. Wie es sich für einen guten Bildungsroman gehört, hatte der Proband die Prüfung bestanden.

In einem anderen Sinne hatte die Friedensbewegung doch gewonnen, oder genauer: den richtigen Nerv der Deutschen getroffen. Die aggressivste Nation Europas, die in zwei Weltkriegen fürchterlich gescheitert war, wollte diese Vergangenheit ein für alle Mal unter dem Banner des »Nie wieder!« abschütteln. »Viel Feind, viel Ehr« hatte sich als selbstmörderischer Irrglauben entpuppt. Das deutsche Volk sollte nie wieder »gegen das andere ein Schwert aufheben, und … hinfort nicht mehr kriegen lernen« (Jesaja 2,4). Der Spruch des Propheten geriet zum Symbol der Läuterung. Jesaja legte in den frühen Achtzigern das Fundament einer neuen deutschen Zivilreligion.

Vertraut sind die Glaubenssätze, die auch ein halbes Menschenalter später gelten, sozusagen als Katechismus dieses weltlichen Bekenntnisses. »Wir haben unsere Lektion gelernt.« »Aus dem Krieg haben wir die Lehre gezogen, dass Krieg keine Probleme aus der Welt schafft.« »Im Krieg gilt nur noch das Recht des Stärkeren.« »Krieg ist der organisierte Wahnsinn.« »Gewalt schafft nur Gegengewalt.« »Reden statt Rüsten.« »Ohne Frieden ist alles nichts.« »Solange geredet wird, wird nicht geschossen.« Ein besonders beliebter Begriff ist die »Spirale der Gewalt«, besagt der doch, dass Widerstand die Gewalt nicht stoppe, sondern nur hochtreibe. Der Verteidiger wird mit dem Aggressor gleichgesetzt, denn an der Spirale drehen in feindlicher Eintracht beide. Deshalb ist Gewalt immer »blind« und »sinnlos«.

Gibt es überhaupt einen gerechten Krieg im Dogmengebäude des Pazifismus? Eine typische Antwort gab 2014 Margot Käßmann, die ehemalige EKD-Ratsvorsitzende. Sie sprach für die vielen Gleichdenkenden im Lande, als sie sich nicht dazu durchringen konnte, selbst den Krieg gegen Nazideutschland ohne Wenn und Aber als gerecht zu werten: »Es war sicherlich ein Krieg mit einer guten Intention und am Ende die Befreiung vom Naziterror. Aber mir fällt es schwer, Kriege zu rechtfertigen. Es gibt nur einen gerechten Frieden.«[11] Wenn aber der Frieden ungerecht ist, weil er wie die meisten Friedensschlüsse auf Eroberung, Kapitulation oder Unterwerfung beruht? Da drehte sich die christliche Pazifistin im Kreise, der in der Logik als »unendlicher Regress«[12] firmiert: »Wenn es zu einem Krieg kommt, ist das immer ein Versagen, weil es nicht schon viel früher Versuche gegeben hat, Waffengewalt zu verhindern.«[13] Wodurch, wenn die Schwachen geschützt und die Mächtigen gebändigt werden müssen? Etwa mit vorbeugender Gewalt, nach der realpolitischen Devise »Lieber ein kleiner Krieg jetzt als ein großer später«? Noch 1938, glaubten Hitlers Generäle, waren England und Frankreich militärisch überlegen. Vorbeugende Gewalt hätte den ganz großen, den Zweiten Weltkrieg verhindert, ist aber nach dem Glaubensbekenntnis des Radikalpazifismus, der schon den Verteidigungskrieg verpönt, erst recht verboten. Also drängt sich der Schluss auf: Besänftigung oder Kapitulation.

Wie würde Käßmann mit dem »Frieden« umgehen, den das mörderische Taliban-Regime dem afghanischen Volk aufgezwungen hatte? Auf dem Kirchentag 2011 verkündete sie, es sei »besser, mit den Taliban zu beten, als sie zu bombardieren«.[14] So elegant die Alliteration, so brüchig der Gedanke. Beten mit einer totalitären Truppe, die Andersgläubige gnadenlos verfolgt und nur durch überlegene Gewalt entmachtet werden kann? Hier gerät der Pazifismus zur Realitätsverweigerung – oder zur Pose, die so wohlfeil wie absurd ist. Doch das Publikum jubelte.

»Ihre Politik macht mir Angst«, sprach auf dem Evangelischen Kirchentag 1981 ein 17-Jähriger zu Kanzler Schmidt auf offener Bühne – und erntete dafür Betroffenheit und Beifall. Angst bewirkt normalerweise nicht Applaus, sondern erfordert Mitleid oder Psychotherapie. Doch geriet *German angst* im

Krieg der Friedensbewegung gegen die Mittelstreckenraketen zum Ausweis besonderer Empfindsamkeit und höherer Moral. Ein zweiter Vorteil kommt hinzu. »Wer Angst empfindet, ist im Recht«, notieren mit leiser Ironie die Autoren des Buches *Die deutsche Seele*. Ein dritter Gewinn: »Wer unbeirrbar an seiner Angst festhält, obwohl es nüchterne Gründe gäbe, sich von ihr zu verabschieden, beweist Charakterstärke.« Sozusagen Luther für unsere Zeit: Hier stehe ich und kann nicht anders. Schließlich: Angst ist die »Letztbegründung«,[15] die sich um Argumente oder reale Gründe nicht kümmern muss. »Fear is the answer«, propagierte Christoph Schlingensief, der Aktionskünstler und Begründer der *Kirche der Angst*. Folglich keine Fragen mehr – etwa, ob die Bedrohung real oder imaginiert, abstrakt oder unmittelbar sei. Helmut Schmidt drückte es brutaler aus, als er von »Angstepidemien«, »Hysterie« und »Wahn« sprach.[16]

Freilich gaukeln derlei Reflexe eine höhere Moral nur vor. Genauer betrachtet, ist der unbedingte Pazifismus eine Scheinmoral. Wer behauptet, der Frieden sei das höchste aller Güter, sagt ungewollt, dass er jeden anderen Wert für den Frieden verraten würde: Freundschaft und Treue, Familie und Nation, Recht und Gerechtigkeit, den Schutz der Schwachen und den Widerstand gegen die Tyrannei. Um diese Moral ins Absurde zu steigern, müsste sich der absolute Pazifist verbieten, »Nie wieder Auschwitz!« vor sich herzutragen, wie es auf den Plakaten der Achtziger geschrieben stand. Für das Problem der Todeslager gab es keine Verhandlungslösung. Nur der Sieg im Krieg konnte den maschinellen Massenmord beenden und die letzten Überlebenden retten.

Der Publizist Wolfgang Pohrt notiert im Rückblick mit spitzer Feder, dass es die Nachgeborenen eigentlich besser wissen müssten: »Deutschland hat den Pazifismus diskreditiert und ad absurdum geführt, indem es praktisch vorgeführt und damit empirisch bewiesen hat, dass es Schlimmeres geben kann als den Krieg; dass Schrecken möglich sind, von denen nur eine starke Armee befreit. ... Die Armee als wirklichen Befreier und den Krieg als wahren Sachwalter der Menschlichkeit in die Weltgeschichte eingeführt zu haben, ist das verhängnisvolle Verdienst dieses Landes.« Ein vergiftetes, aber zutreffendes Lob.[17]

Selbstverständlich löst Gewalt Probleme. Die Nordstaaten haben im Amerikanischen Bürgerkrieg das Problem der Sklaverei beseitigt. Die Armee Nordvietnams hat die Spaltung des Landes beendet – so wie diverse Aufstände die Kolonialmächte aus Afrika vertrieben haben. Die vereinte Kriegsmacht der Welt hat das Problem Hitler und Holocaust gelöst – im Kampf bis auf die letzten Meter, als die Rote Armee die Berliner Reichskanzlei einnahm.

Die Israelis haben das Problem ihrer staatlichen Auslöschung gelöst, indem sie in mehreren Kriegen die arabischen Armeen zurückschlugen. Die NATO hat im Jugoslawien-Krieg den Imperialismus der Serben sowie die »ethnische Säuberung« gestoppt. Das Terrorregime des Islamischen Staates mit seinen unsäglichen Grausamkeiten endete 2017 im Bombardement der amerikanisch geführten Koalition.

PAZIFISMUS ALS SCHULDTILGUNG

Warum dann der unerbittliche Pazifismus, der die Bundesrepublik in den Zeiten der Nachrüstung erfasste – dies zum zweiten Mal, hatte doch die Ausrüstung der Bundeswehr mit (amerikanisch kontrollierten) taktischen Atomwaffen 1957/58 eine ähnliche, aber kürzere Welle – »Kampf dem Atomtod« – unter Führung der SPD und des DGB ausgelöst? Sie brach Anfang 1958 zusammen, als sich die beiden Organisationen aus der Kampagne zurückzogen, um nach drei verlorenen Wahlen die Fundamentalopposition gegen Adenauer zugunsten eines Mitte-links-Kurses zu revidieren, der die Partei 1966 in die Regierungsbeteiligung führen sollte.

In den Fünfzigern gingen Menschen auf die Straße, die das Grauen des Krieges noch selber erlebt hatten. Wieso der millionenfache Aufruhr eine Generation später, die den Krieg allenfalls aus den Erzählungen ihrer Eltern kannte? Die hatten ihren Kindern das Wirtschaftswunder, aber auch die Schuld vererbt, die umso mehr quälte, als die Nachgeborenengeneration tatsächlich schuldlos war – was Helmut Kohl zu Recht die »Gnade der späten Geburt« nannte. Wie das abscheuliche Erbe loswerden und Selbstwert zurückgewinnen? Mit der Demonstration einer makellosen moralischen Haltung, dem absoluten Gegenteil der Vernichtungslust von gestern.

Etwa so: »Ihr anderen Völker seht uns als Ausgeburt des Bösen; wir werden euch zeigen, dass wir so gut geworden sind wie ihr oder gar besser. Ihr macht Krieg von Vietnam bis Irak, wir verkörpern die unbedingte Friedfertigkeit. Ihr verfolgt eure selbstsüchtigen Interessen, wir dienen Europa und dem Weltfrieden. Ihr hortet Atomwaffen, wir haben ihnen feierlich abgeschworen.« Deutschland als sittliches Vorbild: Diese Kette zieht sich bis zum Ausstieg aus der Atom- und Fossilenergie und dem »freundlichen Gesicht«, das Kanzlerin Merkel der Welt mit dem Willkommen für eine Million Flüchtlinge zeigen wollte.

»ENTRÜSTET EUCH!«

Das Motto der Friedensbewegung »Entrüstet euch!« transportierte ein feines Wortspiel. Erstens: Weg mit den Waffen! – wie in »Abrüstung«. Der Botschaft zweiter Teil: »Indem wir uns entrüsten, bekunden wir unsere höheren Werte gegenüber jenen finsteren Mächten, die noch im Hause des Krieges wohnen, das wir reumütig verlassen haben.« In diese Zeit fällt auch ein Titelbild des *Stern*, auf dem eine hochschießende Pershing-Rakete eine Friedenstaube durchbohrt. Die subkutane Parole: Wir, die wir die Welt ins Unglück gestürzt haben, stehen endlich auf der richtigen Seite der Geschichte; die Amerikaner aber morden den Frieden. Die hätten, so eine beliebte Formel, nie die Verwüstung auf eigenem Boden erlebt, obwohl im Amerikanischen Bürgerkrieg ganze Städte im Süden zerstört wurden und Amerika damals mehr Menschen verloren hat als in allen Kriegen danach. Auch seien die einst wild gewordenen Deutschen vernünftiger als die anderen geworden. Mitten in der Raketenkrise wurde 1982 in Polen das Kriegsrecht verhängt; die Regierung Jaruzelski besetzte gleichsam das eigene Land, um so einer sowjetischen Invasion zuvorzukommen. Derweil die Freiheitsbewegung unter Führung der Solidarność um ihr Leben kämpfte, schrieb der *Spiegel*-Herausgeber Rudolf Augstein mit Blick auf die hochschlagenden Proteste im Westen, die in Deutschland allenfalls ein verhaltenes Echo fanden: »Die Bundesrepublik … behauptet sich als ein Hort der Vernunft.«[18]

Mit dem »Hort der Vernunft« wollte der Publizist sagen: Die Deutschen, einst dem kollektiven Wahnsinn verfallen, seien nun der Leuchtturm des Rationalen, der den anderen die Richtung weise. Die Deutschen hatten ihren verqueren »Sonderweg« hinter sich gelassen und einen neuen beschritten, der sie an die Spitze der Richtigdenkenden und Wohlgesinnten geführt hatte.

Mit dem Selbstwertgefühl wuchs eine spezifisch nachkriegsdeutsche Variante des Nationalismus heran, der so gar nicht zum pazifistischen Grundgefühl passen wollte. Nein, nicht der alte von der Sorte »Deutschland über alles« im Sinne von Überhebung und Anmaßung. Der war im neuen Wertegefüge absolut tabu – nie wieder! Aber hören wir, was der Theologe und Schriftsteller Helmut Gollwitzer, ein Vordenker der Friedensbewegung, 1981 über die *Pershing* und *Cruise Missiles* zu sagen hatte: »Kein Deutscher kann diese bedingungslose Unterwerfung der Interessen unseres Volkes unter fremde Interessen, diese Auslieferung der Verfügung über die Existenz unseres Volkes an eine fremde Regierung hinnehmen.« Gemeint war nicht die Sowjetunion, sondern Amerika. Diese Art der Unterwerfung, so der erregte Theologe, habe es in der europäischen Geschichte noch nie gegeben, nur in der »Kolonialgeschichte«.[19] Die Nation habe genug gelitten und müsse sich nun gegen die Versklavung erheben, lautete der unausgesprochene Teil des neuen nationalen Credos.

Der Pastor und ehemalige SPD-Bürgermeister von Berlin, Heinrich Albertz, sprach auf dem Kirchentag 1981 von einem »besetzten Land«.[20] Hier redeten Vertreter der Linken, aber die Sprache hätte genauso gut von weit rechts kommen können. »Deutschland als Opfer« war ein beliebter Topos des aggressiven Nationalismus nach dem »Schandfrieden« von Versailles. Die Mächte hatten sich 1919 gegen das Land verschworen, ihm seine Rechte und Freiheiten genommen, lautete die Agitation in der Folge des Versailler Vertrages.

Bloß waren es diesmal nicht die Feinde, sondern die Freunde, vorweg die Amerikaner, die Deutschland in den Würgegriff genommen hätten, um es zu kujonieren. Sie seien sogar bereit, das Land dem Gott des Krieges zu opfern wie einst Abraham den Isaak. Die Parolen, das war das Neue, kamen nicht von rechts, sondern von links, aber in einer anderen Form. Der neue Nationalismus war nicht kämpferisch oder revanchistisch, sondern moralisch eingefärbt. Zwar war es eine Wende von 180 Grad. Aber wie jeder Nationalismus würde die pazifistische Variante Deutschland über die Nationen erheben.

Es war noch mehr im Spiel als pastorale Erweckungsparolen. Die Friedfertigkeit plakatierte nicht nur die richtige Gesinnung, sie war auch nützlich im profanen politischen Geschäft.

Als das polnische Jaruzelski-Regime 1981 die Demokratiebewegung unter Führung der Solidarność abzuwürgen begann, weigerte sich die Regierung (SPD/FDP) demonstrativ, in den Chor des westlichen Protests, zumal in Frankreich, einzustimmen, und zwar im Namen zweier moralpolitischer Klassiker.

Der eine war der Rekurs auf die vergiftete Vergangenheit, die nun den Deutschen besondere Sensibilität auferlege, eine »Kultur der Zurückhaltung«, wie es im 21. Jahrhundert heißen sollte. Mit Blick auf die Massenverhaftungen in Polen sinnierte Willy Brandt: »Es ist ja kein Zufall, dass ein Deutscher zurückhaltender ist und wohl auch sein muss als andere, wenn von Lagern in Polen die Rede ist.« So würde er »sofort die Frage herausfordern, was es sonst schon an Lagern in Polen gegeben hat«. Für die Franzosen aber sei das »kein Problem.[21]

Anderswo drückte es Brandt drastischer aus: Man solle »im Falle Polen« nicht »jede Art von Maulheldentum mitmachen«.[22] Die Botschaft lautete: Weil wir so schrecklich waren, müssen wir jetzt umso friedfertiger und vernünftiger sein, statt Europa wie früher kurz und klein zu schlagen.

Der zweite Klassiker war der Frieden als höchster Wert. Folglich verfügte Egon Bahr mit Blick auf die polnische Freiheitsbewegung: Entscheidend sei es,

»dass die Selbstbestimmung der Nation der Erhaltung des Friedens untergeordnet sein muss. Das gilt dann auch für die Polen. Auch die nationalen Ambitionen der Polen müssen dem Interesse der Erhaltung des Friedens untergeordnet sein. ... Nur unterhalb dieses obersten Zieles sollen die Nationen ... die Möglichkeit ihrer eigenen Entfaltung bekommen.«[23]

Also bitte, liebe Polen, mäßigt euch und stört unsere Entspannungskreise nicht. Brutaler formuliert: Unser Interesse an ersprießlichen Beziehungen zu den Machthabern im Kreml und im Warschauer Pakt wiegt schwerer als eure Freiheitseskapaden, denn die könnten die Entspannung um Jahre zurückwerfen. Ähnlich sollte es eine Generation später klingen, als zur Jahreswende 2017/18 landesweite Proteste den Iran erschütterten. Die deutsche Politik hielt sich zurück, um Teheran nicht zu brüskieren. Die Leitmedien argumentierten, dass die verbale Unterstützung der Demokratiebewegung nur den Machthabern diene, weil diese die Demonstranten als Agenten des Westens diskreditieren könnten. Also: Man hilft, indem man nicht hilft. Oder: Freiheit mag gut sein, doch Ruhe ist besser. Die Sorge war unnötig, weil repressive Regime den Protest grundsätzlich als Machenschaft des Auslands denunzieren. Das ist der erste Schritt in der Propagandaschlacht, und so war es auch im Iran.

Worum es wirklich in der heiklen Phase der Ost-West-Beziehungen in den frühen Achtzigern ging, war nicht »Frieden über alles«, sondern Ruhe als Mittel zum Zweck. Hören wir wieder Willy Brandt zu: »Die Blöcke wird nur überwinden können, wer von dem ausgeht, wozu sie geworden sind. Wenn international, zumal zwischen den Großmächten, Abrüstung und Entspannung weit genug gediehen wären, dann könnte nicht nur der Zusammenhalt der Blöcke, dann könnten die Blöcke selber an Gewicht verlieren.«[24]

Mit diesen beiden Sätzen brachte der SPD-Vorsitzende die Friedens- und Ostpolitik auf den realpolitischen Punkt. Die Deutschen konnten sich aus dem Eingezwängtsein zwischen den Lagern und aus der Teilung nur befreien, wenn der stete

Tropfen der Entspannung die Blöcke aushöhlte und deren hochgerüstete Konfrontation an der deutsch-deutschen Grenze abbaute. In diesem Szenario war die polnische Freiheitsbewegung nicht vorgesehen. Sie musste vorbeugend unterdrückt werden, damit der sowjetische Blockführer nicht abermals, wie nach dem Prager Frühling 1968, einmarschiere und so den Träumen von »Wandel durch Annäherung« ein rüdes Ende bereite. Interessen wogen schwerer als Ideale.

Es galt statt »Maulheldentum« der dauerhafte Beruhigungsimperativ gegenüber Moskau – und das nationale Interesse, freundlich verziert durch die Zerknirschung über die einstigen deutschen Untaten. Das Gute und das Praktische gingen wie seit Adenauers Westpolitik Hand in Hand. Leider nicht für die polnischen Nachbarn, die sich wie so oft in ihrer Geschichte den Interessen der Großen beugen mussten.

MORALISCHES PRINZIP UND POLITISCHE PRAXIS

Die Wiedergutwerdung als historisch-moralische Pflicht, die zugleich konkrete nationale Interessen transportierte, ist ein Leitmotiv dieses Bildungsromans. Aufrichtig gemeint, war sie zugleich erhebend, praktisch und gut. Zum Beispiel in den Neunzigern, als auf dem Balkan der Krieg um das zerfallende Jugoslawien ausbrach und die NATO fast das ganze Jahrzehnt um das Wie und Wann einer Intervention rang. Diverse UN-Resolutionen autorisierten den Gewalteinsatz, der einem Eingriff internationale Legitimität verschaffen würde. Doch die Bundesrepublik versuchte, so gut es ging, sich aus den Kriegshandlungen herauszuhalten, auch wenn sie »friedensschaffende und friedensdurchsetzende Maßnahmen« theoretisch bejahte. Aber ohne Deutschland. Also proklamierte Kanzler Helmut Kohl auf der Münchner Sicherheitskonferenz 1993 seine »Kohl-

Doktrin«. Die besagte, dass deutsche Soldaten nie wieder in Länder einfallen dürften, in denen die Wehrmacht im Zweiten Weltkrieg gewütet hatte. Dieser Autor warf in der anschließenden Diskussion ein: »Aber Herr Bundeskanzler, übrig blieben dann nur noch Portugal, Schweden und die Schweiz.« Spanien ging auch nicht, denn im Bürgerkrieg hatte die Legion Condor aufseiten der Faschisten von 1936 bis 1939 das Terrorbombardement geübt, das die Luftwaffe im Zweiten Weltkrieg in Holland, Polen und England zur Strategie erhob; das berüchtigtste Exempel war die Zerstörung der baskischen Stadt Guernica. Folglich schrumpfte die Zahl der Einsatzorte in Europa für die Bundeswehr auf null.

Das war der Sinn der Selbstbescheidung. Krieg führen mögen die anderen; Deutschland darf nicht, aber nicht weil es bequem oder gar interessendienlich sei, sondern weil seine fürchterliche Vergangenheit es verbiete. Wer könnte den Deutschen da noch das »Ohne mich« im Namen der Reue und Läuterung verübeln? Auf dem Balkan kämpfen müssen leider die anderen, weil die Bundesrepublik noch die Sünden von gestern abbüßen muss.

Auch hier galt: Ein Schuft, der sich Böses dabei denkt. Während die Nachkriegsdeutschen an ihrem Bildungsroman arbeiteten, lernten sie, wie nützlich die friedensbeseelte Enthaltsamkeit war. Während die amerikanische Supermacht im Kalten Krieg ihre Sicherheit gegenüber den Sowjets garantierte, also ihnen Schutz zum großzügigen Discount verschaffte, konnten sie beobachten, wie sich die Freunde außerhalb Europas in einem Desaster nach dem anderen verstrickten.

Die Franzosen verloren ihre opferreichen Kolonialkriege in Indochina und Algerien (wo zuletzt 600 000 ihrer Soldaten standen). Die Amerikaner haben im Korea-Krieg mit 36 000 Toten nur ein Unentschieden gegen Nordkorea und China erkämpft. Die Briten fochten einen blutigen Krieg gegen die

Mau-Mau in Kenia aus und mussten schließlich doch ihre afrikanischen Besitztümer aufgeben. Dito die Belgier im Kongo und die Portugiesen in Angola und Mosambik. Die USA, die stärkste Militärmacht auf Erden, konnte Südvietnam auch nach zehn Jahren und 58 000 Gefallenen nicht halten. In diesen Fällen hat Gewalt tatsächlich keinen Ertrag abgeworfen, sondern nur astronomische Kosten verursacht. Frankreich und England sind verarmt, Amerika rutschte im Vietnamkrieg in die Nähe des Bürgerkrieges.

Derweil konnten die Deutschen wie Voltaires *Candide* ihren eigenen Garten bestellen, war der doch hoch umzäunt von der NATO, dem mächtigsten Bündnis der Welt. Die anderen verschleuderten Gut und Blut in vergeblichen Kriegen; die Bundesrepublik investierte in das Wirtschaftswunder und in den Sozialstaat. Der märchenhafte Wiederaufstieg produzierte den Reichtum, der das Wunderhorn des für- und vorsorgenden Staates füllte, Verteilungskonflikte dämpfte und so den inneren Frieden absicherte, den Weimar nie genießen durfte.

Heute ist das vereinte Deutschland die Wirtschaftsmacht Nummer eins in Europa. Noch nie hat die militärische Enthaltsamkeit eine so fette Rendite im Geschäft der Staaten erzeugt – allerdings nur, weil andere für die Sicherheit der Deutschen einstanden. Anders als vor 1945 war Gewalt out. Und warum auch nicht? Die neuen Deutschen hatten gelernt, dass Selbstbescheidung interessendienlicher war als bewaffnete Machtpolitik.

EIN BOLLWERK NAMENS GRUNDGESETZ

Am 2. August 1990 fiel Saddam Husseins Irak in das benachbarte Kuwait ein und kassierte das Scheichtum mit seinen märchenhaften Ölreserven – ein klarer Bruch des Völkerrechts. Am 16. Januar 1991 hoben die ersten amerikanischen Bomber ab. Ende Februar war Kuwait befreit. England, Frankreich und Saudi-Arabien kämpften an der Seite Amerikas. Die Bundesrepublik verwies dagegen auf ihre Verfassung, die den Einsatz verbiete. Aber ganz »ohne uns«, das verbot die Staatsräson, wenn der Große Bruder Amerika Mithilfe einforderte. Bonn lieferte Spürpanzer sowie allerlei militärisches Gerät an die Amerikaner und blieb der Kampfarena so weit fern wie nur möglich. Die Regierung schickte Alpha-Schulflugzeuge und eine Flugabwehr-Batterie in die Türkei. Schließlich zahlte sie 18 Milliarden Mark als »Lösegeld« – alles, bloß keine Kampftruppen! Spötter sprachen von »Scheckbuch-Diplomatie«. Doch war diese Diplomatie ihren Preis wert im Vergleich zu den unkalkulierbaren Kosten an Blut und Gut. Daheim war der erkaufte Dispens noch wertvoller, hätte doch die Regierung Kohl massenhaft politisches Kapital im Überzeugungskampf einsetzen müssen, um die pazifistische Grundhaltung zu brechen. Das konnte keine Regierung wagen, auch nicht eine so pro-atlantische wie die des Helmut Kohl, die doch die Nachrüstung durchgesetzt hatte. Es gab aber einen klügeren Weg, um die deutschen mit den amerikanischen Interessen zu versöhnen – dank der hilfreichen Vorarbeit der von Kohl gestürzten Regierung Schmidt.

Schon 1982, lange vor dem Kuwait-Krieg 1991, hatten Schmidt und sein Koalitionspartner Hans-Dietrich Genscher das Grundgesetz in ein unüberwindbares Bollwerk gegen Auslandseinsätze der Bundeswehr umfunktioniert, um sich dem amerikanischen Ruf »Germans to the front!« zu entziehen. Da gab es wenig zu gewinnen, aber angesichts der möglichen Weiterungen viel zu verlieren. Die Golfregion hatte sich als Hexenkessel entpuppt, der so schnell nicht zur Ruhe kommen würde. Also jeden Präzedenzfall vermeiden!

Seit Herbst 1980 tobte der Krieg zwischen Irak und Iran, der erst acht Jahre später in gegenseitiger Erschöpfung enden sollte; es war der längste und blutigste Nahostkrieg des 20. Jahrhunderts – mit einer Million Toten. Im zweiten Jahr brach im Golf der »Tankerkrieg« aus, der unweigerlich die Großmächte anlocken musste. Die weltweite Ölversorgung stand auf dem Spiel, und die USA begannen ihre Verbündeten zu drängen, die Lebensader militärisch zu sichern – eine gruslige Vorstellung auf deutscher Seite. Aber der Schutzmacht Amerika die Gefolgschaft versagen? Das durfte Bonn erst recht nicht.

Wie das Dilemma elegant knacken? Mit einem Verfassungsverbot, einer Karte, die alle anderen ausstechen würde. Also fasste der Bundessicherheitsrat am 3. November 1982 einen Beschluss, wonach das Grundgesetz eine »Beteiligung« der Bundeswehr »an einer internationalen Streitmacht im Persischen Golf« schlichtweg verbiete. »Militärische Einsätze der Bundeswehr außerhalb des NATO-Bereichs [kommen] grundsätzlich nicht infrage.« Ebenso sei Gewalt »zur Wahrung wirtschaftlicher Interessen« nicht »zulässig«, was sich auf die Sicherung der Öl-Arterie des Golfs bezog. Kurzum: Deutsche Truppen dürfen nur im Dienste der Landes- und Bündnisverteidigung kämpfen.[25] Folglich: Gern würden wir helfen, aber wir dürfen es nicht.

Diese *politische* Lesart verdichtete sich in den kommenden Jahren zur Heiligen Schrift deutscher Außenpolitik. Kein Politiker, der sie nicht wie einen Schild vor sich hertrug; kein Leitartikler, der sie nicht routinemäßig zitierte. Und es funktionierte. In den westlichen Kanzleien geriet das Verfassungsverbot zum ungeprüften Dogma, das die Bonner Republik vor ketzerischen Zumutungen schützte. Der geläuterte Brandstifter musste nicht zur Feuerwehr, weil das höchste Gesetz, die Verfassung, es nicht zulasse. Die Interpretation hatte bloß ein Problem: Sie war falsch.

Strikt verboten ist es nur, die »Führung eines Angriffskrieges vorzubereiten« (Art. 26 GG). Sodann: »Außer zur Verteidigung dürfen die Streitkräfte nur eingesetzt werden, soweit dieses Grundgesetz es ausdrücklich zulässt« (Art. 87a). So weit, so korrekt, konnte doch der Kampf *out of area*, also weit jenseits der Landes- und Bündnisgrenzen, schwerlich als »Verteidigung« eingestuft werden.

Dagegen steht aber: »Der Bund kann durch Gesetz Hoheitsrechte auf zwischenstaatliche Einrichtungen übertragen [und] sich zur Wahrung des Friedens einem System gegenseitiger kollektiver Sicherheit einordnen …, [um so] eine friedliche und dauerhafte Ordnung in Europa und zwischen den Völkern der Welt herbeiführen und sichern« zu können (Art. 24). Da tat sich also ein weites Feld auf. Nur *allein* darf die Bundeswehr nicht losschlagen. Aber die Republik könne ihre Souveränität »ausleihen« und sich im Rahmen eines »kollektiven Sicherheitssystems« anderen Nationen anschließen, sei es der UN oder der NATO. Da von geographischen Grenzen – nur bis hier und nicht weiter – in der Verfassung keine Rede ist, war demnach auch der Einsatz *out of area* erlaubt. Bonn hätte überall mitmachen können, wollte es aber nicht aus guten historischen wie politischen Gründen und hatte deshalb 1982 eben ein eisernes Verfassungsverbot konstruiert. Dieses sollte das Verfassungsgericht in einem bahnbrechenden Urteil 1994 verwerfen. Der Sonderweg in die Enthaltsamkeit wurde von Karlsruhe zugeschüttet.[26]

Es lohnt sich, die Kernsätze des Urteils nachzulesen:

»Das Grundgesetz ermächtigt den Bund, Streitkräfte zur Verteidigung aufzustellen und sich Systemen kollektiver Selbstverteidigung und gegenseitiger kollektiver Sicherheit anzuschließen; darin ist auch die Befugnis eingeschlossen, sich mit eigenen Streitkräften an Einsätzen zu beteiligen, die im Rahmen solcher Systeme vorgesehen sind und nach ihren Regeln stattfinden. Davon unabhängig bedarf jedoch der Einsatz bewaffneter Streitkräfte grundsätzlich der vorherigen Zustimmung des Bundestages.«[27]

Damit waren nicht nur UN-, sondern auch NATO-Missionen gemeint – wo auch immer. Wieso die plötzliche Wende? Es mag kein Zufall gewesen sein, dass das Urteil am 12. Juli 1994 verkündet wurde. Knapp drei Wochen zuvor hatten die Deutschen eine weitaus größere historische Zäsur erlebt. Denn am 25. Juni verabschiedete sich die russische Armee aus der alten DDR. Verblasst war nun die strategische Bedrohung, die vierzig Jahre lang bundesrepublikanische Politik diktiert hatte. Europa war nun tatsächlich »whole and free«, wie es US-Präsident George H. W. Bush nach dem Mauerfall 1989 etwas voreilig verkündet hatte.

SELBSTFESSELUNG ALS STAATSRÄSON

Dass nun Karlsruhe der Regierung die militärische Handlungsfreiheit verbriefte, war ein Akt von höchster Symbolkraft. Denn der pazifistische Grundreflex war eng verwoben mit der bedachten Beruhigungspolitik gegenüber Moskau, dessen Schocktruppen bis 1994 eine Panzerstunde vor Hamburg gestanden hatten. Russland zu provozieren war keine gute Idee. Etwa im Jugoslawien-Krieg, der 1991 ausbrach, gegen Serbien eingreifen? Belgrad war ein alter russischer Verbündeter. Sich in den Achtzigern in den indirekten Krieg der USA gegen Moskau in Afghanistan einmischen?[28] Das Land grenzte direkt an die Sowjetunion an.

Oder die Bundesmarine in den Golf entsenden, um im Iran-Irak-Krieg der Achtziger die See- und Ölwege mitzusichern? Kaum war dieser Kelch an Bonn vorbeigegangen, türmte sich schon die nächste Zumutung auf. Das war die bereits beschriebene US-Intervention 1991, welche Saddam aus Kuwait vertreiben sollte. Theoretisch war dieser Krieg ein »guter«, weil von der UN legitimiert. Bloß war Irak ein traditioneller Klient Moskaus. Also besser »Scheckbuchdiplomatie«, solange noch 400 000 Sowjetsoldaten im Osten des gerade vereinten Deutschlands standen. Mit dem Abzug der Russen 1994 schwand das existenzielle Risiko. Es ist anzunehmen, dass auch das Verfassungsgericht die neue strategische Lage erkannt hatte.

Doch schlug Karlsruhe einen mächtigen Pflock ein, indem es verfügte, der »Einsatz bewaffneter Streitkräfte« bedürfe »grundsätzlich der vorherigen Zustimmung des Bundestages«. Die Bundeswehr dürfe mitmarschieren und -bombardieren, aber sie sei eine *Parlamentsarmee*. Bei Gefahr im Verzug dürfe die Exekutive zwar handeln, aber der Bundestag müsse es ex post absegnen – oder die Armee zurückholen. Mithin hatte das Gericht die konstruierten juristischen Fesseln gelöst, um im selben Urteil die fast ebenso starken politischen Stricke festzuzurren, eben den Parlamentsvorbehalt. Die Friedensmacht würde so schnell nicht wieder die Knobelbecher anziehen, um sich den Fährnissen der Weltpolitik auszusetzen.

Die allererste Voraussetzung für einen Militäreinsatz ist ein Mandat des UN-Sicherheitsrates, notfalls auch ein Beschluss der NATO oder der EU. Wo dennoch Unwägbarkeiten und Kosten zu hoch sind, kann das Parlament sein Veto einlegen; das ist die zweite Barriere gegen Feldzüge *out of area*. Schließlich ist eine Zustimmung zum Einsatz zeitlich begrenzt und muss immer wieder erneuert werden, was dem Bundestag ein rigoroses Aufsichtsrecht verleiht. Das Wort von der »Parlamentsarmee« trifft den Punkt. Die Bundesrepublik bleibt eine »Zivilmacht« mit angehängten Streitkräften, die derzeit auf dem Papier 180 000 Soldaten umfasst, aber allenfalls 30 000 einsatzfähige Soldaten aufbieten kann – theoretisch. In der Praxis gilt die Faustregel: ein Drittel im Einsatz, ein Drittel in der Erholung, ein Drittel in der fortlaufenden Ausbildung. Das ergibt eine Kampftruppe von 10 000 Soldaten. Im Zweiten Weltkrieg brachte es Nazideutschland mit einer kleineren Bevölkerung auf sieben Millionen.

Die strenge Mandatierung beruht auf dem Karlsruher Urteil, wonach die Bundeswehr nicht allein kämpfen darf, sondern nur im Bündnis und mit dem Segen der Völkergemeinschaft. Sie *könnte* auch gar nicht allein agieren; dazu fehlen die Projektions-, Aufklärungs- und Nachschubkräfte, von Langstreckenbombern und einer hochseefähigen Flotte ganz zu schweigen.

Der Wehrbeauftragte des Bundestages beschreibt den Stand anno 2018: »Von ihren 244 *Leopard*-Kampfpanzern kann die Bundeswehr derzeit nur 95 zum Üben aufbringen, weil die anderen kaputt sind oder umgerüstet werden. Von sechs [U-Booten] fahren sechs nicht mehr.«[29] Im Zweiten Weltkrieg waren es 250 U-Boote, die versenkten mit eingerechnet. Voll einsatzfähig waren 2017 nur die Hälfte der 79 *Eurofighter* und etwas mehr als ein Drittel der *Tornados*. Daraus darf man folgern: Trotz Karlsruher Placet bleibt Deutschland Zivil- und Friedensmacht mangels Mitteln.

Die Bundesrepublik ist zwar zum drittgrößten Waffenexporteur der Welt aufgestiegen, will selber aber das weltweit geschätzte Gerät *Made in Germany* nicht einsetzen. Oder nur dort, wo die tätige Verantwortung nicht die »Kultur der Zurückhaltung« durchbricht, die gern betont wird. Warum auch nicht? Krieg ist zumindest im Westen zum Verlustgeschäft geworden – von Indochina über Vietnam bis Afghanistan, wo seit 2001 der längste Krieg der amerikanischen Geschichte tobt.

Krieg als Verlustgeschäft – diese realpolitische Logik lässt sich nicht entkräften. Freilich verbietet es der Bildungsroman der Deutschen, solche handfesten Gründe offen zu artikulieren, hat sich doch die Republik der Verantwortungs-, nicht der Interessenpolitik verschrieben. Von dem bayerischen Ironiker Karl Valentin stammt der Spruch:»Mögen hätt' ich schon wollen, aber dürfen habe ich mich nicht getraut.« Nur selten blitzt das nackte nationale Interesse auf, zum Beispiel bei Oskar Lafontaine, dem einstigen Vorsitzenden der SPD (1995–1999). Als es kurz nach dem 11. September 2001, nach der Vernichtung des New Yorker World Trade Center, darum ging, ob sich auch Deutschland am Krieg gegen al-Qaida und das afghanische Taliban-Regime beteiligen sollte, argumentierte Lafontaine kühl und knapp:»Kämpfen wir mit, richtet sich der Hass auch gegen uns, und wir holen den Terror ins eigene Land.«[30] Ergo sei er gegen den»Einsatz unserer Soldaten«.

Als der Saarländer dies sagte (1999), hatte er kein politisches Amt mehr. Er war weder an Partei- noch an Regierungsdisziplin gebunden. Er war frei genug, um das durchgehende Muster zu durchbrechen. Deutsche Politiker reden nicht so empfindungslos und interessenbetont wie Lafontaine. Sie sprechen grundsätzlich wie die einstige Bundestagsvizepräsidentin Antje Vollmer von den Grünen:»Ich bin der Auffassung, dass Terrorismus sich nicht militärisch bekämpfen lässt.«[31]

Demnach wäre der Islamische Staat 2017 von allein kollabiert, nicht durch den Bombenkrieg der Anti-IS-Koalition und den Bodeneinsatz der Kurden. Vollmer soll hier etwas länger zitiert werden, weil sie so trefflich einen breiten ideologischen Konsens verkörpert, der seinen Niederschlag in der »Kultur der Zurückhaltung« gefunden hat.»Das Problem des Fundamentalismus im Islam«, argumentierte die prominente

Grüne, »kann nur aus dem Islam selbst heraus gelöst werden. Der Westen besitzt kulturell dazu keinen Schlüssel.« Was der Westen nicht kann, soll er erst gar nicht versuchen, suggeriert die Diagnose. Folglich sei auch ein deutscher Beitrag sinnlos.

Der nächste Posten im Katalog der Enthaltsamkeit ist die Schuldverlagerung: »Wir sind noch keinen Schritt weiter mit dem Urtrauma der islamischen Welt, dem Palästina-Konflikt.« Um dem Terror beizukommen, müsse zuerst dieses »zentrale Problem« gelöst werden. Leider wackeln hier die Fakten. Palästina war eine nachgeschobene Rechtfertigung des Terroranschlags auf das New Yorker World Trade Center. Vor »9/11« hatte Bin Laden in seiner »Erklärung des Dschihad« (1996) eine lange Liste anderer Gründe aufgefahren. Vorweg ging es ihm um die amerikanische »Aggression« und die »Massaker an Muslimen weltweit«. Insbesondere hätten es die schurkischen Saudis den »Kreuzfahrern« erlaubt, sich in der Arabischen Halbinsel festzusetzen und islamischen Boden zu entweihen. Deshalb die aus Bin Ladens Sicht gerechte Vergeltung am 11. September 2001.[32]

Um die angebliche Sinnlosigkeit eines militärischen Eingriffs zu unterstreichen, nimmt Vollmer die ganz großen Ursachen ins Visier: den »Verlust alter Ordnungsmuster«, die »Armut, Destabilisierung oder Demütigung ganzer Kulturen und Regionen«, kurz: den »Clash of Civilizations«. Diese großhistorische Analyse impliziert: Was hätte der Westen, zumal das kleine Deutschland, angesichts solcher Verwerfungen von schier kosmischem Ausmaß im Orient zu suchen? Die Bundeswehr könne doch keine Jahrhundertfragen anpacken. Die könnten vielmehr nur »unter dem Dach der UN angegangen werden«, was im Volksmund heißt: »Hahnemann, geh du voran.«

Bloß geht dieser Hahnemann nie voran. Eine belesene Politikerin wie Vollmer muss gewusst haben, dass die UN keine handlungsfähige Weltregierung ist; sie verkörpert nur den kleinsten gemeinsamen Nenner der Weltmächte. Der Vielvölkerverein schafft keinen Frieden. Er kann ihn allenfalls verwalten, wenn die Mächte die Schlachten (wie in Serbien 1999) geschlagen und die Parteien sich gefügt haben. Wer die UN vorschiebt, plädiert in Wahrheit fürs Nichtstun, weil sie nicht kann, was sie soll. »Unter dem Dach der UN« gerät zum Alibi für Abstinenz, für den Westen wie Deutschland. Lafontaine mag zynisch gewesen sein, aber er war ehrlich, als er das nationale Interesse aufbot, um das Aussitzen zu begründen.

Von Gewicht ist das Plädoyer der damaligen Bundestagsvize-präsidentin nur insofern, als sie mit ihren Gewissheiten die Ge-mütslage der Nation so beispielhaft illustrierte. Wo »*Germans to the front*« gerufen wird, hörten die Freunde und Verbünde-ten etwa diese Replik: Ihr verkennt das Problem, deshalb setzt ihr zwangsläufig die falschen Mittel ein, welche die Konflikte nur verschärfen. Folglich können wir richtigerweise nicht mit-machen. Wer wie die Deutschen die Macht weder hat noch will, muss sie logischerweise entwerten und den Macht einsetzenden Staaten das falsche Bewusstsein bescheinigen.

Nun zum letzten Glied in der brüchigen Gedankenkette. Falsch sei auch der moralische Anspruch des Westens im Anti-terrorkampf: »Terrorismus ist nicht das unheimliche Böse an und für sich, [er] ist verstehbar.« Was ist »verstehbar« am Ab-schlachten von Unschuldigen, das jede Religion, auch der Is-lam, ächtet? Nun, antwortet Vollmer, »der Islam braucht eine eigene machtpolitische Rolle in der Welt des 21. Jahrhunderts. Er spürt das genau, und weil er es nicht bekommt, entsteht eine zusätzliche Kränkung.« Das heißt: Der eigentliche Vater des Terrors sei der Westen, weil er dem Islam den gebotenen Re-spekt versagt hätte.

Deshalb möge der Westen sich nicht selbstgerecht aufplustern, sondern in sich gehen, um die wahren Wurzeln des Terrors zu erkennen. Die Therapie der »Kränkung« sei eine Jahrhundertaufgabe, wobei der Westen vorweg seine Schuld gegenüber dem Islam abbauen und Entschädigung leisten müsse. Wer aber den »global war on terror« entfessle, mache nur noch mehr kaputt. Dagegen verstünden die Deutschen die echten Ursachen besser als die Bellizisten in Amerika und deren Mitläufer im Westen. Wenn ihr euch schon euren Illusionen hingebt, lasst zumindest uns Deutsche aus dem Spiel, die wir gelernt haben, wie sinnlos Krieg ist, besagen die Betrachtungen der grünen Vordenkerin. Wie erfrischend war da der kaltschnäuzige Spruch des Oskar Lafontaine. Wer sich duckt, bietet keine Angriffsfläche, flüstert der Eigennutz. Das mag keine heldenhafte Haltung sein, den Bündnis-Comment bricht sie überdies. Sie dient aber dem eigenen Interesse an der Gefahrenvermeidung. Erfrischend war auch der spontane Ausbruch von Außenminister Joschka Fischer auf der Münchner Sicherheitskonferenz 2003.

US-Verteidigungsminister Donald Rumsfeld war gekommen, um die Verbündeten auf den zweiten Krieg gegen Saddam einzuschwören – mit Verweis auf dessen Massenvernichtungswaffen, die es nicht gab, wie sich herausstellen sollte. Da platzte Fischer heraus: »You have to make the case ... Excuse me, I am not convinced!«[33] Das war undiplomatisch, aber ehrlich – und ist deshalb zu preisen.

Eine überzeugende Begründung konnte Rumsfeld nicht liefern. Dennoch bot Berlin in klassischer Manier ungefährliche Waffenhilfe an: *Patriot*-Luftabwehrraketen in der Türkei sowie deutsche Besatzungen für die AWACS-Überwachungsflugzeuge der NATO. Dazu gewährte die Regierung Schröder den Amerikanern Stützpunkt- und Überflugrechte; schließlich war ein NATO-Mitglied auf seinem eigenen Boden attackiert worden. Die Bündnistreue, ein überragendes deutsches Interesse, wurde gewahrt, aber mit minimalem Risiko für den deutschen Knappen. Meisterdiplomaten wie Talleyrand oder Palmerston hätten applaudiert.

»GERMANS TO THE FRONT« – ABER HINTEN

Seit dem Urteil des Verfassungsgerichts 1994 liest sich die Liste der Einsatzorte der Bundeswehr fast wie ein Wehrmachtsbericht aus dem Zweiten Weltkrieg: Kambodscha, Somalia, Bosnien, Kroatien, Serbien, Osttimor, Mazedonien, Mittelmeer, Horn von Afrika, Sudan, Georgien, Afghanistan, zuletzt Litauen an der Ostgrenze der NATO. Hier setzte Berlin ein Abschreckungssignal gegenüber Moskau, das sich die Krim direkt und den Südosten der Ukraine mithilfe seiner Stellvertreter angeeignet hatte.

War Deutschland auf dem Weg zur Großmacht, die, wie es der preußische Kriegstheoretiker Clausewitz gelehrt hatte, Gewalt und Diplomatie nahtlos vereint? Wer sich an den millionenfachen Protest der Achtziger erinnert, dann an die scholastischen Debatten, ob es nicht eine Kampfhandlung sei, wenn deutsche Soldaten in AWACS-Flugzeugen mitfliegen und den NATO-Bombern auf dem Balkan Zielkoordinaten durchgeben, wird den weiten Weg erkennen, den die Republik in ihrem Bildungsroman inzwischen zurückgelegt hat.

Es war wie bei einer Immunisierungstherapie – eine kleine Dose Allergen nach der anderen. Anderseits täuscht die Liste. Die Deutschen waren im 21. Jahrhundert natürlich nicht wieder auf dem Marsch. Bis 2017 hatte die Bundeswehr 103 Tote in *Out of area*-Einsätzen zu beklagen, davon nur 37 durch Feindeinwirkung. Im Zweiten Weltkrieg waren es mehr als fünf Millionen Wehrmachtssoldaten. Bundesdeutsche Soldaten gingen nur dorthin, wo sie Verantwortung demonstrieren konnten, ohne Kopf und Kragen zu riskieren.

In der Adria war die Bundeswehr mit zwei Fregatten dabei, um das Waffenembargo gegen Ex-Jugoslawien durchzusetzen; das Risiko tendierte gen null, weil die kämpfenden Parteien nicht auf Kriegsschiffen daherkamen. Weiter in der Liste: UN-

Stabilisierungmission in Somalia, Sanitätssoldaten unter UN-Führung in Kambodscha, UN-Mission für die Versorgung ruandischer Flüchtlinge, Schutz der UN-Truppe in Bosnien, Evakuierung von Zivilisten aus Albanien, Mittelmeer-Patrouille gegen Terroristen, die bei aller Bösartigkeit nicht in bewaffneten Schnell- oder gar U-Booten aufkreuzten, Marinepräsenz am Horn von Afrika, Schutz für EU-Beobachter in Mazedonien, UN-Beobachtermission in Georgien, Aufklärungsflugzeuge über Afghanistan, zuletzt über Irak und Syrien, Ausbildungshilfe im Irak, 400 Soldaten in der Türkei (bis 2016), 1200 Mann in Litauen, indes nur 450 Mann Kampftruppen. Immer im Gespann mit UN oder NATO – wo ein Waffengang unwahrscheinlich, das Risiko zumindest überschaubar war.

Einmal ging es schief – in Kundus im Nordosten Afghanistans. Hier, wo es seinerzeit ruhig zuging, hatte die Bundeswehr 2003 ein Feldlager eingerichtet, um Bündnistreue zu demonstrieren; die Mission war Brunnen- und Schulbau – maßgeschneidert für die Friedensmacht. Was dann geschah, war im Programm nicht vorgesehen: Die Taliban, im Süden heftig von US- und britischen Truppen bedrängt, nahmen sich Kundus vor, und zum ersten Mal seit ihrer Gründung 1955 befand sich die Bundeswehr im richtigen Krieg. Sie musste mit ganzen Kompanien und schweren Waffen kämpfen; insgesamt sind 25 Soldaten gefallen.

2013 wurden die letzten Soldaten aus Kundus westwärts nach Masar-e Scharif verlegt. Was anfänglich wie eine freundliche Friedensmission ausgesehen hatte, war zum blutigen Gefecht verkommen. Es war buchstäblich die Feuertaufe der Bundeswehr – und ein kaum wahrgenommenes Unterkapitel im deutschen Bildungsroman. Anders als während der millionenstarken Aufwallung gegen die Nachrüstung blieb der pazifistische Reflex aus, obwohl die Armee zum ersten Mal zweistellige Verluste an Menschenleben erleiden musste.

Erinnern wir uns an diesem Punkt an die Prophezeiung des Publizisten Johannes Gross, der schon 1995, ein Jahr nach dem Karlsruher Urteil, schrieb:»Die Vielzahl der möglichen Konflikte in der Nachbarschaft Deutschlands und der EU … macht die Umwandlung unserer Armee erforderlich. Sie wird … sich bald an Einsätze polizeilicher Natur gewöhnen müssen, die Kunst der Guerilla lernen, geschwind zuschlagen, noch geschwinder verschwinden müssen.«[34] Bis auf den letzten Teil stimmt die Weissagung. Denn die Bundeswehr steht immer noch in Afghanistan.

Die riesige Präsenzarmee des Kalten Krieges (500 000 Mann) mausert sich langsam, langsam zur bescheidenen Kampftruppe. Wird sie tatsächlich zum Clausewitz'schen Instrument der Politik? Hören wir die Antwort des ehemaligen Außenministers Sigmar Gabriel anno 2018. Ob denn das groß gewordene Deutschland nicht ein Respekt heischendes Militär in die Waagschale werfen müsse, wurde er gefragt:»Es spricht wenig dagegen, den Verteidigungsetat angemessen zu erhöhen.« Aber:»Glauben wir wirklich, dass unsere europäischen Nachbarn es … so gut finden werden, dass in Deutschland eine gewaltige zentraleuropäische Armee entsteht?«[35] Das war Kontinuität par excellence: Wir können nicht – nicht weil wir uns heraushalten wollen, sondern weil unsere Vergangenheit es verbietet. So sorry, liebe Verbündete.

Dagegen steht die Diagnose des Bundespräsidenten Joachim Gauck auf der Münchner Sicherheitskonferenz 2014:

>»Ich muss wohl sehen, dass es bei uns – neben aufrichtigen Pazifisten – jene gibt, die Deutschlands historische Schuld benutzen, um dahinter Weltabgewandtheit oder Bequemlichkeit zu verstecken. In den Worten des deutschen His-

torikers Heinrich August Winkler ist das eine Haltung, die Deutschland ein fragwürdiges ›Recht auf Wegsehen‹ bescheinigt, ›das andere westliche Demokratien nicht für sich in Anspruch nehmen‹ können. So kann dann aus Zurückhaltung so etwas wie Selbstprivilegierung entstehen.«[36]

»Mach dich kleiner, als du bist« ist ein Klassiker der Zurückhaltungspolitik seit siebzig Jahren, gepaart mit dem Verweis auf die Sünden der Väter und Großväter. Was ist aufrichtig, was ist Alibi? Auf jeden Fall ist die selbst gewählte Verzwergung, die mit Schuldbekenntnissen einhergeht, recht nützlich, weil sie Forderungen nach deutschen Militärbeiträgen elegant pariert – wir drücken uns nicht vor der Verantwortung, sondern zeigen historisch bedingte Empfindsamkeit. Eine ähnliche Funktion erfüllt der beliebte Verweis auf Europa. Deutschland könne eine »wirkliche Stimme in der Welt« nur haben, propagierte seinerzeit Außenminister Gabriel, wenn es »Teil einer europäischen Stimme ist«.[37] Immer im europäischen Chor, nie solo, lautet die Regel seit Adenauer. So schaffen wir Vertrauen, derweil wir unser Potenzial im Namen der Vergemeinschaftung entschärfen.

Einerseits. Andererseits verschiebt die militärische Einordnung in den europäischen Chor die militärische Verantwortung weit in die Zukunft, weil der Nationalstaat keine Lust zeigt, sich zugunsten von Europa abzuschaffen. Auf dem Weg in die »immer engere Union« wird die eine und einzige europäische Armee der letzte Schritt sein, der den gemeinsamen Staat voraussetzt. Bloß wird der so bald nicht entstehen. »Europa« bleibt ein nützliches Konstrukt, denn was nicht ist und so schnell nicht sein wird, kann logischerweise hier und heute keinen deutschen Militäreinsatz fordern. So bleibt »Europa« ein Kokon, der Deutschland vor Risiken und Zumutungen schützt.

Die »Vereinigten Staaten von Europa« mögen Zukunftsmusik sein. Doch schon heute halten die Freunde das Land in der strategischen Mitte weder für klein noch für hochherzig, ebenso wenig wie die Nachbarn dem Bismarck-Reich seine Selbstbescheidung abnahmen. Vom Reich sagte der Kanzler am 11. Januar 1887: Wir haben »keine kriegerischen Bedürfnisse, wir gehören zu den ... saturierten Staaten«.[38] Die Nachbarn aber sahen ein Reich, das einfach kraft seiner Potenz und Zentralität das europäische Gleichgewicht störte, was immer seine guten Absichten sein mochten. Ein zeitgenössisches Beispiel der Skepsis der europäischen Nachbarn liefert der ehemalige britische Botschafter in Berlin, Paul Lever, mit seinem Deutschland-Buch von 2017. Es trägt den knappen Titel *Berlin Rules*, Deutschland bestimmt.

Doch darf man dem besorgten Diplomaten entgegenhalten: In Wahrheit spielt das demokratische Deutschland sein Gewicht nicht aus, wie es das Zweite und das Dritte Reich getan haben. Es ist Herrschaft in der Art, wie sie im deutschen Bildungsroman angelegt ist. Seine Rolle als überragende Zivilmacht kann Deutschland »umso leichter spielen«, konstatierte Johannes Gross bald nach der Wiedervereinigung, als es »keine nationalen Interessen im herkömmlichen Sinne« artikuliert oder gar hat.[39] Im »herkömmlichen Sinne« müsste die Bundesrepublik handeln wie Frankreich und Britannien, wie Amerika, Russland oder China – mit der gepanzerten Faust unter dem Glacéhandschuh der Diplomatie. Mit weniger Aufwand verbunden und gedeihlicher ist die Rolle einer moralischen Großmacht, welche mit *soft power* arbeitet und Interessen in die Sprache des Friedens und des Gemeinwohls kleidet. *Never change a winning horse*, sagen die Angelsachsen – setze immer wieder auf das Pferd, das die Preise holt.

Tut sich da doch wieder ein deutscher »Sonderweg« auf – Deutschland als Vorbild und Vorreiter, der überzeugt ist, dass Gewalt so unnütz wie schädlich ist? Wenn ja, dann nur in dem Sinne, dass die größte europäische Wirtschaftsmacht politisch unterhalb ihrer Gewichtsklasse boxt – und militärisch sowieso, was in der Staatengeschichte so selten wie unplausibel gewesen ist.

Im deutschen Fall ist dieser Stil freundlich und ökonomisch statt grimmig und anmaßend. Schauen wir aber genauer hin, sehen wir ein Land, das im Europa des 21. Jahrhunderts so exzeptionell nicht ist. Es ist Teil einer Kulturrevolution, die im Gefolge des Zweiten Weltkriegs fast unmerklich den Westen des Kontinents erfasst hat. Die schleichende Revolution ist das Heranwachsen des Zivilstaats, der allenfalls noch Kleinkriege führt – wie England auf den Falklands oder Frankreich in Libyen und Mali.

Dieser europäische Zivilstaat sucht wie das neue Deutschland weder Ruhm noch Reichtum in fernen Gefilden. Er erobert Märkte, nicht Territorien. Hightech schafft höheren Mehrwert als Bodenschätze und Kornkammern, die einst die Kriegslust schürten. Das Militär fungiert nicht mehr als sichere Aufstiegs- und Statusleiter; besser ist ein MBA von einer Elite-Hochschule. Gewalt, so das zivilstaatliche Bewusstsein, sei nicht als edel oder heroisch zu verklären, sondern zu vermeiden, gar zu verabscheuen. Das neue »Feld der Ehre« ist der Europäische Rat, wo die EU-Regierungen ihre Konflikte gesittet austragen und nur noch Abstimmungsbündnisse zusammenschirren. Krieg innerhalb der EU ist unvorstellbar. Allenfalls Reste einer Kriegerkultur sind geblieben – und dann nur in den früheren Imperialmächten Großbritannien und Frankreich.

Was ist dann so »abwegig« an Deutschland? Am Anfang marschierte dieser Zivilstaat allein in der Avantgarde, weil es einen anderen Weg nicht gab – weil Vergemeinschaftung und

Friedfertigkeit dem Interesse und Trauma einer geschlagenen Nation entsprachen. Inzwischen, so die historische Ironie, muss die Welt nicht mehr am deutschen Wesen genesen. Denn die Kulturrevolution, die in der jungen Bundesrepublik ihren Anfang nahm, hat das westliche Europa erfasst von Portugal bis an die polnische Westgrenze, von Narvik bis Neapel. Leider nicht weiter, kommen doch die Einschläge von allen Seiten näher: aus Nordafrika, Mittelost und Eurasien. Eine Shortlist: zerfallende Staaten, islamistischer Terror, rabiater Nationalismus, russische Ambitionen, chinesisches Weltmachtstreben, Cyberkrieg, Atomwaffenverbreitung von Iran bis Nordkorea.

So gerät das friedvolle Europa ins Visier. Es wird sich nur schützen können, wenn die Zentralmacht Deutschland ihren Part übernimmt – wider das Selbstverständnis, die Zivilreligion und jene segensreiche Erfahrung, die ein Menschenalter lang die »Kultur der Zurückhaltung« bestätigt hat. Das Verfassungsurteil von 1994 hat im deutschen Bildungsroman ein neues Kapitel aufgeschlagen. Darin wird berichtet vom tastenden, rationierten Gebrauch militärischer Mittel – wo Einsatz und Risiko niedrig sind. Aber die meisten Seiten in diesem Kapitel sind noch leer.

Wird dieser Zivilstaat zu einer klassischen Macht heranwachsen, welche *hard power* und *soft power* als zwei Seiten derselben Medaille begreift? Wenn Westeuropa insgesamt von seiner Weltmachtrolle Abschied genommen, die alte Imperialmacht Großbritannien sich auf die Insel zurückgezogen hat? Nur eines ist sicher: Freiwillig wird die Bundesrepublik ihre Rolle als Friedensmacht nicht abschütteln. *Never change a winning horse*, es sei denn, dass im Verlauf dieses Jahrhunderts nicht Rennpferde, sondern Streitrösser gefragt sind.

KAPITEL 8

TABU UND ENTSCHULDUNG
ISRAEL UND DAS NEUE DEUTSCHLAND

Aus der frühen Nachkriegszeit stammt ein doppelbödiger jüdischer Witz, der ein bis heute mächtiges Tabu aufspießt, vielleicht das mächtigste überhaupt, sind doch andere – Homosexualität oder Blasphemie – reihenweise gefallen. Das Tabu gilt dem Judenhass, dem Antisemitismus. Und es befiehlt:»Nie wieder!«

> Auf dem Hauptbahnhof spricht ein Jude einen Reisenden an.»Entschuldigen Sie, mein Herr, sind Sie Antisemit?« –»Was fällt Ihnen ein, Sie Rüpel, mir Judenhass zu unterstellen?!« Die wütenden Proteste wiederholen sich ein paar Mal – bis der Jude auf einen Reisenden trifft, der zurückschießt:»Natürlich bin ich ein Antisemit. Ich kann die Juden nicht ausstehen, ein schreckliches Pack!« –»Wunderbar, ein ehrlicher Mensch! Würden Sie bitte ein paar Minuten lang auf meinen Koffer aufpassen?

Die Läuterung sei nicht glaubhaft, spöttelt dieser Witz; der Judenhass sei bloß unterdrückt – verschwunden im Untergrund oder Unterbewusstsein. Nicht echt, sondern bloß aufgesetzt sei die Zerknirschung – eine offiziell verfügte Pflichtübung angesichts des Grauens namens»Holocaust«.

Mag sein, dass die massenmörderische Ideologie der Nazigeneration bis in die 50er-, 60er-Jahre in den Köpfen waberte; das waren aber schon damals die »Unbelehrbaren«, die »Ewiggestrigen«, welche die Wiedergutwerdung verweigerten, um ihren dumpfen Träumen nachzuhängen. Für die demokratische Wiedergeburt war es freilich entscheidend, dass keine Neonazi-Gruppierung wie die Sozialistische Reichspartei (SRP) je den Einzug in den Bundestag schaffte. Die SRP wurde verboten; die Rechtsextremisten wie die DVU, die NPD und »Die Republikaner« scheiterten immer wieder auf Bundesebene. Der AfD, der Alternative für Deutschland, gelang der Einzug 2017; in ihr gibt es Antisemiten, Antiwestler und Fremdenhasser, sie ist aber keine antisemitische Partei. Eine Christlich-Soziale Partei wie die des Hofpredigers Stöcker im Kaiserreich bleibt unvorstellbar.

Antisemitismus und Nazismus waren und sind out, geächtet auf breitester Front. Dieses Faktum ist Teil des liberaldemokratischen »Politwunders«, das größer noch war als das »Wirtschaftswunder«. Und heute? Mag sein, dass noch immer wie in unserem Witz kaschiert wird, was abscheulich ist. Viele Anekdoten und Erfahrungen von Leidtragenden scheinen zu bestätigen, dass die Juden wie seit eh und je ein »schreckliches Pack« seien, das die Banken, Märkte und Medien beherrsche, ja durch ihre Macht über Amerika die ganze Welt. Etwa so: »Man weiß doch, dass die Ostküsten-Presse in jüdischer Hand liegt.«[40]

Eine der hübschesten Geschichten erzählt der Frankfurter Rabbiner Andrew Steiman, der Schulklassen zu fragen pflegt, wie viele Juden wohl in ihrer Stadt lebten. Millionen, antworten die Schüler. Wie das, wollte er wissen, wenn doch Frankfurt nur 700 000 Einwohner zähle? Schließlich ließen sich die Kids auf 100 000 runterhandeln. Wieso sie auf diese immer noch gewaltige Zahl kämen? Da deutete ein Schüler durchs Fenster auf die aufragende Frankfurter Skyline – die Wolkenkratzer der Großbanken. Damit wollte er sagen: Wo so viele Banken stehen, muss es auch viele Juden geben. Die ultimative Pointe kam von den Lehrern. Die guckten den Rabbiner an, »als wollten sie sagen: Stimmt doch. Da ist doch was dran.«[41] Die reale Zahl für Frankfurt ist 7000. Fest verankert bleibt die alte Mär vom »Geldjuden«. Dagegen verblassen die alten Anklagen: der Verrat Jesu durch die kollektive Judengestalt Judas, die Schuld der Juden an der Kreuzigung, die Ritualmord-Legende. Neu dagegen wäre der »Antisemitismus ohne Juden«. Denn bis in die Neunziger lebten in Westdeutschland nur 30 000 eingetragene Gemeindemitglieder; dann wuchs die Gemeinschaft dank der von der Regierung geförderten Einwanderung aus den Gebieten der ehemaligen Sowjetunion auf knapp über 100 000, neuerdings ist die Tendenz wieder absteigend. Die jüdische Gemeinde in Deutschland stirbt buchstäblich aus, weil auf jede Geburt etwa vier Sterbefälle kommen, die Jungen im Ausland studieren und dort bleiben.

IST DER SCHOSS FRUCHTBAR NOCH?

»Der Schoß ist fruchtbar noch« ist ein berühmtes Zitat aus Bertolt Brechts epischem Drama von 1941, *Der aufhaltsame Aufstieg des Arturo Ui*. Die Allegorie zeichnet die Machtergreifung der Nazis nach, aber im Gangstermilieu von Chicago. Im didaktischen Epilog referiert der Autor:

> »So was hätt' einmal fast die Welt regiert!
> Die Völker wurden seiner Herr, jedoch
> Dass keiner uns zu früh da triumphiert –
> Der Schoß ist fruchtbar noch, aus dem das kroch.«

Wie fertil ist denn das reale Deutschland nach einem Menschenalter mustergültiger demokratischer Entwicklung, in der das »Nie wieder!« ein ungeschriebenes Verfassungsgebot ist?

DEUTSCHLAND UND SEINE JUDEN – DAS GEMESSENE MEINUNGSBILD

Beispiele wie die des Frankfurter Rabbiners, und seien sie noch so zahlreich, summieren sich nicht zum Beweis; das lernt jeder Statistik-Anfänger. Die systematisch erhobenen Daten belegen die Judenfeindschaft nicht, jedenfalls keine, die im Westen aus der Reihe fiele – auch nicht der importierte islamische Antisemitismus, der vor allem in Frankreich und England grassiert.

Wie misst man den Judenhass der »Bio-Deutschen«? Natürlich fragt kein Interviewer wie der Mann in unserem Witz geradeheraus: »Sind Sie Antisemit?« Seit der *Authoritarian Personality* (1950) von Theodor Adorno und Kollegen werden Vorurteile gemessen, ohne das Ziel der Fragen zu enthüllen. Sie kommen nicht frontal, sondern indirekt daher. Ein Klassiker ist: »Möchten Sie X als Nachbarn haben?«

In einer großen Untersuchung des American Jewish Committee nach der Jahrtausendwende wollten nur 13 Prozent einen jüdischen Nachbarn haben, 17 Prozent wollten es nicht. Doch dem großen Rest – 70 Prozent – war es schlichtweg egal. Diese Zahlen gewinnen an Gewicht erst, wenn sie mit den Werten für andere Bevölkerungsgruppen verglichen werden. Jeweils 26 Prozent wollten keine Polen und Afrikaner nebenan haben. Noch schlimmer erging es Arabern (43 Prozent) und am schlimmsten »Zigeunern«, wie sie seinerzeit in der Erhebung genannt wurden: Knapp sechs von zehn Deutschen wollten sie nicht in ihrer Nähe haben. Auf der Rassismus-Skala kamen die Hebräer also relativ gut weg – nachgerade als Ehren-Arier.[42]

Eine andere Standardfrage will herausfinden, ob die Juden

zu viel Einfluss in Deutschland hätten – schwingen hier doch »Allmacht« und »Weltverschwörung« mit. Nur neun Prozent waren sich da ganz sicher, 18 teilweise. Der Rest sagte »Nein« oder »Weiß nicht«. Solche Zahlen pflastern im Vergleich zum europäischen Ausland auch keinen deutschen Sonderweg.[43]

Bei einer verwandten Frage (»zu viel Einfluss auf die Wirtschaft«) kamen die Juden bei den Befragten in Deutschland nicht besonders gut weg; das glaubte jeder Dritte – wie die Schüler in der Frankfurter Banken-Anekdote. Bloß erging es den Juden anderswo schlechter. In Frankreich und Italien glaubten 42 Prozent an die ökonomische Übermacht der Juden, in Belgien 44 Prozent, im praktisch »judenreinen« Spanien 63 Prozent. Dass die Juden ein eigensüchtiges Pack seien, das sich nur um die eigene Gruppe und um niemanden sonst kümmere, bejahte zwar ein Viertel der Deutschen. Damit lagen sie aber hinter Belgien, Spanien, Italien und Österreich.[44] Deutschland entpuppte sich um die Jahrtausendwende als Teil der europäischen Familie – und dann nicht als Vorreiter der Judäophobie, sondern als Nachzügler.

Das Zahlenbild ist in der Gegenwart nicht dunkler, sondern lichter geworden. Eine Umfrage meldet einen »bedeutsamen Rückgang antisemitischer Einstellungen in Deutschland« – von 26 auf 17 Prozent.[45] Andere Umfragen zeichnen ein noch rosigeres Bild – einen Rückgang von 15 Prozent in den einstelligen Bereich bei denen, die antijüdische Attitüden teilen.[46] Im Jahrzehnt 2005–2015 wurden in Frankreich und Großbritannien doppelt so viele antisemitische Gewaltvorfälle wie in Deutschland registriert,[47] allerdings vor dem Millionenschub aus Nordafrika und Nahost.[48] Bis dato lagen die Deutschen auf der Antisemitismus-Skala im Mittelbereich, doch werden sie weit übertroffen von den Griechen, wo sieben von zehn antijüdische Einstellungen zu Protokoll gaben.[49] In Osteuropa kommen die Juden durchgehend schlecht weg – dort ist der durchschnittliche Antisemitismus-Quotient mehr als doppelt so hoch wie in Deutschland.[50]

Eine andere indirekte Frage lautet, wie sehr sich der Lebensstil der Gruppe X von der Mehrheit unterscheide. Also wie fremd und andersartig sind diese Leute? Eine solche Formulierung versucht Abwehr und Ausgrenzung auszuloten. Die Juden kriegten mit elf Prozent einen der niedrigsten Werte in der Sparte »Die gehören nicht zu uns«, was ein Urelement der Judenfeindschaft ist. In Osteuropa war die Ausgrenzungsquote fast doppelt so hoch. So die Deutschen rassistisch denken, geht es nicht gegen die Juden. Muslime, Sinti/Roma und Asylbewerber liegen hier weit vorn, im Fünfzig-Prozent-Bereich.[51] Die Juden in Deutschland, so das Fazit, haben es fast geschafft.

Ist der Einfluss der Juden zu groß? Diese Frage wird immer wieder gestellt, weil sie subkutan einen Klassiker der Judenfeindschaft aufnimmt – die Allmacht, die Verschwörung gegen die Mehrheit. Das glaubt laut einer jüngsten Umfrage (Friedrich-Ebert-Stiftung) gerade mal einer von zehn ganz/teilweise,[52] andere Studien messen leicht höhere Werte. Juden passen nicht zu uns? Fast neun von zehn verneinen ganz/überwiegend.[53] Es ist also ein helles Bild, das die Umfragen zeichnen. Womöglich ein zu freundliches, so man wie in unserem Witz auch heute das Tabu unterstellt, das nicht immer ehrliche Antworten zulässt.

SEKUNDÄR-ANTISEMITISMUS

Etwas dunkler wird es, wenn »sekundärer Antisemitismus« nachgefragt wird, wie in dieser Formulierung: Versuchen die Juden Vorteile aus der »Vergangenheit des Dritten Reiches« zu schlagen? Das glaubt fast jeder Dritte. Noch härter gefragt: Ärgern Sie sich, dass den Deutschen noch heute die Verbrechen an den Juden vorgehalten werden? Da antwortet schon fast die Hälfte mit Ja. Fast fünf von zehn »sind es leid, immer wieder von den deutschen Verbrechen an den Juden zu hören«.[54] Es tut sich nicht der klassische Judenhass auf, sondern das postnazistische Ressentiment gegen das Judentum wie auch das Ausland, die den Deutschen vereint das Kainsmal aufgedrückt hätten – auch ein Menschenalter nach der Shoah.

Wühlt hier das Schuldgefühl bis ins alttestamentarische siebente Glied? Zitieren wir nicht Zahlen, sondern eine herausgehobene Stimme, die eine perfekte Spiegelung des Sekundär-Antisemitismus hergibt. In seiner Friedenspreis-Rede 1998 hat der Großliterat Martin Walser die abgeleitete Animosität in wohlgesetzte Worte gefasst. Er sprach von der »unvergänglichen Schande, kein Tag, an dem sie uns nicht vorgehalten wird«. Er sprach von der »Instrumentalisierung« der Schuld. Dann von der »Monumentalisierung der Schande« in Gestalt des Berliner Holocaust-Mahnmals, eines »fußballfeldgroßen Albtraums«. Auschwitz dürfe nicht zur »Drohroutine« werden, als »jederzeit einsetzbares Einschüchterungsmittel oder Moralkeule«. In einem Nachtrag von 2017 schrieb Walser, »dass wir, die Deutschen, die Schuldner der Juden bleiben. Bedingungslos. Also absolut.«[55]

Die Selbstbezichtigung ist zweischneidig. Die eine Seite wäre das Sündenbekenntnis wie im Psalm 32,5, dem die Gnade folgt: »Meine Schuld verhehlte ich nicht. Ich will dem Herrn meine Übertretungen bekennen. Da vergabst du mir die Schuld meiner Sünde.« Dagegen steht die unerträgliche Last der Schuld, die Grimm und Groll zeugt. So wirft der Philisterkönig dem Abraham vor: »Warum hast du uns das angetan? Was habe ich dir getan, dass du über mich und mein Volk so eine schwere Schuld bringst? So etwas darf man nicht tun!« (Genesis 20,9). Das heißt in der Konsequenz: Die Last muss genommen, abgeschüttelt oder übertragen werden.

Hier tauchen wir ein in die Amateurpsychologie. Unser aller Onkel Sigmund lehrt: Was wir in uns nicht ertragen können, schreiben wir per Projektion (Übertragung) anderen zu – zumal jenen, die uns tagtäglich an die Schuld erinnern. Womöglich hat Freud, der Sohn eines Thora-Gelehrten, diese Einsicht aus dem Talmud (Traktat *Kiddushin* 70) übernommen, wo geschrieben steht:»Wenn einer gewohnheitsmäßig behauptet, andere seien von Makel, lenkt er vom eigenen ab und disqualifiziert sich selber [als Ankläger].« Offenbar gibt es nichts Neues unter der Sonne.

»Sekundär-Antisemitismus« – Schuldabwehr und -verlagerung – ist das neue Kapitel in der jahrtausendealten Geschichte der Judenfeindschaft. Es ist eine abgeleitete, zeitgenössische Variante, welche die Juden bezichtigt, den Holocaust in klingende Münze und politischen Vorteil zu verwandeln. Juden wären keine Juden, wenn sie sich nicht selber lustig darüber machten, was ihnen angelastet wird, wie Freud über den jüdischen Witz räsoniert hat.[56] »There is no business like Shoah business«, lautet denn auch die haarsträubende Sottise, die dem früheren israelischen Außenminister Abba Eban zugeschrieben wird.

»Mach Blut zu Gut« ist ein uraltes Motiv, das die Juden als mordlustige Monster zeichnet – wie im *Kaufmann von Venedig*, wo Shylock dem zahlungsunfähigen Antonio als Genugtuung ein tödliches Pfund Fleisch aus dem Körper schneiden will. Der Holocaust als Geschäftsmodell ist die moderne Version: der Millionenmord als Macht- und Geldquelle für die Überlebenden. Theodor W. Adorno sprach in diesem Kontext vom »Antisemitismus nicht trotz, sondern wegen Auschwitz«. Unübertroffen in seinem zynischen Witz ist das Bonmot, das auf den israelischen Psychiater Zvi Rix zurückgehen soll:»Die Deutschen werden den Juden nie Auschwitz verzeihen.«

Auch hier gibt es nichts Neues unter der Sonne. Der wahre Autor ist wohl Thomas Hobbes, neben Machiavelli der Urvater des politischen Realismus. In seinem Hauptwerk *Leviathan* lehrt Hobbes:»Einen Menschen mehr verletzt zu haben, als er wiedergutmachen könnte oder wollte, reizt den Übeltäter zum Hass gegen sein Opfer, denn er kann nur Rache oder Verzeihung erwarten, und beides ist ihm ein Gräuel.«[57] Demnach hülfe selbst die Vergebung nicht. Denn wer vergibt, hat die Macht.

ISRAELBEZOGENER ANTISEMITISMUS

Eine weitere Variante der Schuldbewältigung nennen die Forscher »israelbezogenen Antisemitismus«. Auch diese Sorte wird indirekt ausgelotet, wie ein probater Zugang zeigt. Vier von zehn können es angesichts der »israelischen Politik gut verstehen, dass man etwas gegen die Juden hat« – notabene gegen die *Juden*, nicht die Israelis. Ebenso viele glauben auch, dass Israel einen »Vernichtungskrieg« gegen die Palästinenser führe – wie einst Nazideutschland gegen die Sowjets. Das Warschauer Ghetto, so eine gängige Vorstellung, wird mit Gaza gleichgesetzt, als hätte die SS weiland das Ghetto plattgemacht, weil die dort zusammengepferchten Juden deutsche Städte mit Raketen beschossen hätten – so wie die Hamas israelische. Mehr als ein Viertel der Befragten meint: Was Israel mit den Palästinensern mache, sei im Prinzip nichts anderes als das, was die Nazis den Juden angetan hatten. Also »Endlösung 2«, aber diesmal mit den Nachfahren der Überlebenden als Tätern und den Palästinensern als Opfern.[58]

DIE BESSERE NACHRICHT

Eine knappe Hälfte der Befragten teilt diese Meinung »überhaupt nicht«; dazu kommt noch ein Viertel, das »eher nicht« an die Gleichsetzung der Israelis mit den Nazis glaubt, so die Studie der Friedrich-Ebert-Stiftung.[59] Doch hat diese Geschichte einen langen Vorlauf, den es jenseits der Umfragen zu ergründen gilt. Hier regieren keine Zahlen, wie sie in jüngeren Jahren unentwegt in Deutschland gesammelt werden – ein Zeichen der Wachsamkeit, das weder von Unterdrückung noch von Beschönigung, sondern von anhaltender Selbstprüfung kündet. Im Folgenden geht es um den öffentlichen Diskurs über Israel, der keine statistischen Gewissheiten, sondern nur Beobachtungen und Interpretationen liefert.

ISRAELKRITIK UND ENTSCHULDUNG

Gehen wir weit zurück. Im Sommer 1948, in einer Waffenpause im israelischen Unabhängigkeitskrieg, entsandte die UN den Vermittler Folke Graf Bernadotte in die Region, damit der einen Frieden zwischen Israelis und Arabern aushandle. Die rechtsnationale *Lechi* (»Kämpfer für die Freiheit Israels«, von ihren Feinden »Stern-Bande« genannt) beschloss, den Gesandten umzubringen, um das Projekt im Keim zu ersticken. Bernadottes Entwurf sollte den Arabern Haifa, Jerusalem und weite Teile des Negev zuschlagen. Mit dem Vermittler, so das Mordkalkül, würde auch der Plan sterben.

Die *Lechi* bekämpften freilich nicht nur Araber, sondern auch die sozialdemokratische Regierung Ben-Gurion. Die hatte die Truppe gleich nach Kriegsbeginn im Mai 1948 aufgelöst; der harte Kern verschwand im Untergrund. Am 17. September wurde Bernadotte in Jerusalem auf offener Straße ermordet. Das Attentat der *Lechi* »erzürnte und beschämte die jüdische Führung zutiefst«, notiert ein neuer, insgesamt israelkritischer Rückblick. *Lechi*-Anführer und etwa 200 Mitglieder wurden nach dem Attentat verhaftet.[60]

Dies zum Vorlauf und Kontext. Im fernen Deutschland schrieb die linksliberale Kommentatorin der *Zeit*, Marion Gräfin Dönhoff, einen Leitartikel unter dem Titel »Völkischer Ordensstaat Israel«, in dem sie die *Lechi* mit Adolf Hitler verglich.

Man dürfe nicht »vergessen«, dass die »jüdischen Terrororganisationen … gewissermaßen am offiziellen Staatsleben teilnehmen«. Zu diesem Zeitpunkt hatte die Regierung die *Lechi* schon als »Terrororganisation« klassifiziert, die Verhaftungswelle lief. Der Kommentar schloss mit einer dunklen Warnung: Die »verantwortlichen Männer der Regierung« mögen erkennen, »wie weit sie auf jenem Weg bereits gelangt sind, der erst vor Kurzem ein anderes Volk ins Verhängnis geführt hat«.[61]

Es muss das erste Mal gewesen sein, dass kein »Unbelehrbarer«, sondern eine geachtete Repräsentantin des neuen Deutschlands den Israelis Nazimethoden nachgesagt hätte. Derweil das offizielle Deutschland in den nächsten Jahren die Wiedergutmachung vorantrieb, großzügig die jüdischen Gemeinden alimentierte und stetig das Antisemitismus-Tabu stärkte, begann die veröffentlichte Meinung fast unmerklich zu kippen. Die Wasserscheide war der Sechstagekrieg von 1967, als die Israelis im Dreifrontenkrieg gegen Ägypten, Syrien und Jordanien siegten. Nur ganz am Anfang bekam Israel noch eine gute Presse.

An die tausend junge Menschen marschierten am ersten Tag auf dem Berliner Kurfürstendamm unter der Parole »Unser Herz schlägt für Israel«. Ulrike Meinhof, in der linksradikalen APO engagiert und später eine Anführerin der Rote Armee Fraktion, beschwor »vorbehaltlos« die Solidarität mit Israel; gerade die Linke müsse den Arabern die »Bereitschaft zur Koexistenz mit Israel abverlangen«.[62]

Schneller noch als Israels »Blitzkrieg«, ein Wort aus der Nazizeit, das die unterschwellige Bewunderung für die einstigen Opfer transportierte, entfaltete sich der Stimmungswandel im linken Spektrum. Der Historiker Götz Aly beschreibt ihn in dem Buch *Unser Kampf.* »Die Vordenker des revolutionären SDS [Sozialistischer Deutscher Studentenbund] wussten schon 1967 eines genau: Israel verdankte seine Existenz angeblich dem amerikanischen Imperialismus und jüdischen Kapitalismus.«

Hier war also eine typisch jüdische Weltverschwörung am Werk, nicht internationales Recht, wie es im Teilungsplan der UN, der Israel aus der Taufe hob, kodifiziert worden war. Zwei Jahre später sollte der israelische Botschafter Ascher Ben-Natan an der Universität Hamburg sprechen. Der AStA kündigte an: Dieser »Herrenmensch wird in Hamburg nicht reden«. In Frankfurt sprach der SDS von der »Scheinlegitimierung eines Judenstaates«. Israel sei ein »rassistischer Staat«,[63] mithin ein Wiedergänger des Dritten Reiches.

»Nachtigall, ick hör dir trapsen«, sagt der Berliner. Die 68er waren angetreten, die Elterngeneration als Nazis, Mitläufer oder Vergangenheitsverdränger zu entlarven, um sie zu diskreditieren, dann zu entmachten. Warum hat sich ihre Wut dann gegen Israel gekehrt, warum sind die Ultras in die Ausbildungslager palästinensischer Terrorgruppen gegangen? Hier lernten Mitglieder der linksterroristischen »Tupamaros West-Berlin«, wie man die Bombe baute, die 1969 am Gedenktag für die »Kristallnacht« das jüdische Gemeindehaus in der Berliner Fasanenstraße zerfetzen sollte (aber nicht zündete) – und zwar im Namen des »bewaffneten Kampfes« gegen den »Zionismus« und »US-Imperialismus«.[64] Warum haben zwei Mitglieder der »Roten Zellen« den palästinensischen Genossen geholfen, 1976 einen Airbus der Air France nach Entebbe (Uganda) zu entführen, wo die beiden jungen Deutschen die israelischen und jüdischen Passagiere »selektierten«?

Als amateurpsychologische Antwort drängt sich die Schuldabwehr durch Schuldübertragung auf. Plötzlich waren die sündigen Väter aus dem Spiel und die Israelis die »Herrenmenschen«. Israel war nicht ein Kind der Weltgemeinschaft, sondern ein »rassistischer Staat«, der mit der Manipulation weltweiter Schuldgefühle den Palästinensern das Land geraubt habe. Es war nicht die Abrechnung mit der deutschen Geschichte, sondern die Flucht aus ihr – und dann auf dem Rücken der Israelis. Rainer Werner Fassbinder lässt einen Protagonisten in *Der Müll, die Stadt und der Tod* (1975) deklamieren:»Und Schuld hat der Jud, weil er uns schuldig macht, denn er ist da. Wäre er geblieben, wo er herkam, oder hätten sie ihn vergast, ich könnte heute besser schlafen.«

ISRAELS »VERNICHTUNGSKRIEG«

Israel war aber nicht wegzukriegen. Es wuchs ganz im Gegenteil zu einer regionalen Supermacht heran, das der Bundeswehr nicht nur wie am Anfang Low-Tech-Uzi-Maschinenpistolen, sondern später auch den Stand der Waffentechnik verkaufte. Der Jud' blieb da – in Frankfurt wie in Tel Aviv, und er macht uns schuldig, weil er uns durch sein Da-Sein ständig an unsere Untaten erinnert, genauer: an die unserer Väter und Großväter, die uns die Schuld vererbt haben. Das Opfer von gestern muss zum Täter von heute umgedeutet werden, flüstert die Psyche.

Die Projektion war nicht nur ein linkes, im Anti-Imperialismus eingebettetes Projekt. Im April 2002 schrieb der CDU-Abgeordnete und frühere Arbeitsminister Norbert Blüm an den israelischen Botschafter:»Israelische Panzer beschießen die Weihnachtskirche und töten unschuldige Menschen. Das ist ein *hemmungsloser Vernichtungskrieg.*«[65] Ein interessanter Begriff, hatte doch Hitler 1941 den»Vernichtungskampf« gegen die Sowjets ausgerufen. Der Historiker Ernst Nolte nannte die »Operation Barbarossa« einen »Versklavungs- und Vernichtungskrieg«.[66]

Subkutan schwang bei Blüm die Gleichsetzung Israelis/Nazis mit. Zwei Monate später legte er in einem Interview nach, um zum Kern vorzustoßen:»Wenn die deutsche Vergangenheit dazu benutzt wird, uns jede Kritik [an Israel] zu verbieten, dann wäre die deutsche Schuld mit einer Form von Denkverbot verbunden.« Die direktere Form dieser Einlassung sind gängige Floskeln wie »Kritik an Israel ist doch kein Antisemitismus«, »Das wird man doch wohl noch sagen dürfen« oder »Wir lassen uns nicht das Maul verbieten«.[67] Von wem? Von den Juden, den Israelis, dem Ausland ...

Blüm, stellvertretend für unzählige andere, ließ wissen: »Der Vorwurf des Antisemitismus wird auch als Knüppel benutzt«, um Kritik an Israel zu verhindern. Hier trapst abermals die Nachtigall. Selbstverständlich ist Kritik nicht Judäophobie, das ist so wahr wie trivial. Wer einen Menschen oder einen Staat kritisiert, hasst ihn nicht; allerdings tadelt man heftig, häufig und selektiv, wen man nicht ausstehen kann. Mit Blick auf Israel gibt es kein Kritikverbot, im Gegenteil. Die deutschen Medien liefern seit Jahrzehnten keine Berichte mehr, welche die »tapferen Israelis« feiern, die sich gegen eine arabische Übermacht wehren, dabei die Wüste urbar machen und den demokratischen Sozialismus im Kibbuz verwirklicht haben, wo sie auch noch wie einst in Berliner Salons Hausmusik machen. Es regiert die Kritik, die von belehrend über bitter bis feindselig reicht.[68]

Auf die Wortwahl kommt es an, genauer: auf die emotionalen Ladungen der Begriffe. Sätze wie »Israel setzt unverhältnismäßig Gewalt ein« oder »Die Siedlungspolitik gefährdet den Friedensprozess« mögen richtig oder falsch sein; sie transportieren keine Judenfeindschaft. »Vernichtungskrieg«, der eine Parallele zu den Nazis zieht, ist ein anderes Genre. Es diffamiert und dämonisiert, um im nächsten Zug das eigene Kollektiv zu entlasten und moralische Überlegenheit zu demonstrieren. Etwa so: Die Israelis machen genau das, was wir getan, aber aufrichtig bereut haben. Blüm warf die Frage auf, ob ein Deutscher nach Auschwitz überhaupt so reden dürfe, und antwortete: »Gerade deshalb.«[69] Die Wiedergewordenen dürfen und müssen den Wiederholungstätern Besserung abfordern. So erhebt sich, wer den anderen niedermacht.

DIE ATOMARE ENDLÖSUNG »MADE IN ISRAEL«

Norbert Blüms »Vernichtungskrieg«, ein Schlüsselwort in den Meinungsumfragen, war ein harmloser Prolog im Vergleich zu dem Gedicht »Was gesagt werden muss«, das der Literaturnobelpreisträger Günter Grass im Jahre 2012 unter die Menschen brachte. Auf 69 Zeilen hob er seine schwärzesten Angstfantasien ans Tageslicht, einen Katalog der Ressentiments gegen Israel. (Der Anlass war die Lieferung eines neuen deutschen U-Boots an Israel, das theoretisch mit Atomwaffen bestückt werden kann.) Als sei er selber von seiner Wut erschreckt, beteuerte Grass, dass er dem Land »verbunden« sei und es auch »bleiben« wolle. »Juden gehören zu meinen besten Freunden« ist die traditionelle Formel der Selbstsalvierung.

Das Gedicht transportiert die Klassiker der Schuldabwehr und -übertragung, aber so monströs zugespitzt, wie es noch keine andere öffentliche Figur getan hatte. Es beginnt mit dem vertrauten Geraune über eine allmächtige Zensur: »Warum schweige ich, verschweige zu lange ... Doch warum untersage ich mir, jenes andere Land beim Namen zu nennen?« Das ist der angebliche Maulkorb, der es den unterdrückten Deutschen, den Sklaven ihrer Vergangenheit, verbiete, die Wahrheit zu sagen. Der Dichter empfand sein Verschweigen als »belastende Lüge und Zwang, der Strafe in Aussicht stellt, sobald er missachtet wird; das Verdikt ›Antisemitismus‹ ist geläufig«.

Welche Wahrheit wollte sich Grass »mit letzter Tinte« abringen? Es ist das »Recht auf den [atomaren] Erstschlag«, das sich Israel anmaße, der »das iranische Volk auslöschen könnte«. Das heißt etwa: Die Juden, die früher nur Christenmädchen für ihre Matzen geschlachtet haben, hecken jetzt den Völkermord aus.

Dann das probate Schuldeingeständnis, gepaart mit einer ebenso vertrauten wiewohl unausgesprochenen Bezichtigung der raffinierten Juden/Israelis, die den Holocaust zum Geschäftsmodell umfunktioniert hätten. Sein eigenes Land habe zwar »ureigene Verbrechen« begangen, »die ohne Vergleich sind«. Aber es wird »Mal um Mal eingeholt und zur Rede gestellt ... wiederum und rein geschäftsmäßig, wenn auch mit flinker Lippe als Wiedergutmachung deklariert«.

In diesem Fall sei es ein »weiteres U-Boot« an Israel, das »allesvernichtende Sprengköpfe dorthin lenken« könne, »wo die Existenz einer einzigen Atombombe unbewiesen ist«. Da hatte der Dichter recht; bewiesen war nur, dass das fromme Revolutionsregime sich mit aller Kraft die Mittel zum Bombenbau nebst weitreichenden Raketen zulegte. Grass könne sich dem Tabu nicht mehr beugen, deshalb müsse er sagen, »was gesagt werden muss«. Einfacher ausgedrückt: Er wolle dem Schweigediktat nicht mehr gehorchen, das den Deutschen aufgedrückt worden sei. »Endlich sagt das mal einer«, klang es tausendfach in den Netz-Kommentaren.

Dann das bis dato unübertroffene Crescendo. Warum behauptet er, »die Atommacht Israel gefährdet den ohnehin brüchigen Weltfrieden? Weil gesagt werden muss, was schon morgen zu spät sein könnte; auch weil wir – als Deutsche belastet genug – Zulieferer eines Verbrechens werden könnten, das voraussehbar ist, weshalb unsere Mitschuld durch keine der üblichen Ausreden zu tilgen wäre.« Nach dem atomaren Armageddon *Made in Israel* »sind als Überlebende wir allenfalls Fußnoten«. Die Deutschen, einst die Verderber der Welt, waren dem Tod geweiht, es sei denn sie nähmen als Weltenretter das Heft in die Hand.

Die Schuldumkehr war somit perfekt, nur mit einer ungeheuerlichen Pointe, etwa so: Die Nazideutschen haben bloß Europa verwüstet. Doch die Abkömmlinge ihrer Opfer üben in ihren »Planspielen« den *globalen* Holocaust – das kosmische Menschheitsverbrechen, das die deutsche Version weit deklassieren würde. Nicht nur die Deutschen, sondern auch der Rest der Menschheit würden so zur bloßen »Fußnote« – verkohlt und verbrannt.

Folglich hätten die Deutschen, die ihre Lektion gelernt haben, die Pflicht, den Umerzieher zu geben, den Israelis in den Arm zu fallen, bevor diese den Weltenbrand entfachen und schrecklicher wüten würden, als es Hitlers Horden je schaffen konnten. So dachte »es« in dem einstigen Waffen-SS-Mann, der 2015 verstorben ist. Ist das Antisemitismus wie seit eh und je? Nicht ganz. Es fehlen all die historischen Versatzstücke vom Christus- bis zum Ritualmord, von der Brunnenvergiftung bis zur »Rassenschande«.

Der »israelbezogene Antisemitismus« ist nicht *the real thing*, die echte Münze. Er ist ein »Derivat« der Vergangenheitsbewältigung, das als Rendite die Erlösung von der vererbten Schuld verheißt. Das Antisemitismus-Verbot, das sich, anders als Grass wähnte, die Deutschen selber auferlegt haben, hält – auch ein Menschenalter später. Dass es auch moralische Selbsterhöhung gebiert, ist Teil des Geschäfts, muss es sein angesichts einer Bürde, die nunmehr in der dritten Generation scheuert. Selbsttäuschung mag ebenfalls Teil der Bewältigung sein. Wie sprach doch Grass an anderer Stelle? »Es ist für mich auch ein Freundschaftsbeweis Israel gegenüber, dass ich es mir erlaube, das Land zu kritisieren – weil ich ihm helfen will.«[70] Deutschland, jedenfalls in der Gestalt des Dichters, bezeugt seine Wiedergutwerdung in der Rolle des Oberlehrers, Therapeuten und sittlichen Wegweisers.

Beispiele mögen Gefühlslagen illustrieren, bewusste wie unbewusste. Doch harte Evidenz können allenfalls wissenschaftlich zuverlässige Meinungsumfragen liefern, die regelmäßig den Antisemitismus in Deutschland zu ergründen versuchen. Deshalb sei hier das Entscheidende betont: Die Zahlen offenbaren, dass der Antisemitismus-Quotient in Deutschland grosso modo niedriger ist als gemeinhin befürchtet – und dezidiert geringer als in manchen anderen europäischen Ländern (siehe Seite 174–176).

Dieses Verdikt mag angesichts des Menschheitsverbrechens *Made in Germany* überraschend sein, sollte es aber bei näherem Hinsehen nicht sein. Vergleichen wir die Schuldbewältigung in Deutschland mit der in Österreich und Japan. Schon 1945 präsentierte sich Österreich, die Heimat von Hitler und Eichmann, als Opfer der »Reichsdeutschen«. Das war einfach, hatten doch die Alliierten in ihrer »Moskauer Deklaration« von 1943 die »Ostmärker« als »erstes Opfer der typischen Angriffspolitik Hitlers« bezeichnet. So geriet der Opfermythos zum Gründungsmythos, der es der zweiten Wiener Republik ermöglichte, die Vergangenheit eher wegzustecken als zu bewältigen.

In der frühen FPÖ und ihrer Vorgängerpartei VdU besetzten Nazis Führungspositionen. Dementsprechend verlief die Aufarbeitung. 2003 notierte eine Historikerkommission, die sich mit Raub und Restitution beschäftigte, wie sich das Land hinter dem Opfermythos verschanzt und bei der Entschädigung »oft nur halbherzig und teilweise recht zögerlich« agiert hatte.[71] Schon 1999 avancierten die rechtsnationalistischen, fremdenfeindlichen Freidemokraten (FPÖ) zur Regierungspartei, 2017 bereits zum dritten Mal – anders als die AfD, die es erst 2017 in den Bundestag schaffte; die Regierungsbeteiligung bleibt selbst auf längere Sicht unwahrscheinlich.

Analog zu Österreich sah sich Japan ebenfalls als Opfer, nämlich der amerikanischen Atombomben. Ein Schuldbekenntnis ohne Wenn und Aber gegenüber den asiatischen Opfern der japanischen Eroberungskriege gibt es bis heute nicht, ebenso wenig wie Reparationen.[72] Anders als deutsche Schulkinder, die regelmäßig KZ-Stätten besuchen, ist noch keine japanische Klasse nach Nanking gereist, der damaligen Hauptstadt Chinas, wo japanische Truppen 1937 bis zu 300 000 Zivilisten massakriert haben.

Die Gesten der symbolischen wie materiellen Wiedergutmachung in Deutschland aufzuzählen würde ein dickes Buch füllen. Die Bundesdeutschen haben, beginnend mit den Auschwitz-Prozessen der Sechziger, die juristische Aufarbeitung mit eigener Hand betrieben. Der Staat hat an die 70 Milliarden Euro Entschädigung und Renten gezahlt, zu achtzig Prozent an Juden.[73] Die Forschung über die NS-Zeit füllt eine mittlere Bibliothek; im Jahre 2000 wurden knapp 40 000 Publikationen zum Thema gezählt.[74]

Kaum zählen lassen sich die Erinnerungsrituale, welche die Deutschen sich selber vorgeschrieben haben. Dieser Autor hat in seiner Schulzeit aus Geschichtsbüchern gelernt, in denen die Nazizeit um 1940 endete; seitdem ist das Thema Holocaust fester Bestandteil des Lehrplans geworden. Jedes frühere KZ ist zur Erinnerungsstätte geworden – von Bergen-Belsen bis Sachsenhausen. Richard von Weizsäcker hat den 8. Mai 1945 am 40. Jahrestag klipp und klar als Tag der Befreiung zelebriert. Mit seinem Kniefall vor dem Denkmal für das Warschauer Ghetto symbolisierte Willy Brandt die Reue einer ganzen Nation. Das Holocaust-Mahnmal im Zentrum Berlins erinnert an den Horror; nicht weit weg davon findet der Berlin-Besucher die Dauerausstellung »Topographie des Terrors«. Der 27. Januar, an dem 1945 Auschwitz befreit wurde, ist ein offizieller Gedenktag. Der »Kristallnacht« von 1938 wird alljährlich gedacht.

Die Erinnerung ist nicht verdrängt worden; die Zeichen haben im Laufe der Zeit zugenommen. Auch ganz ohne staatliche Vorgabe (wiewohl mit behördlicher Genehmigung): Seit 1992 werden im ganzen Land »Stolpersteine« – inzwischen mehr als 50 000 – im Trottoir vor den Häusern verlegt, wo einst Juden wohnten. »Hier wohnte … Deportiert/Ermordet am …« Das Bücken wird zur symbolischen Verbeugung.

DEUTSCH-ISRAELISCHES

Seit im Jahre 1955 die ersten deutschen Jugendgruppen nach Israel reisten, haben über 600 000 junge Menschen am Austausch und an Freiwilligendiensten teilgenommen. Fast 800 deutsche und israelische Organisationen wurden zwischen 2001 und 2014 von der Bundesregierung gefördert – von Sportvereinen bis zu Jugendverbänden.

Das Bild ist »komplex« – wie jenes, das sich tastende Blinde vom Elefanten machen: hier die leise wedelnden Ohren, dort die scharfen Stoßzähne. Auf der einen Seite steht eine Nation, die – welch Paradox – nach dem Vergessenwollen immer stärker in die Erinnerung eintaucht und auf breiter Front tätige Reue gezeigt hat: von Milliarden an Wiedergutmachung bis zum Berliner Mahnmal am Brandenburger Tor. Auf der anderen Seite steht eine veröffentlichte Meinung, wo Israel mit Ausnahme von *Bild* und *Welt* seit Jahrzehnten keine gute Presse bekommt.

Das durchgehende Muster ist die Schuld. Israel versage den Palästinensern ihren Staat. Es schnüre sie ein und entwürdige sie. Das Ghetto Gaza sei »hermetisch« abgeriegelt, obwohl aus Israel Strom, Treibstoff, Baubeton und Lebensmittel fließen, während von dort Raketen zurückkommen. Das Attribut »hermetisch« trifft auch auf den Grenzübergang in Rafah nach Ägypten zu, was allerdings von den Medien kaum beachtet wird. Terrorangriffe vonseiten der Palästinenser werden neu-

tral registriert, Israels Antwort sei grundsätzlich »unverhältnismäßig«. Israel sabotiere den Friedensprozess mit seinen
Siedlungen. Während die Rechten am Apartheidstaat bauten,
wollten die religiösen Ultras eine Theokratie errichten. Der Pa-
lästinakonflikt sei der »Kern« des Nahostproblems; wenn sich
Israel doch nur bewegte, würde Frieden in die Region einkeh-
ren.

Tatsächlich hat die Gewalt in dieser Region viele Väter: He-
gemonial- und Glaubenskonflikte von Beirut bis Kabul, Bür-
gerkriege von Jemen bis Libyen, Terror und Unterdrückung
unter dem gesamten Fruchtbaren Halbmond. Der »Clash« tobt
nicht zwischen den Zivilisationen, sondern innerhalb der islamischen Welt; er hat hundertfach mehr Opfer gefordert als der
israelisch-palästinensische Konflikt. Selbst wenn Israel von der
Landkarte verschwände, bliebe der Frieden dort ein Waisenkind.

Es mag sein, dass hier eine David-und-Goliath-Optik am
Werk ist, die den Starken immer im Unrecht sieht. Anderseits
hält sich die Sympathie für die Schwachen in Grenzen, wo andere staatenlose Völker oder Bekenntnisse Selbstbestimmung
fordern: Kurden in der Türkei, in Syrien und im Irak, Tsche-
tschenen in Russland, Tibeter in China, Nubier in Kenia, Chris-
ten und Jesiden in Arabien, Rohyngya in Myanmar, Kopten in
Ägypten, die Sahrawis in Marokko/Mauretanien, die so lange
für einen eigenen Staat kämpfen wie die Palästinenser. Der moralische Impetus, der die Berichte und Kommentare färbt, ist
nicht universell.[75]

In der SPD kommen und gehen die Wellen der »Israelkritik«,
in der Linkspartei ist sie Routine. Sigmar Gabriel, der SPD-Au-
ßenminister (2017/2018), betrieb Israelkritik bis zur Provoka-
tion. Dagegen erklärte sein Nachfolger Heiko Maas (SPD) vor
seinem Antrittsbesuch in Israel: »Ich bin wegen Auschwitz in
die Politik gegangen.« Und betonte die »Verbundenheit mit Is-

rael für die Zukunft«.[76] Die AfD müht sich eher schlecht denn recht, die Judenfeindschaft in den eigenen Reihen zu deckeln. Öffentliche Figuren (freilich jene ohne Amt) reden von »Vernichtungskrieg« oder bezichtigen Israel, gleichsam in biblischer Rachsucht den planetarischen Holocaust in »Planspielen« vorzubereiten.

Die Staatsräson, zu der laut Angela Merkel die »Sicherheit Israels« gehört, mag aber den entscheidenden Teil des Bildes vom Elefanten zeichnen, das der Blinde zu ertasten versucht. Das treffende Beispiel sind die U-Boote, welche die Regierungen Schröder und Merkel zum Discountpreis an Israel geliefert haben. Sie sind auf dem Stand der Technik, es werden insgesamt sechs sein. Dass Israel sie mit atomaren Geschossen bestücken kann, ist ein offenes Geheimnis und, im kalten Licht der Abschreckungspolitik betrachtet, der Sinn der Sache.

Anders als bodengestützte Bomber und Raketen ergäben diese im Ozean verborgenen Boote den unverwundbaren Teil der nuklearen »Triade«. Sie verliehen Israel so eine Zweitschlagskapazität gegenüber dem Iran, der bekanntlich das »zionistische Geschwür« von der Landkarte zu tilgen wünscht. Wer mit unverwundbaren Waffen zurückschlagen kann, wird Ausmerzungsgelüste im Keim ersticken – so wie im Falle USA vs. Sowjetunion/Russland seit einem ganzen Menschenalter.

Gegenüber dieser handfesten Lebensversicherung *Made in Germany* verblassen die Angst- und Feindbilder im deutschen Diskurs. Diese verdichten sich jenseits der Politik zum Ressentiment und bedrängen die Gemüter aus historisch verständlichen, wiewohl psychologisch durchsichtigen Gründen. Die Animosität ist älter als die Bundesrepublik. Bei der Geburt Israels 1948 wurde erstmals im Dienste der Schuldübertragung die Parallele Israel/Nazis ganz öffentlich gezogen (siehe Seite 180). Wer hätte sich damals vorstellen können, dass Deutschland zu Israels zweitbestem Freund nach Amerika avancieren würde?

Sind verquere, verquaste Schuldgefühle der Grund für diese unglaubliche Entwicklung? Die quälen, wie in diesem Kapitel beschrieben, noch heute und heischen Entlastung durch Umschuldung. Doch warum eigentlich? Schuld gerät zur Schande nur, wenn sie verdrängt oder abgewehrt wird – und zur Ehre, wenn aus ihr die Verantwortung wächst. Erst recht, wenn sie selber gewählt, nicht oktroyiert worden ist, wie das Geraune ganz rechts behauptet. Niemand hat Berlin gezwungen, Israel eine unterseeische Versicherungspolice auszustellen. Historische Verantwortung ist, anders als Martin Walser in der Frankfurter Paulskirche haderte, keine Schmach, ebenso wenig die insgesamt vorbildliche Vergangenheitsbewältigung im nunmehr dritten Glied.

KAPITEL 9

DER BÖSE ÜBERVATER AMERIKA

Die Geschichte beginnt 1945 mit einer Liebesaffäre, die bis in die 60er-Jahre andauerte. Die »Amis«, die über den Rhein und die Alpen einmarschiert waren, entpuppten sich nicht als strafwütige Rächer, sondern als *nice guys*, die Kaugummi an die Kinder verteilten und bald mit deutschen *frauleins* fraternisierten, sie sogar heirateten. Die Nürnberger Prozesse – der große und zwölf weitere – gingen 1949 zu Ende. In 806 Fällen verhängte die alliierte Militärjustiz in Westdeutschland Todesurteile. Doch vollstreckt wurden nur 486. In der Sowjetzone lief es grimmiger ab. Hier wurden geschätzt 45 000 verurteilt; die Zahl der Exekutionen ist unbekannt.

Der Kalte Krieg war wie die Gründung der Bundesrepublik der größte Glücksfall in der deutschen Geschichte – siehe Kapitel 2. Das deutsch-amerikanische Realmärchen basierte auf zusammenstrebenden Interessen, dem zuverlässigsten Fundament der Freundschaft: hier das amerikanische Interesse an einem deutschen Bollwerk, dort der deutsche Drang nach Schutz und Bewährungshilfe. Rasch öffneten sich die Gefängniszellen. In der amerikanischen Zone wurde die Entnazifizierung bereits im Frühjahr 1946 an deutsche Behörden abgetreten, bald auch die »Re-Education«, die ursprünglich fünfzig Jahre lang in amerikanischer Hand bleiben sollte, wie Dwight

D. Eisenhower, der Oberbefehlshaber in Europa, gefordert hatte. Derweil ergoss sich das Füllhorn amerikanischer Largesse über den Westteil des Landes.

Der Morgenthau-Plan, der Deindustrialisierung und Zerstückelung vorsah, wurde zur Makulatur. Die Demontage machte dem Marshall-Plan Platz, der das Wirtschaftswunder zündete. Schon 1946 verkündete der bereits erwähnte US-Außenminister James Byrnes, die vermaledeiten Deutschen sollten nicht bestraft, sondern eingemeindet werden. Das »Programm war es, das deutsche Volk für uns zu gewinnen; es war die Schlacht um die Herzen zwischen uns und den Russen«.[77] Der Plan ging spätestens während der sowjetischen Blockade Westberlins 1948/49 auf, als die Alliierten unter amerikanischer Führung den Westteil ein Jahr lang aus der Luft mit Lebensmitteln, Heizungsmaterial und Treibstoff versorgten. Die Gründung der Westdeutschen Republik besiegelte die »Umkehr der Allianzen«. Der Feind war nun endgültig zum Freund und Beschützer geworden.

DIE AMERIKANISIERUNG

Die Westdeutschen hatten sich nach Kriegsende vor dem fürchterlichen Strafgericht geduckt, das da kommen würde. Welche Erleichterung! Angst schlug rasch in Dankbarkeit und Bewunderung um. Alles Gute kam aus Amerika, ein kulturelles Vorbild mit dazu. Westdeutschland amerikanisierte sich, die Jugend zuerst. Dieser Autor erinnert sich an seinen Stolz, als er als 14-Jähriger zum ersten Mal eine echte Levi's, keine deutsche Billigkopie, anziehen konnte; die Altersgenossen besorgten sich Klamotten in den Läden, die ausgemusterte Teile der U. S. Army verkauften.

Deutsche Autos trugen Weißwandreifen und glänzten in den

Fünfzigern mit Panorama-Frontscheiben und Heckflossen – just wie zusammengestauchte US-Straßenkreuzer. Hollywood-Filme und Rock'n' Roll wurden zum Pflichtprogramm nachkriegsdeutscher Popkultur. Das frühe deutsche Fernsehen punktete mit Serien wie *Bonanza* oder *Vati ist der Beste (Father Knows Best)*, die den *American way of life* unters Volk brachten: Gerechtigkeit, Familiensinn, Sozialengagement. Die Schüleraustauschdienste wie American Field Service und Youth for Understanding konnten sich vor Bewerbern kaum retten, und wer richtig cool zu sein wünschte, wollte so lässig aussehen wie Paul Newman oder so sexy wie Elizabeth Taylor.

Wie schnell sich die kulturelle Amerikanisierung durchsetzte, konnte man in den Fünfzigern an den Verboten der Erwachsenen ablesen. In den Schulen wurde Kaugummikauen mit dem Rausschmiss aus der Stunde geahndet. Rock galt der Elterngeneration als unverzeihlicher Kulturbruch, als Aufruf zum Aufruhr. Micky-Maus-, Phantom- und Tarzan-Hefte waren »Schund«, erst recht die »Schmöker« – Groschenromane – aus deutscher Feder, die von den Heldentaten eines FBI-Agenten namens Jerry Cotton handelten. Die Kinder waren angehalten, die brave *Rasselbande* zu lesen. Im Deutschunterricht lasen sie William Saroyans *Menschliche Komödie*. Die Schultheater brachten Thornton Wilder und Tennessee Williams auf die Bühne

Anders als in den romanischen Ländern, wo zum Beispiel in Frankreich das Toubon-Gesetz die Sprache von Anglizismen säubern, also aus einem DJ einen *disque-tourneur* machen sollte, entwickelte sich Westdeutschland zum Brückenkopf des Amerikanismus – auf der Massen-, dann auf der Hochkulturebene. Die Jungen nahmen begierig auf, was über den Atlantik schwappte. *Bubble Gum* und Coca-Cola, später McDonald's, *Chickenwings und Nachos*. Sweatshirts, Button-downs und nach hinten gedrehte Baseballkappen. Popmusik von Rock bis

Rap. Nicht zu vergessen: Was einst »Dauerlauf« hieß, war nun »Jogging«. Was einst unter den geladenen Kanonen der Amerikaner begann, hält an.

Deutsche Polizisten sind jahrzehntelang in senfgelb-jägergrünen Uniformen herumgelaufen; neuerdings tragen sie schwarze Kampfmonturen wie die Kollegen in Amerika. Die Hamburger Polizei setzt sich plötzlich achteckige Mützen auf, die man aus US-Krimis kennt. Teenies »bingen« (von *bingewatching*, »komaglotzen«) US-Serien wie *Beverley Hills 90 210*, *Gossip Girls*, *The Big-Bang Theory* oder *Teen Wolf*, ihre Erzeuger verschlingen *House of Cards* und *Breaking Bad*. »Hi« ist der neue deutsche Gruß und »High Five« eine triumphale Geste der Verbrüderung, neuerdings durch freundschaftliches Zusammenstoßen der Fäuste ergänzt.

Aus den Filmen und Serien haben die Jungen Mimik und Gestik übernommen. Um einen Begriff zu ironisieren, malen sie mit beiden Händen Anführungszeichen in die Luft. Der ausgestreckte Mittelfinger ersetzt »den Vogel zeigen« der Altvorderen. »Oh mein Gott!« ist die direkte Übertragung von »*Oh my God!*« als Ausdruck von Frustration, Aufregung oder Schock. »*Wow*« markiert Erstaunen oder Bewunderung. »Abgefackt« entspringt dem amerikanischen *four-letter word;* inzwischen ist das Original Teil der deutschen Umgangssprache.

Jungnazis entdeckten Hoodies als Maskierung und Baseballschläger als Bewaffnung. »Sale« hat den »Sommerschlussverkauf« verdrängt. Gebrauchtwarenläden heißen »Secondhandshops. Der (angel)sächsische Genitiv, der im Deutschen nichts zu suchen hat, hat wie »Christina's Fundgrube« die Geschäftsstraßen erobert. In Hamburg heißt ein Antiquitätenladen »Sweet Home«, ein Imbiss »Delicious Food«, eine Nikotin-Tankstelle »Smoker City«. Die Tafel im Klassenzimmer ist zum »Whiteboard« mutiert.

Der deutsche Mensch geht »shoppen« und trinkt dabei *coffee to go*. Veranstaltungen sind »Events«. Den Makler trifft man in Läden, die »Finest Real Estate« heißen. Englisch ist oft kürzer und praktischer als der deutsche Begriff, aber das allein erklärt die Sache nicht. Selbst wo Platz ist, obsiegt das Englische – zum Beispiel an den Schaufenstern des gehobenen Alsterhauses am Hamburger Jungfernstieg, wo 2018 in Riesenlettern »NEW« stand statt des ebenso kurzen »NEU«. »New« muss also cooler sein.

»Premium« prangt überall – vom Saftkarton bis zum Automodell. In der Presse-Prosa wimmelt es von »hip« und »Hype«. Der Duden nimmt in jeder neuen Auflage amerikanische Begriffe auf, zuletzt (2017) »Selfie«, »Fake News«, »Hashtag«, »Adblocker« oder »Tablet«. Dazu: »pixelig«, »Emoji«, »liken«, »Work-Life-Balance« oder »Low Carb«. Halloween ist der neue Nationalfeiertag deutscher »Kids«, die einst »Jugendliche« hießen. »Chickenwings« und »Muffins« sind integraler Bestandteil der neuen deutschen Küche – selbst in Betriebskantinen. Im Lande einer uralten Bierkultur trinkt man plötzlich »Craft Beer«.

Freilich hat die Amerikanisierung nicht nur die Massen- und Jugendkultur erfasst. Es ist eben Hollywood *und* Harvard, McDonald's *und* MoMA. Den *New Yorker* oder den *New York Review of Books* zu abonnieren bezeugt höchsten intellektuellen Anspruch. Wissenschaftler lesen *Science* und den *American Economic Review*. Als das Museum of Modern Art (MoMA) 2004 in Berlin 200 seiner Kunstschätze ausstellte, kamen eine Million Besucher.

Die Kids wollen »chillen«, und ihre Eltern organisieren Charity Galas, die sie von Amerika abgeguckt haben. »Human Resources« hat die Personalabteilung verdrängt; Chefs heißen CEO, COO, CFO. Englisch mit amerikanischem Akzent ist zur Arbeitssprache geworden. Begüterte, die einst das Gymnasium als Vorbild für die Welt feierten, wollen ihre Zöglinge wenigstens für ein Jahr an Elite-Internate wie Exeter und Groton in Neu-England schicken. Kommen die Kids ins Studentenalter, sollen sie nach Stanford oder zumindest Georgetown. Ein BWL-Studium ist gut, ein Harvard- oder Wharton-MBA besser.

DER FREUND ALS VERFÜHRER

Mit solchen Beispielen der Akkulturation unter dem Sternenbanner ließe sich ein Buch füllen. Grundsätzlich: Amerika, das traditionell als Hort der Geschmack- und Kulturlosigkeit verachtet wurde, ist ein erdteilgroßer »Demonstrationseffekt«. Diesen Begriff nutzen die Soziologen, wenn sie wertende Begriffe wie »Modell« oder »Vorbild« vermeiden wollen – und erst recht »Verlockung«. Hubert Védrine, der ehemalige französische Außenminister (1997–2002), hat dieses Phänomen prägnant umrissen, indem er Amerika »diese psychologische Macht« zuschrieb, »diese Fähigkeit, die Träume und Sehnsüchte anderer Länder zu formen«[78] – und zwar mit Produkten, Bildern und Ideen quer durch Klassen und Nationen. Wer hat *Casablanca*, wo die »üblichen Verdächtigen« herkommen, nicht mindestens dreimal gesehen?

Arthur Koestler hat das Bild vom Verführer noch schärfer gezeichnet. Er hasse alles Mögliche an Amerika, bekannte er – das in Zellophan verpackte Brot, die gleißende Neonreklame, den *Reader's Digest*. Nur: »Wer hat uns denn dazu gezwungen, all das Zeug zu kaufen?« Die USA, fährt Koestler fort, regieren Europa nicht so, wie die Briten über Indien geherrscht haben. Sie haben keinen »Opiumkrieg geführt, um uns diese »eklige Coke« in den Rachen zu gießen. Europa hat das ganze Paket gekauft, »weil wir es haben wollten«.[79] Man muss bis ins 17., 18. Jahrhundert zurückgehen, um ein ähnlich kulturprägendes Land, nämlich Frankreich, zu finden. Der Große Fritz schrieb ausschließlich auf Französisch und parlierte auch lieber in dieser Sprache als in der deutschen, die er »seinen Pferden und Stallknechten« vorbehalten wollte.

Was auf den deutschen, den europäischen Tisch kommt, wird meistens in Amerika angerührt, jedenfalls nicht in China, geschweige denn in Russland. Wie mächtig der »Demonstrationseffekt« ist, zeigt ironischerweise eine ureuropäische Erfindung namens »Bagel«, die jiddische Verballhornung von »Beugel«. Vor Urzeiten in Polen blanchiert und gebacken, wanderte das Rundgebäck mit der jüdischen Emigration nach New York und kehrte um die Jahrtausendwende als »echt amerikanisches« Backwerk zurück in die Alte Welt. Dass da Cream Cheese, die amerikanische Version von Frischkäse, draufgehört, versteht sich von selber.

In der geistigen Welt gilt Gleiches für den Dreierpack Postmoderne – Dekonstruktionismus – Poststrukturalismus. Diese Theorien wären wohl am Rive Gauche von Paris stecken geblieben, wenn sie nicht einen belebenden Umweg durch die geisteswissenschaftlichen Fakultäten Amerikas genommen hätten. Dergestalt geadelt, kehrten die Derridas, Baudrillards und Lacans zurück, um ihren Siegeszug durch die hiesigen Hochschulen anzutreten. Der »Bätschelor«-Abschluss und der »Think Tank« wanderten ostwärts über den Atlantik. Political Correctness, Identity Politics und die Diversity-Industrie wuchsen ebenfalls in Amerika heran, bevor sie in Europa Fuß fassten. Der Frauenprotest #MeToo wurde 2017 in Hollywood geboren, nach kurzem Verzug erfasste er auch die deutsche Filmindustrie.

Amerika ist überall und unwiderstehlich, was unweigerlich Abwehrreflexe produziert. Wir schätzen den Verführer nicht, weil er uns schwach macht. Wir können uns aber auch selber nicht leiden, weil wir diesem amerikanischen Rammbock der Moderne mit all seinen Verlockungen nicht entgehen können. Deshalb, darf der Amateurpsychologe folgern, sucht die Seele nach Entlastung: Dieses wirkmächtige Amerika sei in Wahrheit ein falscher Freund, ein Gaukler und Seelenhändler, der den Europäern mit ihrer jahrtausendealten Hochkultur in Wahrheit nicht das Wasser reichen könne.

In der Vorstellung der Alten Welt liegen Barbar und Beglücker seit Anbeginn des amerikanischen Gegenentwurfs dicht beieinander. Auf der hellen Seite sah Turgot, der bedeutende Philosoph der französischen Aufklärung, in Amerika die »Hoffnung der Menschheit«. Es sei das Beispiel dafür, dass »die Menschen frei und friedlich sein und die Ketten der Tyrannei abschütteln können«. Dieses Vorbild müsse dafür sorgen, dass die »politische, religiöse und wirtschaftliche Freiheit« sich durchsetze und die Despoten entmachte.[80] Goethe drückte es ganz simpel aus: »Amerika, du hast es besser / Als unser Kontinent, das alte«. Damit meinte er: Die Gesellschaft, die das alte Europa mit seinen Zwängen und Traditionen hinter sich gelassen hatte, sei besser für das Neue, die Moderne gerüstet.

Amerika als Erlöser und Menschheitsbeglücker – als »*last best hope of mankind*« in den Worten von Abraham Lincoln – war die Verheißung. Aber wie schrieb doch Hannah Arendt? Amerika sei eben nicht nur ein Modell, sondern auch ein Monstrum. Es verkörpere einen »Traum und Albtraum«, ein Wesen, das Europa zugleich anziehe und abstoße.[81] Auf der dunklen Seite präsentiert sich Amerika als historische Fehlentwicklung, die Europa keinesfalls nachvollziehen dürfe.

Der französische Großdiplomat Talleyrand, der vor dem Terror der Französischen Revolution nach Philadelphia geflohen war, fasste das Zerrbild in den europäischen Köpfen in einer hübschen Sottise zusammen:»Zweiunddreißig Bekenntnisse und nur ein einziges essbares Gericht.« Stendhal lässt eine seiner Romanfiguren sagen: Dieses»Vorbild« sei»vulgär«, ein»Triumph dummer, egoistischer Mittelmäßigkeit«.[82] Heinrich Heine verachtete Amerika, weil seine»eigentliche Religion der weltliche Nutzen« sei und das Geld sein»einziger und allmächtiger Gott«.[83] Der»US-Kapitalismus« ist seitdem ein fester Anklagepunkt im deutschen Bewusstsein.

Religionsfreiheit statt Staatskirche und Inquisition – für Hegel war das nicht Fortschritt, sondern Perversion. Er prangert den Wildwuchs der vielen protestantischen Sekten an,»die sich bis zum Extreme der Verrücktheit steigern, und deren viele einen Gottesdienst haben, der sich in Verzückungen … kundgibt«.[84] Deutsche (und skandinavische) Lutheraner, die in einer Art Staatskirche beheimatet waren, konnten mit dem»freien Markt« für Religionen, wie er in Amerika herrschte, nichts anfangen – Chaos statt wohlorganisierter Ehrfurcht vor dem Herrn.

Der Jude Sigmund Freud hat seine größten Triumphe in den USA gefeiert, doch wird ihm der Satz zugeschrieben:»Amerika ist ein Fehler, ein gigantischer Fehler.« Gegen Ende des 18. Jahrhunderts, notiert der französische Historiker Philippe Roger, war»ein durchgehend negatives Amerikabild fest in den Köpfen der kultivierten Europäer verankert«.[85] Hundert Jahre später, resümiert der amerikanische Historiker Simon Schama, hatte sich das»Stereotyp des hässlichen Amerikaners festgesetzt. Der sei gierig, frömmelnd, käuflich, aufgeblasen, chauvinistisch.«[86]

Die Deutschen haben in Europa keinesfalls einen Sonderweg mit ihrer Sicht auf Amerika beschritten. Quer durch Europa lautet die grundsätzliche Anklage, älter noch als die amerikanische Republik:[87] Europa ist das lichte, weise und freundliche Gesicht des Westens – das »Un-Amerika«. Charles de Gaulle pflegte Amerika als »Tochter Europas« zu vereinnahmen. Dieses Geschöpf, das jenseits des Atlantiks das »Neue Jerusalem« aufzubauen gedachte, hat freilich in der europäischen Vorstellung einen Irrweg beschritten, dem Europa nicht folgen dürfe. Hier mit dickem Stift gezeichnet, sieht das abschreckende Bild von Amerika-als-Monstrum etwa so aus:

Amerika ist moralisch rückständig: Es exekutiert seine eigenen Leute und bombardiert routinemäßig andere Völker, was Europa glücklicherweise überwunden hat. Es ist ein Hort unduldsamer, fundamentalistischer Konfessionen, derweil sich Europa dem aufgeklärten Säkularismus verschrieben hat. Amerika verweigert sich den internationalen Normen; es verwirft Klima-Konventionen und den Internationalen Strafgerichtshof. Amerika ist *Dirty Harry* als *Globocop* – ein schießwütiger, arroganter Außenseiter der Weltgemeinschaft.

Amerika ist ein sozialpolitisches Desaster: Hier herrscht der »Raubtierkapitalismus« (Helmut Schmidt), der den Armen Sozialleistungen verweigert. Anstatt sie zu bilden und zu betreuen, sperrt das Land seine dunkelhäutigen Minderheiten in Gefängnissen weg. Amerika akzeptiert, ja bewundert den astronomischen Reichtum der wenigen, während Europa Umverteilung und soziale Gerechtigkeit pflegt. Das Schulsystem versagt, die Infrastruktur verkommt.

Amerika ist eine kulturelle Wüste: Amerikaner verschlingen Fast Food und überzuckerte Softdrinks (was freilich auch Europäer tun). Sie horten unbehelligt Schnellfeuergewehre, während in Europa die schärfsten Waffengesetze regieren. Sie wälzen sich in den Niederungen des Massen-Entertainments, derweil der Staat die Hochkultur hungern lässt, die der europäische Staat großzügig alimentiert. Sie kennen, wie Heine polterte, trotz aller Frömmigkeit nur einen Gott – Mammon. Harvard, Stanford und Co.? Diese »Elite«-Universitäten bedienen nur die Reichen und Mächtigen; der Rest ist Schrott, der nicht einmal den Anforderungen des deutschen Abiturs genügt.

Dies ist notabene eine ätzende Karikatur des europäischen Bewusstseins, aber kein Fantasieprodukt. Realiter findet man die Versatzstücke in dem Aufruf »Die Wiedergeburt Europas«, den Jürgen Habermas und Jacques Derrida 2003, im Jahr des Zweiten Irak-Krieges, verfassten. Was zeichnet Europa im Vergleich zu den USA aus?

In Stichworten: »vorbildliche europäische Wohlfahrtsregime«, »soziale Gerechtigkeit«, »Zähmung des Kapitalismus«, »kosmopolitische Ordnung auf der Basis des Völkerrechts«, »Verzicht auf die Todesstrafe«, »sozialstaatliche Befriedung von Klassengegensätzen«, »Vertrauen in die Steuerungskapazitäten des Staates«, »Skepsis gegenüber der Leistungsfähigkeit des Marktes«, »Präferenzen für solidarische Regelungen«, »niedrige Toleranz gegenüber Gewalt«.[88]

Europa, du hast es nicht nur besser, du bis auch besser, suggeriert das Manifest der beiden Philosophen im krassen Gegensatz zu Goethe. Zwei Jahre zuvor hatte Kanzler Gerhard Schröder die gelehrte Botschaft in seiner Wahlkampf-Prosa vorweggenommen: »Ich will keine amerikanischen Verhältnisse.«[89] Im Wahlkampf 2002 übernahm sein CSU-Rivale Edmund Stoiber die Sprachregelung: Nein, er wolle keine »amerikanischen Verhältnisse«. Denn »wir haben eine völlig andere Geschichte und Mentalität. Deshalb spielen für uns, anders als in Amerika, Solidarität und soziale Sicherheit eine ganz andere Rolle.«[90] Amerika ist demnach weder Magnet noch Modell, sondern eine Fehlkonstruktion, die Deutschland keinesfalls kopieren dürfe.

DIE REVOLTE GEGEN DEN ÜBERVATER

Die Abwehr Amerikas und die Überhöhung Europas à la Schröder und Stoiber, Derrida und Habermas markieren keinen deutschen Sonderweg. Vielmehr platzieren solche Reflexe Deutschland in der Mitte des europäischen Mainstream. Daneben aber begann in den späten Sechzigern ein spezifisch deutscher Strom zu fließen, der sich aus der unbewältigten Vergangenheit speiste. Die Studenten- und Jugendrevolte gegen den amerikanischen Freund und Beschützer geriet zur gewaltbereiten Generalanklage. Durch und durch verrottet sei dieses Amerika, ein Hort des ausbeuterischen Kapitalismus, des grausamen Völkermords in Vietnam. Doch welche Ironie! Wie mächtig Amerika als unbewusstes Vorbild war, zeigte sich exemplarisch just da, wo es hart auf hart gegen den »US-Imperialismus« (eine Standardformel) ging.

Die RAF, die Feuer in Warenhäusern legte, um den kapitalistischen »Konsumterror« zu bekämpfen, übernahm »Burn, Baby, Burn« aus Amerika und machte daraus den sprachlich falschen Slogan »Burn, Warehouse, Burn« (*warehouse* ist kein Kauf-, sondern ein Lagerhaus). Der Publizist Wolfgang Pohrt erinnert sich an einen Marsch auf ein Amerika-Haus – an eine Demonstration, »bei der auch Steine flogen, angeführt von einem Lautsprecherwagen, der die Demonstranten mit der Jimmy-Hendrix-Version der amerikanischen Nationalhymne beschallte«.[91] Sie werden auch Jeans und US-Uniformjackenteile getragen haben, die weiland für die Jungen zur Standardausrüstung gehörten. Die Vaterfigur von gestern wurde vom Sockel gestoßen mit Waffen *Made in USA* – der Aufstand als unbeabsichtigte Verbeugung vor der kulturellen Übermacht Amerikas.

Es mag sehr wohl sein, dass kein Land in Europa stärker amerikanisiert ist als Deutschland – wie übrigens schon in den Zwanzigern, als der Charleston, die Traumfabrik Hollywood und der »Fordismus« (Fließbandproduktion) in die Weimarer Republik eindrangen, freundlicherweise jedoch nicht die Prohibition, die den Amerikanern das organisierte Verbrechen bescherte. Anderseits geht die weitaus breitere Akkulturierung der Bundesrepublik Hand in Hand mit dem wohl höchsten Antiamerikanismus-Quotienten, jedenfalls in den sinnstiftenden Klassen, die in den Medien, Universitäten und Parteien beheimatet sind.

WAS IST ANTIAMERIKANISMUS?

Kritik an dieser oder jener Politik, an diesem oder jenem Präsidenten ist nicht Antiamerikanismus, ebenso wenig wie die Missbilligung einer spezifischen israelischen Politik Antisemitismus ist. Antiamerikanismus richtet sich nicht gegen das Handeln, sondern wie seit dem 18. Jahrhundert gegen das *Wesen* Amerikas – gegen seine Kulturlosigkeit, Gewalttätigkeit, Bigotterie … Das Land tut, was es tut, weil es so ist, wie es ist. Jeglicher »Anti-Ismus« beruht nicht auf faktischem Verhalten, sondern auf faktenresistenten, tief verwurzelten Stereotypen und Vor-Urteilen, die Herabsetzung widerspiegeln.

Aber wohlgemerkt: Kritik und »Anti-Ismus« sind zwei verschiedene Kategorien, die sich in gegensätzlichen Sprechakten manifestieren. »Das Land X hat falsch gehandelt, weil es …«« ist kein »Anti-Ismus«. Sehr wohl aber ist es dieser Sprechakt: »X hat so agiert, weil es grundsätzlich arrogant/gemein/korrupt/verkommen ist und diese Eigenschaften in seinem Charakter angelegt sind.« Folglich: Amerika tut, was es ist.

AMERIKANISMUS UND ANTIAMERIKANISMUS

Deutschlands Amerikanisierung auf der einen und Antiamerikanismus auf der anderen Seite – diese Koexistenz von Attraktion und Abscheu wirft ein Paradox auf, das so schwer nicht zu knacken ist. Auch hier liegt ein Schlüssel in einer vererbten Vergangenheit, die nicht aufhört, die Gemüter der Kinder und Kindeskinder aufzurauen.

Die Stimmung begann wie im Falle Israels Ende der Sechziger zu kippen, als eine neue Generation in die Lehrsäle und auf die Straße ging, um den langen »Marsch durch die Institutionen« anzutreten. In der Sicht der Nachfolgekohorte entpuppte sich der amerikanische Freund der Eltern plötzlich als Zentralmacht des Imperialismus, die in der Welt nicht Freiheit, sondern Unrecht, Ausbeutung und Elend verbreite. Diesem Amerika gebührte nicht Dank, geschweige denn Verehrung, sondern Widerstand und Verachtung. Denn es war Klassen-, Kultur- und Weltfeind zugleich.

Auch hier muss man zu einer küchenpsychologischen Binse greifen, wonach sich Dankbarkeit, geschweige denn die ihr entwachsene Zuneigung nicht durchhalten lässt. Daher auch der flapsige Spruch: »Keine gute Tat soll je ungerächt bleiben.« Wer dankbar sein muss, liegt an einer Leine, von der er sich befreien will – erst recht im deutsch-amerikanischen Fall. Der großherzige amerikanische Vater hatte seinem deutschen Zögling eine lichte Zukunft geschenkt. Jedoch war die unerwartete Wohltat mit einem ebenso unverhofften Gnadenerweis verkettet, der die Empfänger dauerhaft an die Machtverhältnisse sowie an die vererbte Schuld erinnerte.

Folglich mussten wie gegenüber Israel Schuldabwehr und -übertragung ihren Dienst tun. Der Umerzieher musste vom Podest geholt, »Lady Liberty«, die Freiheitsstatue, als Heuchlerin entlarvt werden. Der Unterschied? Israel war ein Winz-

207

ling, Amerika ein Riese. Im Verhältnis zu den USA paarte sich strategische Abhängigkeit mit kultureller Übermacht – und dann in einem Deutschland, das der Welt vor dem Krieg als weit strahlender Leuchtturm gedient hatte.

Seinerzeit, von der Reichsgründung bis zur »Machtergreifung«, stand Deutschland mit seiner Wissenschaft und Technik, Literatur und Kunst weltweit an der Spitze. Göttingen und Heidelberg lockten Studenten und Gelehrte von überall zu einer Zeit an, als die *Ivy League* noch Provinz war. Nun war die geistige wie strategische Macht nach Amerika ausgewandert – nach Cambridge (Harvard und MIT), Princeton, Hollywood und Los Alamos, der Atomwaffenfabrik. Albert Einstein hatte in einem Brief an den Präsidenten Roosevelt den Anstoß für die Atombombe gegeben. J. Robert Oppenheimer, der Chef des Manhattan-Projekts, hatte in Göttingen studiert, der Physiker Hans Bethe in Deutschland gelehrt, Edward Teller, der »Vater der Wasserstoffbombe«, bei Werner Heisenberg in Leipzig promoviert.

Den Deutschen waren nur Untergang und Unterwerfung geblieben, und das atemberaubende Wirtschafts-, dann Politwunder konnte das moralische Defizit offensichtlich nicht ausgleichen. Für die zweite Generation, die Kinder der »Re-Education«, war die Zeit gekommen, den Makel abzuschütteln. »Vati ist der Beste«, wie es in der populären TV-Serie hieß? Der war plötzlich ein kapitalistisches Monstrum, ein frömmelnder Weltverderber. »Für die Deutschen«, sinnierte viele Jahre später der aus Russland eingewanderte Schriftsteller Wladimir Kaminer, »sind die USA der böse Papa, der eigentlich einen in die Fresse bekommen soll.«[92] Was lag für die Nachfolgergeneration näher, als dem Schurken die Maske vom Gesicht zu reißen, ihn vom Fahrersitz zu verdrängen und selber nach dem Steuer zu greifen?

Den Dreifachimpuls lieferten die eskalierenden Rassenkonflikte, der Vietnam-Krieg und Watergate, das Staatsverbrechen im Herzen der amerikanischen Macht. Im Jahre 1964, bevor die deutsche Studentenbewegung richtig in Fahrt kam (die amerikanische war es schon und lieferte das Vorbild), legte der damals 35 Jahre alte Publizist und Poet Hans Magnus Enzensberger das intellektuelle Fundament für die Revolte gegen den amerikanischen Übervater. Ein Jahr später gründete er das *Kursbuch*, das der jüngeren Linken, den »68ern«, den ideologischen Weg wies.

Mit Blick auf den Eichmann-Prozess in Jerusalem verglich er Hiroshima mit dem Völkermord, die amerikanische Atombombe mit dem Holocaust. Den Atomkrieg stilisierte er als Neuauflage des Menschheitsverbrechens – bloß im universellen Maßstab – und nahm damit die Verdammung Israels als Weltenzündler, als planetarische Bedrohung durch Günter Grass um fünfzig Jahre vorweg (siehe Seite 185–187). Die Bombe sei die »Gegenwart und Zukunft von Auschwitz« – Amerika der Wiedergänger des Hitlerismus. Dann die Schuldverlagerung: »Wie will den Genozid von gestern verurteilen, wer den Genozid von morgen plant und ihn sorgfältig mit allen wissenschaftlichen und industriellen Mitteln … vorbereitet?«[93]

Weiter: Die Amerikaner proben heute die »Endlösung von gestern« – was sie an die Seite der Nazis stellt. Überdies beruhe der »Rüstungswettlauf« auf einer Idee, die nicht weniger »paranoid« sei »als die Wahnidee von der ›jüdischen Weltverschwörung‹«,[94] die in den Köpfen der Nazis gewabert hatte. Dann der Paukenschlag, mit dem sich der Stipendiat in Form einer Totalanklage bei seinem amerikanischem Gastgeber, der Wesleyan University in Connecticut, verabschiedete, um nach Kuba zu ziehen. Dieser totalitäre Polizeistaat wurde weiland zum Wallfahrtsort der deutschen wie der internationalen Linken. Ihr Held war der Chefhenker der Revolution, Che Guevara, der vom Atomkrieg zwischen den Supermächten fantasierte. Auch wenn dabei Millionen von Kubanern umkämen – der Sieg der Revolution, so Guevara, sei es wert.

Enzensberger schrieb:

>»Ich halte die Klasse, welche in ... Amerika an der Herrschaft ist, für gemeingefährlich. [Sie] bedroht jeden Einzelnen von uns. Sie liegt mit über einer Milliarde von Menschen in einem unerklärten Krieg [und] führt ihn mit allen Mitteln, vom Ausrottungs-Bombardement bis zu den ausgefeiltesten Techniken der Bewusstseins-Manipulation. Ihr Ziel ist die Weltherrschaft.«

Wie das Ziel Hitler-Deutschlands, darf man hinzufügen. Durch und durch verkommen sei Amerika als solches. Martin Walser, eine überragende Figur der deutschen Nachkriegsliteratur, legte noch einen drauf. Was in Vietnam passiere,»ist kein Zufall, sondern ein Ausdruck der inneren und innersten Verfassung der USA«[95] – das Böse schlechthin, das bis vor Kurzem noch die Deutschen verkörpert hatten. Enzensberger fährt in seinem Abschiedsbrief fort:

>»Es wissen die meisten Amerikaner nicht, wie sie aussehen. Sie wissen nicht, wie ihr Land sich ausnimmt aus einer Perspektive, die nicht amerikanisch ist. Sie wissen nicht, was das für ein Blick ist, der auf ihnen ruht ... überall auf der Welt. Ich werde Ihnen sagen, woher ich diesen Blick kenne – weil ich ein Deutscher bin: weil er sich Ende der vierziger Jahre auch auf mich gerichtet hat. [Er enthielt] Misstrauen und Widerwillen, Furcht und Neid, Verachtung und offenen Hass.«[96]

Der Dichter, der sich, älter geworden, in den Achtzigern vom Antiamerikanismus verabschieden sollte, wird hier so ausführlich zitiert, weil seine Anklageschrift prototypisch war für die etwas jüngere 68er-Generation. Sie übernahm den Diskurs und machte ihn zum Rüstzeug ihres Denkens und Fühlens. Amerika wurde gleichsam zu jenem biblischen Sündenbock, dem »alle Schuld der Kinder Israels« aufgeladen wurde, um ihn dann »in die Wüste fortzuschicken« (Levitikus 16,21–22). Weg mit dem Bock, weg mit der Bürde, und erlöst waren die nunmehr gereinigten Deutschen.

Eine knappe Generation später übertrug der *Stern*-Journalist Walter Wüllenweber das biblische Gleichnis in die Gegenwart. Auch er soll etwas länger zitiert werden, weil, wie dieser Autor glaubt, der Duktus seiner Anklage repräsentativ sei für die Gefühlslage eines Großteils der heutigen kommentierenden Klasse. Der Untertitel der »Polemik« lautet: »Die Amerikaner lehrten uns die Demokratie. Nun bedrohen sie unsere Grundrechte und verraten unsere gemeinsamen Werte.«

Der Papa, so gütig er auch gewesen sein mag, hatte das Recht verloren, die Deutschen Mores zu lehren. Aus der Feder des Journalisten liest sich dieser Abschnitt im deutschen Bildungsroman wie der Sergio-Leone-Western *The Good, the Bad and the Ugly* (dt.: *Zwei glorreiche Halunken*, 1966) – mit den Deutschen als Wiedergutgewordenen und den Amerikanern als Bösen und Hässlichen:

> »Die Verfassung, die nur mit freundlicher Unterstützung der USA entstehen konnte, wurde zu einer der besten der Welt. In Deutschland steckt die DNA Amerikas. Die USA sind die Eltern der Bundesrepublik. Am Anfang mussten sie ihr Baby füttern und kontrollierten jede Krabbelbewegung. Ein Leben lang mussten sich die unmündigen Westdeutschen Vorträge von ihren Erziehungsberechtigten

anhören, was man nicht tut. Und nun entdeckt das erwachsene Kind: Die Eltern verraten jene Werte, die sie uns
mit so viel Pathos gepredigt haben.

Amerika brachte den Deutschen bei: In einem Rechtsstaat darf niemand ohne fairen Prozess ins Gefängnis ge-
steckt werden, schon gar nicht in ein Konzentrationslager.
Und nun existiert Guantánamo bereits elf Jahre. … Amerika zwang die Kriegsverbrecher, sich in den Nürnberger
Prozessen gegenüber der Welt zu verantworten – und wei-
gert sich heute selbst, den internationalen Strafgerichtshof
anzuerkennen. Das neue Gesicht Amerikas – es ist häss-
lich.«[97]

USA-SA-SS

Dass Amerika nicht verwirkliche, was es predigt, die eigenen
Interessen höher halte als seine ausgiebig plakatierten Werte, ist
eine alte Geschichte. Sie geht bis in die Gründerzeit der *American Republic* zurück, und niemand hat die Kluft heftiger ge-
geißelt als die Kritiker im eigenen Land. Amerikakritik *Made
in USA* könnte eine kleine Bibliothek füllen.[98] Nur hat die hier
zitierte Abrechnung mit dem »hässlichen« Amerika eine andere Qualität als die amerikanische Selbstkritik.

»Konzentrationslager« und »Nürnberger Prozesse« sind die
sinnfälligen Extras, um die amerikanischen Adoptiveltern mit
den eigenen Vorvätern zu verschmelzen, die das unauslösch-
liche Kainsmal des Nazismus auf der Stirn trugen. Die Botschaft an Amerika: Wir haben aus unserer Geschichte gelernt,
ihr nicht, folglich sind wir nicht nur rehabilitiert, sondern auch
moralisch besser als ihr. So wird der Bewährungshelfer zum
Sündenbock, der die Heutigen von den Untaten ihrer Eltern
und Großeltern erlöst.

Die Gleichsetzung Amerikas mit Nazideutschland begann

1967 mit der seitdem oft wiederholten Parole »USA-SA-SS«. Auf einer Berliner Friedensdemo im Mai 2002 zeigte ein Banner Hitler vor dem brennenden Reichstag und George W. Bush vor den einstürzenden Türmen des World Trade Center. Die Message war leicht zu entziffern: Der eine wie der andere hatte den Horror selber inszeniert, um die Macht an sich zu reißen und den Krieg vorzubereiten.

Auf einer Demonstration gegen den Irak-Krieg im Februar 2003 hieß es ganz direkt: »USA – Drittes Reich, ihr seid so gleich.« Ein anderes Poster verkündete: »Ein Hitler ist genug«, und meinte mit dem zweiten Hitlers Wiedergänger George W. Bush. Nicht zu übertreffen war das Plakat mit der englischen Aufschrift: »*Remember Nuremberg, Mr. Bush: Death by Hanging.*« Ribbentrop, Kaltenbrunner, Streicher, Bush – »ihr seid so gleich«.

»USA-SA-SS«, das Motiv der späten Sechziger, sollte in der Folge einen festen Platz im Unterbewusstsein einnehmen. Ein Titelbild des *Stern* zeigte Donald Trump, eingehüllt ins Sternenbanner, der die Hand zum »deutschen Gruß« erhebt. Die Schlagzeile dazu lautete: »Sein Kampf« (24. August 2017). Ein *Spiegel*-Titel zeigt einen Mann unter der Kapuze des Ku-Klux-Klan, der amerikanischen Nazivariante, und serviert als Bildzeile: »Das wahre Gesicht des Donald Trump« (19. August 2017).

Ein anderes *Spiegel*-Cover zeichnet Trump als Weltzerstörer – als Meteor, der aus dem All auf die Erde zurast. Die Schlagzeile »Das Ende der Welt« suggeriert, dass Trump den Vernichtungswillen ins Unermessliche steigere (12. November 2016); die Nazis wollten die Welt nur erobern, nicht zerstören. Ein dritter *Spiegel*-Titel stellt Trump als IS-Terroristen dar – in der Hand das bluttriefende Messer, mit dem er der Freiheitsstatue den Kopf abgesäbelt hat (4. Februar 2017). Finis Amerika als Leuchtturm der Freiheit, als »*land of the free and home of the brave*«, wie es in der Nationalhymne heißt.

Dass Donald Trumps Politik, nach innen wie nach außen, die schärfste Kritik verdient, steht nicht zur Debatte, auch nicht, dass der zweite Bush-Krieg gegen Irak der törichteste der amerikanischen Geschichte gewesen ist, wie die Konsequenzen seit 2003 zeigen. Entscheidend ist die Symbolik dieser Bilder, welche die beiden Präsidenten Bush und Trump mit Nazis und dem IS gleichsetzen. Peter Zadek, eine Koryphäe des deutschen Theaters im letzten Drittel des 20. Jahrhunderts, drückte es direkt, ohne Bilder aus. Es gehe ihm nicht um Amerikas Tun, bekannte er, sondern um Amerikas Sein – und um die Gleichsetzung USA–Hitlerdeutschland:

>Ich finde es feige, dass viele Leute heute einen Unterschied machen zwischen dem amerikanischen Volk und der gegenwärtigen amerikanischen Regierung. Die Regierung Bush ist mehr oder weniger demokratisch gewählt worden, und sie hatte bei ihrem Feldzug im Irak die Mehrheit der Amerikaner hinter sich. *Man darf also durchaus gegen die Amerikaner sein, so wie im Zweiten Weltkrieg der größte Teil der Welt gegen die Deutschen war.* In diesem Sinne bin ich Anti-Amerikaner.«[99]

So wird der historische Rollentausch perfekt. Solche Einlassungen, und seien die Stichwortgeber noch so prominent, beweisen nichts im strengen sozialwissenschaftlichen Sinne; das können allenfalls systematische Umfragen, welche die Seelenlage der Gesamtbevölkerung ausloten – dazu mehr im folgenden Abschnitt. Und doch widerspiegelt die dauerhafte Reproduktion solcher Motive einen Archetypen, der flüstert: Die Amerikaner sind, was unsere Vorväter gewesen sind: Ungeheuer.

Daraus folgt eine zweite Einsicht. Auch die wurzelt in der noch immer quälenden Vergangenheit, als die Davongekommenen sich den Amerikanern an den Hals warfen und sie als Mäzen und Mentor verehrten. Sie besagt in etwa: »Amerika hat das Recht verloren, sich als Weltbeglücker aufzuspielen – und schon gar nicht gegenüber den gerecht denkenden Enkeln der deutschen Täter. Die Flamme der Freiheit ist erloschen. Ihr habt uns nichts mehr zu sagen. So sorry.« Oder: Je hässlicher der Amerikaner, desto lichter die Gestalt des neuen Deutschen.

In längerer, ausgewogener Form erscheint die subkutane Message in Büchern wie *Ausgeträumt, Amerika?* oder *Nachruf auf Amerika: Das Ende einer Freundschaft und die Zukunft des Westens*, beide von 2018. Es sind Geschichten des Niedergangs und der Selbstentwürdigung, der Verirrung und Verwahrlosung. Solche Berichte haben freilich Tradition. Sie kamen lange vor Bush und Trump auf den deutschen Markt, sei's in den Gazetten oder auf dem Büchertisch.

Wer gerade im Weißen Haus das Regiment führt, liefert den Anlass und die Folie, nicht die Triebfeder des Ressentiments. Auch hier nichts Neues unter der Sonne. In den Achtzigern, also lange vor Bush und Trump, schrieb der amerikanische Historiker Fritz Stern: Nach dem Zusammenbruch

> »waren die Deutschen hingerissen von allem, was amerikanisch war; sie sahen Amerika als unverzichtbaren Verteidiger und Versorger, als Vorbild und Wegweiser. … Deutsche reisten in Massen nach Amerika als Studenten, Touristen und Wandervögel. In Amerika fand die echte Re-Education statt. Deutsche waren verzaubert vom Land, von den Care-Paketen, der Musik, dem schieren materiellen Überfluss, der Literatur. Es war unvermeidbar, dass irgendwann die Verzauberung in Entzauberung umschlagen würde … Im vergangenen Jahrzehnt ist dieser strahlende Glanz dahingeschwunden. Die USA werden nicht mehr als Vorbild gesehen.«[100]

Eine groß angelegte Meinungsanalyse[101] des Allensbach-Instituts im Jahre 2013 lässt ahnen, dass der jeweilige Hausherr im Weißen Haus nicht den entscheidenden Faktor in den Annalen des Antiamerikanismus ausmacht. Dies war die Ära des Barack Obama, des Rockstars und Erlösers nach Bush, der im Wahljahr 2008 an der Berliner Siegessäule 200 000 Menschen begeistert hatte – als hätten die Rolling Stones ein Gratiskonzert dargeboten. Zum Beginn seiner Amtszeit 2009 verbuchte Obama die höchsten Sympathiewerte, die ein US-Präsident je bekommen konnte: 87 Prozent. Vier Jahre später lag der Wert immer noch bei 78 Prozent.

Nun zum Bild Amerikas als solchem. Hier, in der Begegnung mit dem beliebtesten Präsidenten aller Zeiten, behielten die vertrauten Versatzstücke trotzdem die Oberhand. Beispiele aus den Umfragen: Ist das Land ein »Verfechter von Freiheit und Menschenrechten«? Fünf von zehn Deutschen finden das nicht, nur drei von zehn antworteten mit »Ja«. Sind die Amerikaner mit ihrer »Konsum- und Wegwerfgesellschaft ein abschreckendes Beispiel für den Rest der Welt«? Mehr als sieben von zehn stimmten zu, gerade mal zwölf Prozent taten es nicht. Ob die USA »für uns ein Vorbild« seien? Sieben von zehn wiesen diese Vorstellung zurück, gerade mal zwei von zehn nickten zustimmend. Ist Amerika immer noch das Land der »unbegrenzten Möglichkeiten«? Hat dort »jeder Einzelne die Chance, sein Glück zu machen«? Der Zweifel überwog mit 45 zu 35 Prozent – Ende des »amerikanischen Traums«, welcher der Welt als Vorbild zu dienen pflegte.

Daraus darf man schließen, das ein »Guter« im Weißen Haus nicht unbedingt auf das Bild Amerikas abfärbt. Die Menschen mögen einen Präsidenten lieben, aber lassen deshalb nicht ihre Vorurteile fallen – der Mann ist reizend, doch das Land ist abstoßend. Als Illustration sollen hier zwei *Stern*-Titel aus der Ära Obama dienen. Der eine (8. März 2012) zeigt Obama unter dem Sternenbanner und fragt:»Amerika, was ist aus dir geworden?« Der zweite (1. August 2013) zeigt Uncle Sam von hinten, wie er mit gekreuztem Zeige- und Mittelfinger»ableitet«, also falsch schwört. Die Titelzeile lautet:»Der falsche Freund: Keine Rücksicht, keine Moral – Warum Amerika die Freiheit verrät«.

So weit der eine Datensatz nebst bildlichen Beispielen, die notabene nicht die Aversionen der Blattmacher belegen, sondern die unterstellten Überzeugungen ihrer Kundschaft widerspiegeln, etwa:»Ja, da ist was dran.« Gehen wir deshalb zu der gerade zitierten Erhebung des Allensbach-Instituts zurück, wo sie die realistische, interessenbezogene Seite der Medaille darstellt.

Wer garantiert eigentlich die Sicherheit Deutschlands? Zwei Drittel verwiesen auf die NATO, sprich: auf das amerikanische Bündnis. Hinter diesem hohen Wert verbergen sich höchst praktische Erwägungen: Sicherheit *Made in USA* schlägt Selbstversorgung. Gerade mal 16 Prozent sprachen sich für den»außereuropäischen Einsatz der Bundeswehr« als Garant deutscher Sicherheit aus – besser die lästigen Amerikaner als eine selbstständige Verteidigungspolitik. Dazu passt, dass nur eine winzige Minderheit von sieben Prozent die Erhöhung des Militäretats befürwortete. Mithin blieben die USA die sicherste Bank: Immerhin gaben knapp sechs von zehn zu Protokoll, dass sich die Bundesrepublik»auf Amerika verlassen« könne. Knapp zwei Drittel befürworteten auch die»enge Zusammenarbeit« mit den USA.

Das war das Bild von Amerika während der beiden Amtszeiten Obamas. Rasant aber verdunkelte sich das Image Amerikas in der Ära Trump. Unter Obama hatten fast sechs von zehn Deutschen eine positive Einstellung zu den USA kundgetan. Gleich zu Beginn der Amtszeit von Trump sollte sich dieser Wert fast halbieren – ein Absturz wie in der Ära des George W. Bush vor und nach dem Zweiten Irak-Krieg. Nur darf man die Furcht vor der rüden Machtentfaltung – »*America first!*« und »*Make America great again*« – nicht mit Antiamerikanismus verwechseln. Wohl halten die Deutschen Donald Trump für gefährlich, unberechenbar, rücksichtslos und ultranationalistisch. Dennoch gaben im Jahre 2017 fast zwei Drittel eine positive Einstellung zu den Amerikanern als solchen zu Protokoll.[102]

Der echte Hardcore-Antiamerikanismus – wie der gemessene Antisemitismus (siehe Kapitel 8) – hält sich in Grenzen. Das zeigt eine der jüngeren Erhebungen am Ende der Ära Obama, die klassische Vorurteile misst. Die Zahlen beziehen sich auf »Stimme ganz zu«.[103]

Die US-Kultur ist oberflächlich:	11 Prozent
Amerikaner sind eigennützig und egoistisch:	4,6 Prozent
Die USA sind schuld, dass es so viele Weltkonflikte gibt:	9 Prozent
Der US-Imperialismus ist die eigentliche Gefahr für den Frieden:	6,8 Prozent
Mir sind die Amerikaner eher unsympathisch:	3,5 Prozent
Ich kann es gut verstehen, wenn manchen Leuten die Amerikaner unangenehm sind:	8,7 Prozent

Diese niedrigen Werte fallen aus dem Rahmen. Denn sie unterscheiden sich deutlich von anderen Umfragen mit höheren Antiamerikanismus-Messungen. Doch scheint ein anderer Blick, nämlich der auf die Alterskohorten, ein freundlicher werdendes Amerika-Bild zu enthüllen. Die Frage lautet: Haben Sie eine positive Einstellung zu den USA?

Bei den Älteren (50+, die auch die 68er einschließen) denkt nicht einmal ein Drittel gut über Amerika, doch tut das fast die

Hälfte der Jüngeren.[104] Daran lassen sich interessante Spekulationen knüpfen. Kann es sein, dass die dritte Generation n. H. (nach Hitler), die 18- bis 29-Jährigen, in der Zweiten Republik angekommen ist? Dass sie, die nur die Segnungen der liberalen Demokratie kennen, kein Bedürfnis verspüren, ererbte Schuld durch Übertragung abschütteln zu müssen? Dass sie ihr Selbstwertgefühl aus einem Deutschland ziehen, das in der ganzen Welt Respekt und Bewunderung genießt? Wenn dem so ist, wäre die Wiedergutwerdung vollendet – mit einem Selbstbewusstsein ohne Groll und moralischen Gestus.

DAS GUTE DEUTSCHLAND

Jeder Bildungsroman handelt vom Dreisprung Jugend – Prüfung – Reifung, den der Held bewältigen muss, um mit sich und der Welt ins Reine zu kommen. In dieser Reihung ist die Zweite Deutsche Republik im *coming of age*, im Erwachsenwerden, angekommen. Vorbei ist die Entfremdung der frühen Jugend, bestanden sind die Prüfungen. Der Außenseiter wird zum Insider – erst akzeptiert, dann respektiert. Die Normalität zieht ein.

Die Bilanz nach siebzig Jahren? Dieses Deutschland ist das beste, das es je gab: liberal, demokratisch, krisenfest und stabil. Zu dick aufgetragen? Skeptiker mögen dagegenhalten, dass die Leistung, gemessen an den Vorläufern der Bundesrepublik, so sensationell nicht war. Denn die hatten eine sehr niedrig liegende Latte hinterlassen.

Werfen wir den Blick zurück auf die Vorgänger, die dem Start-up kaum Kapital, dafür umso mehr rote Zahlen vererbt hatten. Der erste Nationalstaat der Deutschen ging aus *Preußen* hervor, das unter Bismarck die Habsburger vertrieben und Restdeutschland nicht so sehr geeint als vielmehr mit »Eisen und Blut« zusammengezwungen hatte. Das friderizianische Preußen war ein autoritäres, ja absolutistisches Gebilde, das in der Dauerfehde mit Europa lag und im Siebenjährigen Krieg, im »Albtraum der Koalitionen«, fast zugrunde gegangen wäre. Der Alte Fritz begann seine Regentschaft 1740 mit einem Angriffskrieg gegen Maria Theresia von Österreich, zerteilte Polen und führte Krieg bis ins hohe Alter. Im 18. Jahrhundert machte ein Wort die Runde: Preußen sei kein Staat mit einer Armee, sondern eine Armee mit einem Staat.

Das *Bismarck-Reich* schuf in der ewig umkämpften Mitte den deutschen Machtstaat. Ein Freund der liberalen Demokratie war der »Eiserne Kanzler« nicht. Wo er den Reichstag nicht kujonieren konnte, hat er ihn manipuliert. Während er seine Bündnisfäden spann, um die Großmächte ringsum auszutarieren, verfolgte Bismarck Sozialisten und »Ultramontane«, die »Reichsfeinde«, wie Bismarck die Katholiken nannte. Um der aufsteigenden Arbeiterklasse den Schneid abzukaufen, bestach er sie mit seiner Sozialgesetzgebung. Doch war ihm politische Teilhabe ein Gräuel.

Wilhelm Zwo? Das Urteil der Geschichtsschreibung reicht von Leichtsinn bis Größenwahn, von Chauvinismus bis Abenteurertum – Charakterzüge, die das Kaiserreich im Ersten Weltkrieg ins Verderben drängten. *Weimar*: ein schönes demokratisches Experiment, das zwischen linken und rechten Totalitären zerrieben wurde. Das *Zwölfjährige Reich* war ein beispielloser Horror, der in der Totalunterwerfung und Zerstückelung endete. Im Vergleich zu den Negativrekorden ihrer Vorgänger war die Bundesrepublik nachgerade zum Erfolg verdammt, denn wer ganz unten liegt, kann tiefer nicht mehr fallen. Er kann sich nur noch aufrichten. Dann aber musste die junge Republik klettern, und zwar mit Fesseln an den Füßen sowie unter Aufsicht seiner alliierten Bewährungshelfer. Der Aufstieg sollte sich als atemberaubend erweisen.

Diese Wendung ist umso wundersamer, als die *Zweite Republik* in der Vergangenheit weder ein Fundament noch ein Vorbild finden konnte. In diesem Sinne ist sie ein geschichtsloses

Gebilde (siehe Einleitung). Worauf konnte sie sich denn berufen, welche Traditionen konnten ihr Halt und Haltung verleihen? Ein Beispiel: Als die Bundeswehr entstand, mussten ihre Rekruten US-Helme aufsetzen. Die Stahlhelme der Wehrmacht kamen 1955 nicht infrage. Sie symbolisierten eine schreckliche Vergangenheit, an welche die Republik keinesfalls anknüpfen durfte. Die Knobelbecher waren ebenso tabu wie das Balkenkreuz der Hitler-Armee.

Anschaulich ist der Vergleich mit Amerika nach der Unabhängigkeitserklärung von 1776. Auch dieser Staat war ein Start-up; er verstand sich als *novus ordo seclorum*, als »neue Ordnung der Zeitalter«, wie es im Staatswappen steht. Aber er entstand nicht *ex nihilo*, als Noch-nie-Dagewesenes. Getreulich übernahmen die Jung-Amerikaner die Gesetze und Gebräuche, Institutionen und Werte der britischen Mutter. Noch heute zitieren Anwälte vor amerikanischen Gerichten Präzedenzfälle aus dem Common Law des alten Englands. Amerikas geistige Wurzeln lagen in der schottisch-englischen Aufklärung. Harvard und Yale kopierten die Colleges von Oxford und Cambridge, die Architektur mit eingeschlossen. Unzählige Staaten und Städte sind nach den britischen Originalen benannt: New Hampshire, New Jersey, Boston, Birmingham, Bradford …

ABSCHIED VOM GESTERN, SPRUNGBRETT IN DIE ZUKUNFT

Die Bundesrepublik entsprang zwar dem Strom der deutschen Geschichte, übernahm auch so manches vertraute Element wie das Bürgerliche Gesetzbuch, war aber ein Gewässer, das sich ein neues Flussbett suchen musste – und wollte. Wer das Wesen dieses Experiments auf einen Blick erfassen will, braucht nur zwei Begriffe: »Bruch« und »Gegenmodell« – den Bruch mit dem Gestern und das Gegenmodell für das Morgen. Das Gestern, jedenfalls im ideologischen und institutionellen Sinne, waren Preußen, Wilhelminien, Weimar und Hitler, und dieses Quartett gab keine nutzbaren, sondern nur abschreckende Traditionen her. Dieses toxische Erbe *musste* der Nachfolgerstaat ausschlagen.

Also ein Land ohne Vergangenheit? Natürlich nicht. Auf die Bundesrepublik passt der Spruch des amerikanischen Nobel-Literaten William Faulkner: »Die Vergangenheit ist nie tot, sie ist noch nicht einmal vergangen.« Für die Zweite Republik war die Vergangenheit in der Tat Gegenwart, wiewohl alles andere als Kontinuität. Die Vergangenheit hatte nur eine Funktion: Sie musste überwunden werden. Deshalb konnte es nach 1945 keine Restauration geben wie im nachrevolutionären Frankreich. Die junge Republik wurde tatsächlich in der »Stunde null« geboren. Das war in Wahrheit ein Segen sondergleichen, konnte sie doch auf ihrem Weg das alte Gepäck stehen lassen.

Wenn Sozialwissenschaftler über das Gewicht der Vergangenheit reden, benutzen sie den Begriff der »Pfadabhängigkeit«. Der besagt, dass die Zukunft nicht frei gestaltet werden kann, sondern von früheren Entscheidungen und eingemauerten Strukturen abhängt – eben von dem, was gestern galt. Die Bundesrepublik hatte, wie hier abermals betont werden soll, das große Glück im großen Unglück. Der Pfad hinter ihr war abgerissen – diskreditiert und demoliert, der Weg ins Unheil. Es gab kein Zurück. Die Bonner Republik konnte durchstarten, Neues entwerfen und ausprobieren.

Nicht einmal die Jung-Amerikaner hatten diese Chance, waren sie doch fest im britischen Mutterland verwurzelt. Im Aufstand gegen George III. führten sie ihre tradierten Freiheiten als *British subjects* ins Feld, die George ins Unrecht setzten und ihnen das Recht zur Auflehnung verliehen. Wie allein schon die Bezeichnung »Neu-England« zeigt, konstituierten sich die USA als *WASP Republic*, als »weißes, angelsächsisches, protestantisches« Gemeinwesen.

Die Zweite Deutsche Republik hat die Chance der Pfadunabhängigkeit genutzt, die Metamorphose glänzend gemeistert. Schon 1957 konstatierte David Ben-Gurion, der Gründervater Israels: »Das Deutschland von heute ist nicht das Deutschland von gestern.« Schreiten wir die Säulen der neuen Ordnung ab:

- Eine *liberale Verfassung* mit unveräußerlichen Rechten und Freiheiten des Einzelnen, welche die Weimarer Errungenschaften weit in den Schatten stellt.
- Eine *unabhängige Justiz* mit einem mächtigen Verfassungsgericht.
- Eine *Gewaltenteilung*, die Weimar wie ein zentralistisches Gebilde aussehen lässt, vom Dritten Reich ganz zu schweigen.
- Ein *Bundesstaat* mit mächtigen Länder-Vorrechten, von denen die Erste Republik nicht einmal träumen konnte.
- Eine *Exekutive*, die eingezwängt ist zwischen Grundgesetz, Verfassungsgericht und Parlament.
- Eine *freie Presse*, die weder die Zensur noch die Regierung fürchten muss.
- Ein *»freier Markt« für die Religionen*, obwohl deren drei – Lutheraner, Katholiken und Juden – insofern privilegiert sind, als sie Körperschaften des öffentlichen Rechts mitsamt Staatsverträgen sind. Dennoch kann hier jeder nach »seiner Fasson selig« werden, um den Alten Fritz zu zitieren.
- Ein *freiheitliches Gemeinwesen*, wo der »persönliche Freiheits-Index« über dem amerikanischen und dem französischen liegt.[1] Zitat einer frisch Eingebürgerten: »Ich möchte in einem Land wohnen, in dem man einen Witz über einen Politiker machen kann, ohne verhaftet zu werden.«[2]
- Eine *Bürokratie*, die so effizient ist wie die preußische, sich aber nicht als Bastion der Staatsmacht, sondern als Dienst-

leistungsbetrieb für den Bürger versteht, wo die Staatsdiener die Uniformen mit Pullovern und Jeans vertauscht haben.

- Ein Staat, der eigentlich nicht »BRD«, sondern »MRD« – *Mittelstandsrepublik Deutschland* – heißen müsste, sind doch die alten Klassenkonflikte mit ihrem revolutionären Zündstoff verblasst. In der Verteilung der Einkommen liegt Deutschland deutlich im egalitären Bereich: hinter den Skandinaviern, Belgiern und Holländern, aber vor Frankreich, England, Italien und Amerika.

- Die weitgehende *Einebnung alter Konflikte*, welche die deutsche Geschichte gequält haben: die Kluft zwischen Nord und Süd, Stadt und Land, Protestantismus und Katholizismus. Dagegen bleibt Nordirland unversöhnlich gespalten zwischen den beiden Konfessionen, derweil Katalonien regelmäßig die Sezession von Spanien probt.

- *Abflachendes Wohlstandsgefälle zwischen Ost und West*: Die ehemalige DDR ist nicht zum deutschen Mezzogiorno verkommen. Die Arbeitslosigkeit ist von einem 20-Prozent-Gipfel auf eine Quote von 8,4 Prozent gefallen.[3]

- *Staatsbürgerschaft*: Die beruhte einst auf dem *ius sanguinis,* dem Blutrecht. Deutscher war, wer deutsche Eltern hatte oder »Volkszugehörigkeit« reklamieren konnte. Inzwischen greift wie in anderen westlichen Ländern das *ius territorialis*: Deutscher ist, wer hier geboren ist, wobei ein Elternteil seit acht Jahren rechtmäßig im Inland wohnen und ein unbefristetes Aufenthaltsrecht genießen muss. Die Einbürgerung ist sukzessive erleichtert worden.

- Die *Entscheidung für den Westen*: »Der lange Weg nach Westen«, den der Historiker Heinrich August Winkler über die Jahrhunderte auf 1312 Seiten ausgebreitet hat, hat sich erst in der Bundesrepublik wirklich durchgesetzt. Bis dato war der deutsche Michel ein Weltkind in der Mitten gewesen, mal als Beute, mal als Bedrohung, selten mit dem Westen, öfter mit dem Osten – Russland und Österreich – liiert. Der entscheidende Abschnitt des Weges nach Westen war ein kurzer. Er begann mit dem Gründungsakt der Republik 1949. Er geriet zur betonierten Einbahnstraße mit der Integration in die Europäische Gemeinschaft (1952) und die Atlantische Allianz (1955). Er wurde vollendet mit der Wiedervereinigung 1990, die bekanntlich im westlichen Gefüge stattfand, nicht im Niemandsland von Neutralität und Schaukelpolitik. Kulturell, wirtschaftlich, strategisch ist die Berliner Republik ein Anker der westlichen Welt.

- Der *liberale Staat*: Die beiden bestimmenden Prüfungen im Bildungsroman waren die *Spiegel*-Affäre 1962 (siehe Seite 49 und 102) und der Angriff der Rote Armee Fraktion (RAF), die 1970 in die Arena eindrang. Die *Spiegel*-Affäre endete mit dem Triumph der Justiz, der Dritten Gewalt, über die Exekutive, der »Deutsche Herbst« mit dem Sieg des Rechtsstaats über den revolutionären Terror.

Die Republik hat in den Siebzigern ihre gefährlichste Feuerprobe bestanden. Sie begann mit der Ermordung eines Gerichtspräsidenten Ende 1974. Es folgten die Entführung eines prominenten CDU-Politikers, die Besetzung der Stockholmer Botschaft, Anschläge auf deutsche Einrichtungen im Ausland. Weiter ermordete die RAF einen Bundesanwalt, einen Großbanker und einen Großindustriellen. Der Höhepunkt war die Entführung der Lufthansa-Maschine *Landshut* nach Mogadischu. Den drohenden Massenmord konnte der Einsatz der Sondereinheit GSG 9 abwenden. Kanzler Helmut Schmidt hatte Vabanque gespielt und gewonnen; andernfalls hätte er demissioniert. Das war der Anfang vom Ende des deutschen Terrors – und nicht die Geburt des repressiven Sicherheitsstaats.

Die »Theorie« des Terrors? Reiße dem Staat die liberale Maske vom Gesicht, indem du ihn durch Mord und Erpressung so lange provozierst, bis er die Ketten des Rechtsstaats sprengt und die Fratze des machtgeilen Molochs zeigt. Je schlimmer, desto besser für uns, war die Devise; auf den Trümmern des angeblich freiheitlichen Staates wird die Revolution siegen – gegen Kapitalismus, Imperialismus, Faschismus …

Helmut Schmidt hat es so ausgedrückt: Die Mörder wollen »die Organe des Grundgesetzes verleiten, sich von den freiheitlichen und rechtsstaatlichen Grundsätzen abzukehren. Sie hoffen, dass ihre Gewalt … unkontrollierte Gegengewalt hervorbringe, damit sie unser Land als faschistische Diktatur denunzieren können.«[4] Es gelang nicht. Die schlimmste Sünde gegen den Rechtsstaat war das »Kontaktsperregesetz«, das die Verbindung zwischen RAF-Häftlingen und deren Verteidigern kappen sollte, weil manche von denen als Briefträger für die kämpfenden Genossen draußen agiert hatten. Das Gesetz war eine klare Verletzung eines hohen Rechtsgutes, das dem Verdächtigen anwaltlichen Beistand sichert. Doch war dies nur ein geknacktes Schloss im Hause des liberalen Rechtsstaates; das Gebäude blieb intakt. Die Bonner Republik mutierte nicht zum Polizeistaat, die Feuerprobe war bestanden.

DER BEWÄHRUNGSKANDIDAT ALS KLASSENBESTER

Eine gute Dekade nach dem »Deutschen Herbst«, im Gefolge der Wiedervereinigung, reckte sich auch nicht das »*Fourth Reich*«,[5] das abermals an die Hegemonialgelüste der Vorläufer anknüpfen würde, wie die Nachbarn befürchteten. Deshalb versuchten London, Paris und Rom, die Trasse in die Einheit zu verlängern, wenn nicht gar zuzuschütten. Legendär ist das Treffen einer Gruppe von Deutschland-Experten in Chequers, dem Landsitz des britischen Premiers Anfang 1990. Hier war sich Margaret Thatcher sicher, dass »die Deutschen ihre neue

Macht ausnutzen« würden, »um die Europäische Gemeinschaft zu dominieren und ihre Mission in Osteuropa wieder aufzunehmen«. Warum sollten sie das tun? »Die Deutschen seien gefährlich aufgrund von Tradition und Charakter.«[6] Sozusagen: *The Hun forever.*

Tatsächlich stürzten sich die neuen Deutschen in ein historisch beispielloses Abrüstungsprojekt, in dessen Verlauf ihre Armee auf ein Drittel, ihre Panzermacht auf ein Zehntel schrumpfte. Es regierte die Friedensdividende, es reckte sich nicht der alte Imperialismus. Ein neuer »Ostland-Ritt« fand nicht statt, ein Ausgreifen nach Westen auch nicht. Statt ins *Fourth Reich* abzudriften, legte sich der germanische Gulliver neue Fesseln an: die Gemeinschaftswährung namens Euro. Das Schicksal dieser Währung hätte die 2013 verstorbene »Eiserne Lady« beruhigen können.

FALLSTUDIE WÄHRUNGSUNION

Thatchers Angst vor dem neuen deutschen Koloss war nicht total deplatziert. Der Euro war im Kern ein deutsches Projekt, obwohl eingekleidet als Morgengabe an Europa – als Kompensation für den plötzlichen Machtzuwachs der ohnehin schon stärksten europäischen Wirtschaft. Das Kernziel war ein Währungsraum, der den nimmer endenden Aufwertungsdruck auf die D-Mark auf viele Schultern verteilen und zugleich die Abwertungsroutiniers wie Frankreich und Italien zur Ausgabendisziplin zwingen sollte.

Zu diesem Zweck erfand Berlin den »Stabilitätspakt«, der die Haushaltsdefizite auf drei, die Staatsschulden auf 60 Prozent der Wirtschaftsleistung stauchen sollte. Das Korsett sollte die Spendierfreudigkeit einengen, die Inflation und deren Schwester, die Abwertung der anderen Währungen, zügeln. Statt allein im Sturm würde Deutschland im Konvoi segeln, wo niemand mehr ausscheren konnte, um mit einer stetig verbilligten Währung einen Konkurrenzvorteil gegenüber den sparsamen, tüchtigen Deutschen herauszuschlagen.

Das war die Idee, aber Thatcher sollte gleich zweimal falschliegen mit ihrer Angst vor dem neudeutschen Giganten. Zum einen warf Berlin nicht »harte Macht« wie die Vorgänger in die Waagschale, sondern »weiche«, nach der Devise: Nicht für uns, sondern für alle wollen wir Gutes tun, nämlich Währungsstabilität auf dem Weg zum vereinten Europa festzurren. Wir zeigen nicht die Faust, sondern europäische Verantwortung. So reihte sich die Regierung Kohl ein in die neue Tradition der »Zivilmacht«, die Adenauer begründet hatte – Machtentfaltung nicht national, sondern übernational, Selbstbindung statt Muskelspiel.

Zum Zweiten hatte »Maggie« die Kraft des deutschen Riesen überschätzt. Der konnte den Euro nicht wirklich »germanisieren«, wie dessen Geschichte seit dem Krisenbeginn 2010 zeigt. Die Regierung Merkel hat die Fahne der Haushaltsdisziplin geschwungen, den griechischen Pleitiers aber nie die nächsten Milliarden oder 2011 einen Schuldenschnitt versagt. Der Stabilitätspakt entpuppte sich als lockeres Korsett. Die Staatsverschuldung im »Club Med«, in den Südländern, stieg seit 2010 um 20, 30 Punkte.

Das »Diktat« der Deutschen wurde unterlaufen durch die Europäische Zentralbank. Die schüttete Billionen an Liquidität über die Eurozone aus. Wider den Buchstaben der Maastrichter Verträge kaufte sie Anleihen der Krisenstaaten auf. So erleichterte sie ihnen das Schuldenmachen und senkte den Reformdruck. Derlei Großherzigkeit entsprach nicht dem deutschen Plan, der Schuldendisziplin und schmerzliche Reformen im Dienste der Wettbewerbsfähigkeit vorsah. Berlin rang sich trotzdem zu einer Reihe von Rettungsmechanismen durch, die sich kaum mehr zählen lassen: ESM, EFSF, EFSH,

SMP, OMT … Langsam entwickelt sich die Währungsunion in Richtung zur Schuldenunion, dem Beelzebub der Deutschen. Thatcher hatte einen Wiedergänger von Wilhelm und Adolf gefürchtet. Gekriegt hat sie Angela Merkel.

Die Moral von der Geschicht' ist eine doppelte. Die offenkundige: Der deutsche Hegemon ist keiner. Er kann zwar die Regeln aufstellen, sie aber nicht europaweit durchsetzen. [7] Er ist wie das alte Deutschland ein »Halb-Hegemon«[8] – ein Staat, stärker als jeder andere, aber nicht kräftig genug, um sie alle zu dominieren, geschweige denn sie an die Kette zu legen. Ein Blick zurück: Die Kraft des Halb-Hegemons von vorgestern war mehr Fluch denn Vorteil, weil er ringsum Furcht und Widerstand säte. Seine Macht war nie legitim, also von Einverständnis getragen. Das Gegenbild davon passt haargenau auf die Merkel-Republik während der Eurokrise.

Die zweite Moral ist nicht offenkundig, dafür aber neu. Sie beleuchtet einen außenpolitischen Stil, den Friedrich, Wilhelm und Adolf nie verstanden hätten. Nennen wir das heutige Deutschland einen »sanften Vorherrscher« oder, in der Sprache der Sozialwissenschaft, einen »Produzenten öffentlicher Güter«.[9] Ein Allgemeingut kann jeder für lau konsumieren, wenn es erst einmal, wie ein Park oder eine Straße, existiert. Die Herstellung aber erfordert einen Mächtigen mit Mitteln, der sein eigenes mit dem Gesamtinteresse verknüpft, deshalb bereit ist, die Investitionskosten vorzustrecken sowie die laufende Finanzierung zu sichern.

Im Euro-Drama spielt Deutschland diese Rolle. Der Reichste im Bunde zahlt in letzter Konsequenz für den Unterhalt. Er alimentiert die Nachzügler und steht ein für die Verbindlichkeiten. Es ist, so ein englisches Wortspiel, der »*good Europayer*«. Und warum? Weil er nicht nur die meisten Ressourcen, sondern auch das größte Interesse am Fortbestand der Gemeinschaftswährung hat. Stellen wir uns deren Kollaps vor: Die

NDM (Neue Deutsche Mark) würde gegenüber ihren Konkurrenten eine astronomische Aufwertung, das Land schmerzhafte Exporteinbrüche erleiden.

Politisch wäre die Sache nicht minder desaströs, womöglich der Anfang vom Ende der EU, des Kokons deutscher »Halb-Hegemonie«. Um Klassenbester zu sein, braucht Deutschland den Klassenverband. In dieser Gemeinschaft kann er glänzen, ohne sich vor dem Alleinsein fürchten zu müssen. Hier genießt er den Respekt, der das Ressentiment überwölbt, auch wenn es wegen seiner Vergangenheit in der Sonderschule noch nicht zum Vertrauensschüler reicht. Das neue Deutschland hat verinnerlicht, dass der Chor zugleich Schutz und Chance bietet – Schutz vor Misstrauen, die Chance, gelegentlich einen Solopart zu singen, ohne den Chor gegen sich aufzubringen. Deshalb ist dieses Deutschland auch bereit, einen Großteil der Miete für den Konzertsaal zu bezahlen.

AUSSENPOLITISCHES KONZERT, INNERE BEFINDLICHKEIT

Außenpolitisch, wie dieses Buch zeigen will, ist das heutige das vernünftigste Deutschland in der Geschichte des deutschen Nationalstaats. Anders als die Vorgänger wirft die Bundesrepublik keine »deutsche Frage« mehr auf. Es ist weder Aggressor noch Opfer, weder Unruhestifter noch Arena, wo die Anrainer ihre Ambitionen austobten. Es ist tatsächlich »saturiert, friedlich und konservativ«,[10] wie es Bismarck dem Zweiten Reich bescheinigte. Berlin stellt keine Grenzen infrage. Es ist kein Revisionist, der nach dem Prinzip agiert: Deutsch ist, wo Deutsche wohnen, also »heim ins Reich«. Die Republik bedroht nicht und wird nicht bedroht. Zum ersten Mal ist Deutschland eingekreist nur von Freunden. Davon hätten Bismarck und Nachfolger nicht einmal träumen können.

Eine so freundliche strategische Konstellation hat Deutschland in seiner Geschichte nie genießen dürfen. Wie steht es dann um die Seelenlage? In seinem Essay »Die hysterische Republik Deutschland« lästerte der Publizist Reinhard Mohr: »Ein bisschen Weltuntergang ist immer.«[11] Die Aufwallungen lassen sich kaum mehr zählen, sie scheinen einem geradezu gesetzmäßigen Rhythmus zu gehorchen.

Die Shortlist: Waldsterben (der Wald wuchs), Ozonloch (es schrumpfte), Tschernobyl (die Strahlung war mikroskopisch im Vergleich zum Fallout der atmosphärischen Atomtests 1945–1963), Nachrüstung (statt Atomtod die Abrüstung), Vogelgrippe, Genmais (der noch keinen Amerikaner vergiftet hat, die ihn seit Jahrzehnten verzehren), »Chlorhühnchen« aus den USA (dito), Rinderwahn (in England starben 56 Menschen, in Deutschland keiner), Feinstaub (die Aufregung kam und ging), Fukushima (keine deutschen Opfer), Stickoxide im Straßenverkehr (die Belastung hat sich seit 1990 etwa halbiert; die zulässigen Grenzwerte sind für bestimmte Arbeitsplätze 20-mal höher als auf der Straße).

Die Psychologie mag über diese Wellenbewegungen der kollektiven Seele rätseln, wird aber keine Antwort finden, weil man nicht eine ganze Nation auf die Couch legen kann. Es mag auch sein, dass *German angst* bloß eine Unterabteilung einer allgemein westlichen ist im Zeitalter nie da gewesener materieller und physischer Sicherheit. Im Vergleich zu früheren Zeiten mit ihren Epidemien wie Pest oder Spanische Grippe, mit Kriegen, Revolutionen und weltweiten Wirtschaftskrisen ist der Wohlfühl-Index so weit angestiegen, dass selbst kleine Einbußen Psycho-Effekte in kosmischen Ausmaßen zeugen. Je gutartiger das Umfeld, darf man spekulieren, desto höher die Hysterieanfälligkeit. Im *World Happiness Report 2017* liegt Deutschland fünf Plätze hinter Israel, einem Land, das seit seiner Geburt im permanenten Kriegszustand lebt.

»*What's wrong with the Germans*?«, fragen angesichts der Eruptionen von *German angst* die ausländischen Freunde. Die nüchterne Antwort muss lauten: »*Nothing*«, jedenfalls nicht, wenn die Meinungsforschungsinstitute den Finger auf den Puls der Nation legen. Was ist aus den Diederich Heßlings – siehe Kapitel 1 – geworden? Den intoleranten, verunsicherten, aggressiven, chauvinistischen Deutschen?

Das infas-Institut fragte 2017, wer eigentlich zum »Wir« gehöre – wer ist drinnen, wer draußen? Vier Fünftel nannten »Menschen anderer Religionen« als dazugehörig, sieben von zehn »Ausländer« und »Flüchtlinge« (dies im zweiten Jahr der Massenzuwanderung). Was Wunder, dass die Migranten aus Nahost und Nordafrika am liebsten nach Deutschland wollen. Sollte man Meinungen tolerieren, die man nicht mag? Mehr als die Hälfte stimmte zu. Wen meinen die Deutschen, wenn sie »wir« sagen? Überraschung: Erst an dritter Stelle kam die Nation, davor liegen Familie und Freunde mit 92 und 91 Prozent. Fast sechs von zehn sagten, »die westliche Welt«.[12]

Wie steht es um die Entfremdung vom demokratischen System, welche den Totalitären in Weimar das Feld bereitet hatte? Drei Viertel der Bundesdeutschen sind mit dem System »sehr/einigermaßen zufrieden«.[13] Nun die Gretchenfrage: Wie halten es die Bürger mit der deutschen Schuld? Thomas Petersen vom Institut für Demoskopie Allensbach resümiert die Daten: »Langsam rückt [die] in die Sphäre des Historischen, was jedoch nicht mit einem Rückgang des Verantwortungsbewusstseins zu verwechseln ist. Von einer ›Schlussstrich-Mentalität‹ ist nichts erkennbar. Es gibt auch keine Anzeichen für eine Rückkehr zum offensiven Nationalstolz.«[14] Diederich Heßling wohnt hier nicht mehr.

An dieser Stelle des Bildungsromans darf sich der skeptische Leser entspannt zurücklehnen und der Held ein wenig Stolz zeigen – nicht den arroganten des »Untertans«, sondern den gelassenen des bundesrepublikanischen Michels. Der »Sonderweg« war schon immer ein wackeliges Konstrukt; heute wäre er eine Sinnestäuschung, ein Hirngespinst.

Die Deutschen schwimmen genau in der Mitte des westlichen Mainstreams. Daran ändert auch ein Wahlverhalten nichts, das den Rechtspopulisten im Wahljahr 2017 13 Prozent der Stimmen verschafft hat. Die Werte für die Trump-Republikaner (2016) und die Nationale Front in Frankreich (2017) lagen bei 48,5 und 34 Prozent, vom autoritären Ruck in Polen und Ungarn ganz zu schweigen. In Österreich sind die Rechtsnationalen seit 2017 zweitstärkste Regierungspartei. In Italien kassierten 2018 zwei Anti-System-Parteien die Hälfte der Stimmen.

Bonn ist nicht Weimar, verkündete vor sechzig Jahren ein Buch des Schweizers Fritz René Allemann, dessen Titel seitdem zum geflügelten Wort geworden ist. Berlin ist gleich zehnmal nicht Weimar. Die Zweite Republik ist im Vergleich zur Ersten wie auch zum Rest der Welt ein Betonklotz demokratischer Solidität.

Vom Waisenkind 1945 zum Wunderkind des 21. Jahrhunderts – alles immer relativ zur westlichen Nachbarschaft –, das ist eine Leistung, die kein Mensch dem Lepra-Staat von 1945 zugetraut hätte. Der hat seine Prüfungen geschafft und ist zum politischen Musterknaben herangewachsen. Diese Karriere würde einen Stolz rechtfertigen, der nicht auf überbordenden Machtfantasien oder moralistischer Mimikry basiert, sondern auf genuinen Selbstwertgefühlen.

Werfen wir an dieser Stelle einen Blick zurück. In Teil III wurden die »Schattenseiten der Wiedergutwerdung« beschrieben. Der gemeinsame Nenner war der moralisierende Gestus auf der Suche nach Entlastung.

Der unbedingte Pazifismus (siehe Kapitel 7, »Friedensmacht Deutschland«) ist im Kern eine Fake-Moral, weil sein Träger unausgesprochen signalisiert, alle anderen Werte im Namen der totalen Friedfertigkeit opfern zu wollen: von der Familie bis zur Nation, von der Freiheit bis zu den Menschenrechten. Diese Position ließe sich im Ernstfall so lange durchhalten wie ein Ritt auf der Kreissäge. Warum sie also einnehmen? Die Funktion liegt auf der Hand.

So konnten die Nachgeborenen die schwärende Schuld der Väter gegen die amerikanischen »Umerzieher« wenden. Der Katalog der Selbstauszeichnung: Wir haben aus unserer Vergangenheit gelernt, ihr nicht; wir dienen dem Frieden, ihr dem Krieg; wir sind geläutert, ihr huldigt nackten Interessen. Kurz: Wir haben eine höhere sittliche Stufe erklommen – vom geprügelten Kind zum Vorreiter des Guten.

»Sekundär-Antisemitismus« – Israel als Wiedergänger der Nazis – erfüllt die gleiche Funktion wie der Antiamerikanismus. Sie sind das Ass aus dem Ärmel – die Gleichsetzung, welche die Bürde der Vergangenheit auf den bösen Übervater Amerika und den Staat der Opfer überträgt. Das heißt: Wir sind nicht nur quitt, sondern auch moralisch aus dem Schneider.

Wie ein Beispiel aus der jüngsten Vergangenheit zeigt, muss die hehre Botschaft noch immer dazu herhalten, Interessen zu verbrämen, in diesem Fall im Dienste einer russlandfreundlichen Politik. Matthias Platzeck, der einstige SPD-Vorsitzende und Landeschef, kippte Israel und Russland in einen Topf und entnahm der unverträglichen Suppe das Prinzip, wonach Deutschland auch gegenüber Moskau eine »besondere Verpflichtung« habe. »Die vielen, vielen Millionen Opfer des Russlandfeldzuges müssen uns genauso [wie gegenüber Israel] zu einem spezifischen Verantwortungsgefühl verleiten.« Deshalb müsse sich Berlin in der EU für Moskau ins Zeug legen, statt sich an neuen Sanktionen zu beteiligen.[15]

Die Analogie des Vorsitzenden des Kreml-nahen Deutsch-Russischen Forums ist ein prächtiges Beispiel der Verklärung. Der Vergleich stilisiert das großmächtige Russland zum Gläubiger, dem Wohlverhalten gebühre. Bloß zeigt Israel keine expansionistischen Allüren im deutschen Vorhof. Es versucht auch nicht, die NATO zu spalten und westliche Wahlvölker durch Desinformation zu manipulieren. Der Rekurs auf die Vergangenheit zeigt allerdings, wie Akteure im öffentlichen Raum reflexhaft das Gewissen mobilisieren, um Interessen zu artikulieren. Der Preis ist die Kluft zwischen Auftritt und Absicht.

Die beste Nachricht: Der moralisierende Gestus ist nach zwei Generationen musterhafter Entwicklung ebenso unwürdig wie unnötig. Hitlers Urenkel müssen nicht andere bezichtigen, um sich selber zu salvieren. Die Republik kann Selbstwert aus unzähligen anderen Quellen ziehen – den bestandenen Prüfungen, der freiheitlichen Demokratie, dem humanitären Wertekanon, dem Respekt, den sie weltweit genießt. Einst auf Bewährung freigelassen, haben die Erben die Auflagen erfüllt, ja übererfüllt. Noch besser: Auf den Trümmern der vergifteten Vergangenheit haben sie eine neue, spezifisch bundesdeutsche aufgebaut, die den Vergleich mit den älteren Demokratien nicht mehr scheuen muss.

Als traditionsloser Staat geboren, hat sich die Bundesrepublik ihre eigenen Traditionen mit kräftigen Wurzeln geschaffen. Sie muss nicht mehr im Geröll früherer deutscher Konstruktionen herumstochern, um hier und da Gebrauchsfähiges für ihre Zukunft zu finden – vor allem einen Gründungsmythos, auf den sich alle Nationen beziehen. Die Franzosen zelebrieren den ihren am 14. Juli, dem Jahrestag des Sturms auf die Bastille 1789, die Amerikaner am *Fourth of July*, dem Tag der Unabhängigkeitserklärung 1776.

Und die Nachkriegsdeutschen? Sie können sich im Rückblick doch auf einen eigenen Gründungsmythos berufen: die Verkündigung des Grundgesetzes am 23. Mai 1949 – ein Datum, das den idealen Nationalfeiertag hergeben würde. Diese Verfassung hat länger gehalten als ihre Vorgänger. Besser noch: Die Republik hat sich nach Jahrzehnten liberaldemokratischer Entwicklung sozusagen ihr eigenes Vorbild geschaffen.

Die Berliner Republik muss keine Entschuldungsrhetorik aufbieten, um sich selber die Wiedergutwerdung zu bescheinigen. Das Problem dabei liegt auf der Hand. Wer an einem Schuldkomplex laboriert, wird ständig versuchen, die Last abzuschütteln oder sie anderen aufzuhalsen. Es ist ersprießlicher, die ererbte Schuld in der dritten Generation in Verantwortung zu verwandeln. Der Unterschied ist ein himmelweiter. Schuld ist Schande, die nach Verdrängung oder Übertragung schreit. Verantwortung ist das Gegenteil von Schmach. Sie ist ein Ehrenzeichen, das Selbstachtung und *selbst gewählte* Verpflichtung symbolisiert.

Ein Gemeinwesen, das so verfährt, kann sich ehrlich machen. Es muss nicht Selbstlosigkeit auffahren, wo legitime Interessen im Spiel sind. Es kann sich auch ein freundliches Verhältnis zur Nation leisten, eines, das nicht von Nationalismus, sondern von Patriotismus geprägt ist. Auch hier klafft ein gewaltiger Unterschied: Nationalismus lebt von Selbsterhebung, Patriotismus von Selbstliebe, die weder aggressiv noch arrogant ist.

Warum ein republikanischer Patriotismus? Die frühe Europa-Begeisterung ist versickert – hier wie sonst wo in der Union. Die EU ist ein praktisches Gebilde, kein Seelentrank. Europa gibt keinen Ersatznationalismus her, den sich die Republik umhängen müsste, weil die Über-alles-Variante entehrt worden ist. Denn die EU wird so schnell nicht den Nationalstaat aushebeln – nicht in einer Zeit, da zwischen Portugal und Polen der Widerwillen gegen eine »immer engere Union« wächst.

Worauf soll dann ein bundesdeutsches Nationalgefühl beruhen, das sich mit dem eigenen Land identifiziert und zugleich weltoffen und wertebezogen ist? Die Zweite Republik hat sich längst ihr eigenes Fundament gegossen. Wie das aussieht, zeigt der Traditionserlass der Bundeswehr von 2018, der auf den von 1982 folgte. Der Schlüsselsatz ist der erste: »Die Tradition der Bundeswehr ist der Kern ihrer Erinnerungskultur.« Sodann: »Zentraler Bezugspunkt ist ihre eigene lange Geschichte.« Schließlich: »Traditionen ehemaliger deutscher Streitkräfte werden an [die] Bundeswehr nicht verliehen.«[16] Die neue selbst gezimmerte Tradition reicht, und sie trägt. An der Bundeswehr, einer Parlaments- und Bündnisarmee, klebt weder Blut noch Schande.

Der deutsche Bildungsroman kündet von einem »schmerzlichen, überaus erfolgreichen Lernprozess«, schrieb Hans Magnus Enzensberger kurz vor der Wiedervereinigung. Verblasst sind »ideologischer Fanatismus« und »totalisierende Träume«.[17] Abenteuer sind out, das raunende Ressentiment, das die Deutschen als Opfer finsterer Mächte sieht, verfängt bei der großen Mehrheit nicht mehr. »Versailles« steht heute für ein Prachtschloss nahe Paris und eine TV-Serie, nicht für den Ort, wo der Westen vor hundert Jahren dem Reich die Kriegsschuld zuschob, um es dann zu zerstückeln. »Potsdam« ist ein Vorort Berlins, nicht das Städtchen, wo die Sieger Gericht über Nazideutschland abhielten. Die beste Nachricht ist ein System, das sich die Extreme verbietet, wo die Politik nach einer Bundestagswahl nur ein paar Grad nach links oder rechts schwenkt.

»*Pourvu que ça dure*«, hoffen wir, dass es so bleibt, soll Napoleons Mutter Letizia gesagt haben, als der sich seiner großen Siege rühmte. Des Kaisers Imperium hat nicht einmal zwanzig Jahre lang gehalten, die Erste Deutsche Republik nur 14, das Dritte Reich zwölf. Nach einem Menschenalter hat die Bundesrepublik sie alle überrundet; diesmal stimmte die Architektur.

Langlebigkeit beweist bekanntlich gar nichts. Anderseits besagt ein geflügeltes englisches Wort: *Nothing succeeds like success*, nichts ist so erfolgreich wie der Erfolg. Im Unglück geboren, hat die Bundesrepublik traumhaftes, unverdientes Glück gehabt, doch sich danach das Glück selber erarbeitet. Sie hat ihr knappes Startkapital fabelhaft vermehrt – wie es sich für einen kanonwürdigen Bildungsroman gehört. »Der Untertan«, der hässliche Deutsche Diederich Heßling, ist nur noch Literatur.

ANMERKUNGEN

EINLEITUNG
DIE BUNDESREPUBLIK ALS BILDUNGSROMAN

1 Die beste zeitgenössische Analyse des Genres, die diesem Autor wertvolle Hinweise lieferte, ist Rolf Selbmann, *Der deutsche Bildungsroman.* Stuttgart: Metzler, 1994.

2 »Vorbericht zur ersten Ausgabe«, *Geschichte des Agathon,* Erster Band. Leipzig: Verlag Göschen, 1839, S. xi.

3 *Vorlesungen über die Ästhetik,* Band 2, Hrsg. D. H. G. Hotho. Berlin: Duncker und Humblot, 1837, S. 216.

4 Wilhelm Dilthey, *Das Erlebnis und die Dichtung.* Leipzig: B. G. Teubner, 1907, S. 374 f.

5 *Ahnung und Gegenwart.* Nürnberg: J. L. Schrag, 1815, S. 24.

6 *Abschied.* Berlin: Aufbau-Verlag, 1981, S. 140 (zitiert nach Selbmann, S. 155).

7 Diesen Begriff hat der Autor von Eike Geisel übernommen. Siehe sein Buch *Lastenausgleich, Umschuldung: Die Wiedergutwerdung der Deutschen.* Berlin: Edition Tiamat, 1984.

8 »Die Dimension des Grauens«, *Spiegel Online,* 21. Dezember 2009.

9 So Frank Bösch, »NS-Vergangenheit und Geschichtswissenschaft«, *Vierteljahreshefte für Zeitgeschichte,* 1/2007, S. 2.

10 Peter Reichelt, *Erfundene Erinnerung: Weltkrieg und Judenmord in Film und Theater.* München: Hanser, 2003, S. 261.

11 Leitartikel, *Economist,* 14. April 2018.

TEIL I
DER MYTHOS VOM DEUTSCHEN SONDERWEG

1   Hervorhebung hinzugefügt.

2   Stellvertretend für diverse Autoren mögen hier genannt werden: Helmuth Plessner (*Die verspätete Nation*), Hans-Ulrich Wehler (*Deutsche Gesellschaftsgeschichte*, Band III) und Heinrich August Winkler (*Der lange Weg nach Westen*, zwei Bände).

3   William M. McGovern, *From Luther to Hitler: The History of Fascist-Nazi Philosophy* (Boston: Houghton Mifflin, 1941). Obwohl der auf die Deutschen gemünzte Begriff Allgemeingut wurde, führt das Buch keine spezifische Anklage gegen sie. Faschismus und Nazismus, argumentiert der Autor, entsprängen einer gemeinsamen, vierhundert Jahre alten europäischen Tradition des Etatismus und Autoritarismus.

4   *Dreams and Illusions: The Drama of German History* (New York: Knopf, 1987). S. 99.

5   Ursprünglich erschien das Buch 1935 unter dem Titel *Das Schicksal des deutschen Geistes im Ausgang seiner bürgerlichen Epoche.* Erst die Neuauflage 1959 hieß *Die verspätete Nation. Über die politische Verführbarkeit bürgerlichen Geistes.*

6   Laut Udo Bermbach, *Houston Stewart Chamberlain: Wagners Schwiegersohn – Hitlers Vordenker.* Stuttgart: J. B. Metzler, 2015. Siehe hierzu die Rezension von Jörg Rothkamm, »Bindeglied zwischen Wagner und Hitler«, *NZZ Online*, 6. September 2015.

7   *Die Grundlagen des 19. Jahrhunderts* (Volksausgabe München: Verlagsanstalt Bruckmann, 1912), S. 400, 597, 287, 382.

8   J. Schmidt-Liebich, *Deutsche Geschichte in Daten, Band 2: 1770–1918.* München: Deutscher Taschenbuch Verlag, 1981. S. 314.

9   Hierzu Yuri Slezkine, *The Jewish Century.* Princeton: Princeton University Press, 2004. S. 48 f.

10 Rede Kaiser Wilhelms II. bei einem Festmahl für die Provinz Westfalen am 31. August 1907 im Landesmuseum Münster. http://www.lwl.org/westfaelische-geschichte/portal/Internet/finde/langDatensatz.php?urlID=1271&url_tabelle=tab_quelle

11 *Wilhelm II.* München: C. H. Beck, 2013, S. 53.

12 Wie tastend und verschlungen der Weg in die Shoah war, beschreiben drei neue Werke: David Cesarani, *Final Solution: The Fate of the Jews 1933–49.* London: MacMillan, 2016. Peter Hayes, *Why? Explaining the*

Holocaust. New York: W. W. Norton, 2017. Laurence Reese, *The Holocaust: A New History.* New York: Public Affairs, 2017. Siehe hierzu die Rezension von Josef Joffe, »Can the Holocaust Be Explained?«, *Wall Street Journal,* 14. April 2017.

13 »Über die Behandlung der Fremdvölkischen im Osten«, 15. Mai 1940. NS-Archiv: *Dokumente zum Nationalsozialismus. http://www.ns-archiv. de/krieg/untermenschen/himmler-fremdvolk.php*

TEIL II
DIE WIEDERGUTWERDUNG

1 Der Begriff stammt, wie schon erwähnt, von Eike Geisel in seinem Buch *Lastenausgleich, Umschuldung: Die Wiedergutwerdung der Deutschen.* Berlin: Edition Tiamat, 1984.

2 Institut für Demoskopie Allensbach, *Frankfurter Allgemeine Zeitung,* 19. Juli 2017, S. 8.

3 *Financial Times,* 14. Dezember 2012.

4 »The Indispensable European«, *The Economist,* 7. November 2015.

5 Zitiert nach Klaus Malettke, »Europabewusstsein und europäische Friedenspläne im 17. und 18. Jahrhundert«, *Francia, Forschungen zur westeuropäischen Geschichte,* Band 21, 1994, S. 69.

6 Siehe hierzu Josef Joffe, »Two-and-a-half Cheers for German Reunification«, *Commentary Magazine* (New York), Juni 1990.

7 https://downloads.bbc.co.uk/mediacentre/country-rating-poll.pdf

8 Rede zur Verleihung des Roosevelt-Preises, 21. April 2016. https://www. bundesregierung.de/Content/DE/Rede/2016/04/2016-04-21-merkel-four-freedoms-award.html

9 Rede zur Verleihung des Walter-Rathenau-Preises an den niederländischen Premier Mark Rutte, 21. November 2014. https://www.bundes-kanzlerin.de/Content/DE/Rede/2015/09/2015-09-17-rede-walther-ra-thenau-preis.html

10 Interview mit Herlinde Koelbl, zitiert nach Andreas Rinke, *Das Merkel-Lexikon.* Springe: zu Klampen Verlag, 2016, S. 85.

11 Tina Hildebrandt, »Angela Royal«, *Die Zeit,* 17. Juli 2014, S. 3.

12 Rede beim Jahresempfang für das Diplomatische Corps, 13. Juli 2015. https://www.bundesregierung.de/Content/DE/Rede/2015/07/2015-07-14-merkel-diplomatischer-corps.html

13   Regierungserklärung 16. Dezember 2015. https://www.bundesregie-
     rung.de/Content/DE/Regierungserklaerung/2015/2015–12–17-regie-
     rungserklaerung.html

14   Pressekonferenz mit dem österreichischen Bundeskanzler Faymann,
     15. September 2015. https://www.bundesregierung.de/Content/DE/Mit-
     schrift/Pressekonferenzen/2015/09/2015–09–15-merkel-faymann.html

15   Pressekonferenz, 31. August 2015. https://www.bundesregierung.de/
     Content/DE/Mitschrift/Pressekonferenzen/2015/08/2015–08–31-pk-
     merkel.html

16   Rede vor ehrenamtlichen Flüchtlingshelfern, 7. April 2017. https://www.
     bundesregierung.de/Content/DE/Rede/2017/04/2017–04–07-merkel-
     ehrenamtliche-fluechtlingshelfer.html. Der amerikanische Kolum-
     nist Fareed Zakaria feierte Deutschlands *redemption* – »Wiedergutma-
     chung« oder sogar »Erlösung« – in »Germany's Road to Redemption
     Shines Amid Europe's Refugee Debate«, *Washington Post*, 20. Septem-
     ber 2015.

17   Pressekonferenz 14. Sepember 2015. http://www.focus.de/politik/aus-
     land/fluechtlingskrise-im-news-ticker-oesterreich-macht-seine-gren-
     ze-dicht_id_4946002.html

18   »Ich kann vor diesem neuen deutschen Größenwahn nur warnen«, In-
     terview mit der *Neuen Zürcher Zeitung*, 4. Oktober 2017, S. 35.

19   Interview mit dem SWR, 8. März 2016. https://www.tagesschau.de/in-
     land/merkel-interview-113.html

20   Rainer Novak u. a., *Flucht: Wie der Staat die Kontrolle verlor*. Wien: Mol-
     den, 2017. Zitiert nach Alexandra Förderl-Schmid, »Doppeltes Spiel in
     Berlin«, *Süddeutsche Zeitung*, 30. Oktober 2017.

21   Ein öffentliches oder kollektives Gut ist eines, das jeder nutzen kann,
     ohne es selber produzieren oder finanzieren zu müssen, zum Beispiel
     eine Straße, ein Park oder ein Tarifvertrag (gleicher Lohn für alle, auch
     für Arbeiter, die nicht in die Gewerkschaftskasse einzahlen). Existiert
     das Gut erst einmal, dürfen sich alle an ihm laben.

22   Ursula von der Leyen, »Führung aus der Mitte«, Rede bei der Münch-
     ner Sicherheitskonferenz 2015. Bundesverteidigungsministerium,
     150 206-Redemanuskript BMin von der Leyen MSC 2015.pdf.

23   *Five Germanys I Have Known*. New York: Farrar, Strauss and Giroux,
     2006, S. 193.

24   Zitiert nach R. B. Mowat, *A History of European Diplomacy*. London:
     Edward Arnold, 1928, S. 142.

25 Zitiert nach Curtis F. Morgan, »Southern Partnership: James F. Byrnes, Lucius D. Clay and Germany, 1945–1947«. James-F.-Byrnes-Institut Stuttgart, 2006, http://www.daz.org/enJamesFByrnes.html

26 Zitiert nach Dorothy Pickles, *Problems of Contemporary French Politics.* London: Methuen, 1982, S. 107.

27 Zitiert in CVCE.EU der Universität Luxemburg, https://www.cvce.eu/content/publication/2003/5/22/e23880af-6670–40d4–9018–8c464334e79c/publishable_en.pdf

28 Anthony Eden, *Full Circle: The Memoirs of Anthony Eden*, Boston: Houghton Mifflin, 1960, S. 169. Für Frankreich hatte die Westeuropäische Union den Vorteil, dass sie anders als die NATO die Mitglieder zur *automatischen* Intervention gegen *jedweden* Aggressor verpflichtete, also auch gegen den deutschen. Außerdem war Großbritannien, anders als in der missglückten EVG, Teil des Bündnisses.

29 *The London Conference:* Final Act. U.S., United Kingdom and Canadian Assurances. *Documents on American Foreign Relations 1954.* New York: Council on Foreign Relations, 1955, S. 113.

30 Siehe hierzu ausführlicher Josef Joffe, »Europe's American Pacifier, *Foreign Policy*, Spring 1984. Dieses Begriffspaar wurde entliehen von Uwe Nerlich, »Western Europe's Relations with the United States«, *Daedalus*, Winter 1979, S. 81.

31 Arnulf Baring, *Außenpolitik in Adenauers Kanzlerdemokratie*, Band 1. München: Oldenbourg, 1969, S. 1.

32 Konrad Adenauer, *Erinnerungen 1945–1953*. Stuttgart: Deutsche Verlagsanstalt 1965, S. 35, 40.

33 Zitiert in Dieter Schröder, »Der Aufmarsch der Gratulanten im Palais Schaumburg«, *Süddeutsche Zeitung*, 7. Januar 1960, S. 3.

34 Kapitel 19, *Der Fürst.*

35 Interview mit dem *Cleveland Plan Dealer*, 4. Dezember 1949, reproduziert in https://www.konrad-adenauer.de/dokumente/interviews/1949–12–04-cleveland-plain-dealer

36 Interview mit Ernst Friedländer, 11. Juni 1953. Presse- und Informationsamt der Bundesregierung, *Mitteilungen an die Presse*, Nr. 561/53, S. 3 f.

37 *Erinnerungen*, Band II, S. 88.

38 *Erinnerungen*, Band I, S. 96.

39 *Ebenda*, S 97.

40 Konrad Adenauer, *Erinnerungen 1953–1955*. Stuttgart: Deutsche Verlagsanstalt, 1984, S. 155.

41 Auf dem 3. Bundesparteitag der CDU in Berlin am 18. Oktober 1952, Protokoll des Parteitages, https://www.konrad-adenauer.de/biographie/zitate/israel-und-juedisches-volk

42 Konrad Adenauer, »Bilanz einer Reise«, *Politische Meinung*, Nr. 115 (1966), S. 17, 15.

43 Auf dem 3. Bundesparteitag, 1952.

44 Zitiert in »Was Adenauer verschwieg«, *Spiegel Online*, 18. März 2013.

45 Siehe Kurt R. Grossmann, *Die Ehrenschuld, Kurzgeschichte der Wiedergutmachung*. Frankfurt: Ullstein, 1967, S. 35.

46 »Der Fluch der bösen Tat«, *Die Zeit*, 16. Oktober 1952. Strauß argumentierte ähnlich, fädelte aber als Verteidigungsminister schon 1957 Waffenlieferungen an Jerusalem ein.

47 Rede vor der Knesset, 18. März 2008, *Bulletin der Bundesregierung*, 26. März 2008.

48 »Das Ende der Flitterwochen in Bonn«, *Frankfurter Hefte*, Nr. 5, 1950.

49 Der Begriff erscheint 27-mal in den Neunzigern, zum Beispiel als »Mief und Morast der bundesrepublikanischen Restauration«. Nachgezählt hat Ronald Roggen, *Restauration: Kampfwort und Schimpfwort*. Freiburg (Schweiz) 1999, S. 427.

50 Siehe hierzu Josef Joffe, »Unter aller Augen: Meine Straße«, *Die Zeit*, 13. Oktober 2005.

51 *Go West: Eine Biographie der 50er Jahre*. München: Heyne, 1996, S. 332.

52 In Deutschland hieß der Kultfilm *Denn sie wissen nicht, was sie tun.*

53 Der Vergleich mit dem besiegten Irak drängt sich auf. Die Totalentmachtung der Führungseliten nach dem Sturz Saddam Husseins 2003 sollte sich bitter rächen, lieferten die Verjagten doch die Kader des Aufstands gegen das neue Regime und die Amerikaner, später den militärischen Unterbau des Islamischen Staates.

54 *Die braune Revolution: Eine Sozialgeschichte des Dritten Reiches*. Köln: Kiepenheuer und Witsch, 1968, S. 351.

55 Die Statistik wurde übernommen von Jürgen Kuczynski, *Germany: Economic and Labor Conditions under Fascism*. New York: International Publishers, 1945, S. 352.

56 Stephan Malinowski: *Vom König zum Führer*. Berlin-Akademie Verlag, 2003, S. 202.

57 Daniel Lerner, *The Nazi Elite*. Palo Alto: Stanford University Press, 1951, S. 51.

58 Ralf Dahrendorf, *Gesellschaft und Demokratie in Deutschland*. München: Piper, 1968, S. 214.

59 Horst Möller, *Die nationalsozialistische Machtergreifung: Konterrevolution oder Revolution*. München: Institut für Zeitgeschichte, 1983, S. 49 f.

60 »Die Adenauer-Zeit«, 2014, S. 5. http://hhmaier.de/wp-ontent/uploads/2014/11/Adenauer_Zeit.pdf

61 Wyan Wells, *Anti-Trust and the Formation of the Postwar World*. New York: Columbia University Press, 2002, S. 279.

62 Ebenda.

63 Christoph Gusy, »Die Weimarer Verfassung und ihre Auswirkung auf das Grundgesetz«, *Die Weimarer Verfassung: Wert und Wirkung für die Demokratie*. Erfurt: Friedrich-Ebert-Stiftung, 2009, S. 32.

64 Tabelle A-8, Institut für Demoskopie Allensbach, *Das Bollwerk*, 2012.

65 »Kniefall vor der Geschichte«, *Spiegel Online*, 3. Dezember 2010.

66 »Der Kanzler unterschreibt mit schwerer Hand«, *Süddeutsche Zeitung*, 8. Dezember 1970.

67 Willy Brandt, *Begegnungen und Einsichten: Die Jahre 1960–1975*. Hamburg: Hoffmann und Campe, 1976, S. 525.

68 Siehe zum Folgenden *The London Conference:* Final Act. U.S., United Kingdom and Canadian Assurances. *Documents on American Foreign Relations 1954*. New York: Council on Foreign Relations, 1955.

69 Die erste war die Blockade Westberlins 1948/49, als die Sowjets die Landwege abriegelten. Nun ließ Nikita Chruschtschow den Westen wissen: Entweder er ziehe sich aus Westberlin zurück und mache es zur »Freien Stadt«, oder Moskau werde der DDR die Kontrolle über die Zugangswege übertragen und einen separaten Friedensvertrag abschließen. Dann müsse der Westen eben mit den Ostberlinern verhandeln, aber im Falle der Gewaltanwendung mit der ganzen Macht des Warschauer Paktes rechnen. Überdies sollten beide Deutschlands neutralisiert werden, was schon Stalin zu erzwingen versuchte.

70 Zitiert von dem Kennedy-Berater Theodore Sorensen, *Kennedy*. New York: Bantam Books, 1966, S. 577.

71 Im Gespräch mit dem finnischen Präsidenten Kekkonen im Oktober 1961. Zitiert nach Arthur Schlesinger, *A Thousand Days*. Greenwich: Fawcett Crest, 1987, S. 371.

72 Verhandlungen des Deutschen Bundestages, 25. Februar 1970, S. 1605, 1606.

73 *Friedenspolitik für Europa*. Frankfurt: Fischer 1971, S. 45.

74 Ebenda, S. 52.

75 Im Gespräch mit Adelbert Weinstein, »Henry Kissinger«, *Frankfurter Allgemeine Zeitung*, 22. Januar 1977.

76 *Friedenspolitik für Europa*, S. 46.

77 *Verhandlungen des Deutschen Bundestages*, 23. Februar 1972, S. 9740.

78 *Verhandlungen des Deutschen Bundestages*, 10. Mai 1972, S. 10 897.

79 Zitiert nach *Die Welt*, 20. Februar 1967.

80 *Verhandlungen des Deutschen Bundestages*, 6. November 1974, S. 5834.

81 Egon Bahr, *Zu meiner Zeit*. München: Karl Blessing Verlag, 1996, S. 245.

82 Ebenda.

83 Im Interview mit Günther Schmid. *Entscheidung in Bonn: Die Entstehung der Ost- und Deutschlandpolitik*. Köln: Verlag Wissenschaft und Politik, 1979, S. 323.

84 Ebenda, S. 246.

85 »Mit diesem Vertrag geht nichts verloren«, *Der Spiegel*, 17. August 1970.

86 Robert Dallek, *Nixon and Kissinger*. New York: Harpercollins, 2007, S. 214 f.

87 Eine ausführlichere Analyse der Logik der Neuen Ostpolitik findet sich in Josef Joffe, »The Tacit Alliance: West German Policy Toward Eastern Europe«, in Lincoln Gordon (Hrsg.), *Eroding Empire: Western Relations With Eastern Europe*. Washington: The Brookings Institution, 1987.

88 *Verhandlungen des Deutschen Bundestages*, 23. Februar 1972, S. 9791.

89 *Verhandlungen des Deutschen Bundestages,* 25. Juli 1975, S. 9791.

90 Gesprächsprotokoll Schmidt und US-Senatoren, 25. August 1982, in Rolf Steininger, *Deutschland und die USA*. Reinbek: Lau Verlag, 2014, S. 691.

91 In *Politische Meinung*, Dezember 2000, S. 33

TEIL III
AUF DEM HOCHSITZ DER MORAL
DIE SCHATTENSEITEN DER WIEDERGUTWERDUNG

1 »Entrüstet euch!«, *Stern*, 15. Oktober 1981.

2 »Bonn halb Festung, halb Festival«, *Die Welt*, 12. Oktober 1981.

3 »Seid nett zu Bonn«, *TAZ (Die Tageszeitung)*, 24. Oktober 1983.

4 Strategic Arms Limitation Talks

5 Helmut Schmidt, »The 1977 Alastair Buchan Memorial Lecture«, *Survival*, Januar-Februar 1978, S. 2–10.

6 Helmut Schmidt, »A Policy of Reliable Partnership«, *Foreign Affairs*, Spring 1981, S. 747.

7 Schmidt im Gespräch mit dem Autor in Hamburg, 3. März 1985.

8 Ebenda, 3. März 1985.

9 Ebenda, 3. März 1985.

10 Ausführlich in Josef Joffe, »Why the Peace Movement Lost«, *International Security*, Spring 1987.

11 Interview mit dem *Spiegel*, 11. August 2014.

12 Ein unendlicher Regress entsteht, wenn eine Begründung immer wieder auf eine andere Begründung zurückgeführt wird und das Argument so nie ein Ende findet.

13 *Spiegel*, 11. August 2014.

14 Auf dem Dresdner Kirchentag 2011. »Die Käßmann-Show«, 2. Juni 2011, *Spiegel Online*.

15 Thea Dorn und Richard Wagner, *Die deutsche Seele*. München: Knaus, 2011, S. 192 f.

16 Zitiert von Martin Rupp, *Der Lotse: Helmut Schmidt und die Deutschen*. Zürich: Orell Füssli, 2015, S. 247.

17 *Kreisverkehr, Wendepunkt*. Berlin: Edition Tiamat, 1984, S. 53.

18 »Roll-back anno '82«, *Der Spiegel*, 4. Januar 1982.

19 Leserbrief an den *Spiegel*, 10. August 1981.

20 Zitiert nach Reinhold Kreis (Hrsg.), *Diplomatie mit Gefühl*. Berlin: Walter de Gruyter, 2015, S. 26.

21 Interview mit der *Zeit*, 5. Februar 1982.

22 Willy Brandt, »Deutscher Patriotismus«, *Spiegel*, 1. Februar 1982.

23 Egon Bahr, »Die nationale Frage«, *Die Zeit*, 19. März 1982.

24 Willy Brandt, »Deutscher Patriotismus«, *Spiegel*, 1. Februar 1982.

25 »Bis an die Schmerzgrenze«, *Spiegel*, 15/1993, und »Bundesmarine: Germans to the Front?«, *Spiegel Online*, 13. November 1987.

26 So argumentierte dieser Autor in einer Reihe von Artikeln in der *Süddeutschen Zeitung*, die dem Urteil vorausgingen: »Was geht uns Somalia an?«, 9. Dezember 1992, »Brandstifter und Feuerwehr«, 21. April 1993, »Sonderweg in die Sackgasse«, 19. Juni 1993, »Deutsche dürfen an die Front«, 25. Juni 1993.

27 Bundesverfassungsgericht 90, 286, »Out of area«, 12. Juli 1994, Abschnitt 321.

28 Amerika baute mithilfe von Ägypten, Pakistan und Israel eine Waffen-Pipeline für die Mudschaheddin auf. Die Hollywood-Version dieser

verdeckten Operation ist der Film *Charlie Wilson's War* mit Tom Hanks und Julia Roberts.

29 Hans-Peter Bartels im Gespräch mit dem *Spiegel*, 5. Januar 2018, S. 25.

30 »Lafontaine empfiehlt Ablehnung von Bundeswehreinsatz«, *Handelsblatt*, 2. November 2001.

31 »Wir führen praktisch einen Krieg der Kulturen«, Interview, *Spiegel Online*, 2. November 2001.

32 Zum Verlauf der rollierenden Rhetorik Bin Ladens, siehe Congressional Research Service, *Al-Qaeda: Statements and Evolving Ideology*. Washington, updated 2007.

33 Auf Youtube, https://www.youtube.com/watch?v=_k_QbpFl7RM

34 *Die Begründung der Berliner Republik*. Stuttgart: DVA, 1995, S. 149 f.

35 »Eine Welt von Fleischfressern«, Gespräch mit dem *Spiegel*, 5. Januar 2018.

36 31. Januar 2014. http://www.bundespraesident.de/SharedDocs/Reden/DE/Joachim-Gauck/Reden/2014/01/140131-Muenchner-Sicherheitskonferenz.html

37 Sigmar Gabriel »In einer Welt von Fleischfressern haben es Vegetarier schwer«, Interview, *Spiegel*, 5. Januar 2018.

38 Ähnlich schon in einem Brief an den britischen Premier Salisbury am 22. November 1887, in *Gesammelte Werke*, Band 14, Teil 2. Berlin: Deutsche Verlagsanstalt, 1924–1935, S. 890. Hier sprach Bismarck von »saturiert, friedfertig und konservativ«.

39 Gross, *Begründung*, S. 135.

40 Richtig ist, dass Katherine Meyer Graham, die Verlegerin der *Washington Post* (bis zu ihrem Tod 2001) einen jüdischen Vater hatte. Die *New York Times* wurde von den deutsch-jüdischen Familien Ochs und Sulzberger gegründet. Beide Blätter fahren einen israelkritischen Kurs. Das *Wall Street Journal* ist pro Israel, gehört aber dem nicht jüdischen Rupert Murdoch.

41 Georg Hafner und Esther Schapira, *Israel ist an allem schuld*. Köln: Eichborn, 2015, S. 227.

42 American Jewish Committee, »Die Einstellungen der Deutschen zu Juden, zum Holocaust und den USA«, November 2002, Seiten 2, 3, 5. Eine frühe systematische Untersuchung stammt von Alphons Silbermann, *Sind wir Antisemiten?* Köln: Verlag Wissenschaft und Politik, 1982. Für die Siebziger konstatierte er einen »starken Antisemitismus« bei 20 Prozent der Bevölkerung.

43 Ebenda, S. 44.

44 Werner Bergmann und Juliane Wetzel, *Manifestations of Anti-Semitism in the European Union*. Wien: EUMC, 2003, S. 43.

45 Anti-Defamation League, »New Poll Finds Dramatic Decline in Anti-Semitic Attitudes …«, »https://www.adl.org/news/press-releases/new-poll-anti-semitic-attitudes-19-countries#.Va1Co3JRE3E (2015).

46 Unabhängiger Expertenkreis Antisemitismus, *Antisemitismus – aktuelle Entwicklungen*. Berlin: Bundesministerium des Inneren, 2017, S. 60.

47 Johannes Due Entstad, *Antisemitic Violence in Europe 2005–2015*. Oslo: Center for Research on Extremism, 2017, S. 9.

48 Zum »importierten Antisemitismus« gibt es kaum systematische deutschlandweite Studien. Eine bayerische misst Werte, die deutlich höher bei Asylsuchenden sind als bei der Gesamtbevölkerung. Bei der klassischen Frage, ob »Juden auf der Welt zu viel Einfluss« hätten, antworteten mehr als fünf Syrer und Iraker mit »Ja«. Unter Afghanen waren es 57 Prozent. Addiert man »teils, teils« hinzu, steigen die Zahlen in den 70-Prozent-Bereich. Siehe die Daten der Hanns-Seidel-Stiftung, *Asylsuchende in Bayern*. München, 3. April 2017, S. 68.

49 Expertenkreis Antisemitismus, S. 85.

50 Ebenda, S. 68.

51 Ebenda, S. 67.

52 Andreas Zick und Anna Klein, *Fragile Mitte – feindselige Zustände*. Bonn: J. H. W. Dietz, 2014, S. 68.

53 Ebenda, S. 68.

54 Expertenkreis, Abbildung 4.3, S. 64.

55 Reden anlässlich der Verleihung des Friedenspreises des Deutschen Buchhandels 1998, Sonntag, 11. Oktober 1998.

56 In seinem Werk *Der Witz und seine Beziehung zum Unbewussten* konstatiert Freud: »Ich weiß übrigens nicht, ob es sonst noch häufig vorkommt, dass sich ein Volk in solchem Ausmaß über sein eigenes Wesen lustig macht.«

57 *Leviathan*, Teil I, Kap. XI. New York: E. P. Dutton, 1950, S. 81.

58 Expertenkreis, S. 62.

59 Andreas Zick und Anna Klein, *Fragile Mitte – feindselige Zustände*. Bonn: J. H. W. Dietz, 2014, Tab. 4.2.1, S. 70.

60 Ronen Bergman, *Der Schattenkrieg*. München: Deutsche Verlags-Anstalt, 2018, S. 52.

61 Marion Gräfin Dönhoff, »Völkischer Ordensstaat Israel«, *Die Zeit*, 23. September 1948.

62 »Drei Freunde Israels«, *Konkret*, 7/1967.

63 Götz Aly, *Unser Kampf: 1968 – ein irritierter Blick zurück.* Frankfurt: Fischer 2012, S. 160, 162, 164.

64 Zur antisemitischen Dimension und der Kooperation mit den Palästinensern siehe Wolfgang Kraushaar (Hrsg.), *Die RAF und der linke Terrorismus*. Band 1. Berlin: Propyläen, 2008.

65 Hervorhebung hinzugefügt. Patrik Schwarz, »Nahost erreicht die deutsche Politik«, *Die Zeit*, 4. April 2002. Damals tobte fünf Jahre lang die zweite Intifada, die 1000 israelische Todesopfer und 2700 palästinensische forderte. Die »Vernichtung« war nicht einseitig.

66 *Der Faschismus in seiner Epoche.* München: Piper, 1963 (Erstveröff.), S. 436.

67 Siehe hierzu die Sammlung einschlägiger Tiraden aus den Briefen und Mails an den Zentralrat der Juden in Deutschland und die israelische Botschaft in der Studie von Monika Schwarz-Friesel und Jehuda Reinharz, *Die Sprache der Judenfeindschaft im 21. Jahrhundert*. Berlin: de Gruyter, 2013. Anderswo schreibt Schwarz-Friesel: Es »führen linke und mittige Schreiber den Holocaust als Vergleichsgröße an, um die aktuell lebenden Juden in Israel zu diffamieren, indem die Militäraktionen Israels mit dem gezielten Massenmord in der NS-Zeit gleichgesetzt werden. Die Sprachmuster des Nationalsozialismus werden der ideologisch-politischen Einstellung gemäß angepasst und über Antizionismus ausgedrückt: Die Rede ist dann von den ›faschistischen Zionisten‹ und ihren SS-Methoden.« *Aktueller Antisemitismus*, Berlin: Bundeszentrale für politische Bildung, 2015.

68 Siehe hierzu Mareike Enghusen, »Die Mär von der verbotenen Israelkritik«, *Stern Online*, 2. August 2014; Philip Woldin, »Die Medien kritisieren kaum ein Land so oft wie Israel«, *Zeit Online*, 4. August 2014; Mirjam Fischer, »Antisemitismus zwischen den Zeilen: Israel darf kritisiert werden. Aber in der Berichterstattung vieler Medien findet sich eine unterschwellige Judenfeindlichkeit«, *Zeit Online*, 13. April 2016.

69 Interview »Der Vorwurf des Antisemitismus wird auch als Knüppel benutzt«, *Stern*, 20. Juni 2002.

70 »Interview mit Günter Grass (II)«, *Spiegel Online*, 10. Oktober 2001.

71 Technisches Museum Wien mit Österreichischer Mediathek, *Vergangenheitsbewältigung in Österreich*, Wien, 2018.

72 Im Jahre 2015 rang sich Tokio dazu durch, eine Entschädigung von rund 8 Millionen Euro an die koreanischen »Trostfrauen« (Sex-Sklavinnen) der japanischen Armee zu zahlen. Von den einst rund 200 000 missbrauchten Frauen lebten zu diesem Zeitpunkt noch 46 in Südkorea.

73 Eine Zusammenfassung liefert Constantin Goschler, »Das Ende der Wiedergutmachung«, *Zeit Online*, 28. Januar 2015.

74 Michael Ruck, *Bibliographie zum Nationalsozialismus*. Darmstadt: Wissenschaftliche Buchgesellschaft, 2000.

75 Siehe das Kapitel »Die Rolle der Medien« in Georg M. Hafner und Esther Schapira, *Israel ist an allem schuld: Warum der Judenstaat so gehasst wird*. Köln: Eichborn, 2015.

76 »Maas schlägt einen neuen Ton an«, *Frankfurter Allgemeine Zeitung online*, 26. März 2018.

77 Zitiert in Curtis F. Morgan, »Southern Partnership: James F. Byrnes, Lucius D. Clay and Germany, 1945–1947.« James-F.-Byrnes-Institut Stuttgart, 2006, http://www.daz.org/enJamesFByrnes.html

78 Hubert Védrine (mit Dominique Moisi), *Les cartes de la France à l'heure de la mondialisation*. Paris: Fayard, 2000. S. 10.

79 Arthur Koestler, *The Lotus and the Robot*. New York: Macmillan, 1961, S. 277.

80 In einem Brief von 1778 an seinen englischen Freund Dr. Price. Zitiert nach Jean Jules Jusserand, »Rochambeau and the French in America«, Kap. 1, *With Americans of Past and Present Days*. New York: Charles Scribner's Sons, 1916; Online-Edition Bartleby.com

81 *Essays in Understanding, 1930–1945*. New York: Harcourt, Brace, 1993, S. 409–417.

82 Philippe Roger, *The American Enemy: The History of French Anti-Americanism*. Chicago: The University of Chicago Press, 2005, S. 41 und 37 (Zitate von Talleyrand und Stendhal).

83 Heinrich Heine, »Ludwig Börne: Eine Denkschrift« (1. Juli 1830), *Sämtliche Schriften*, Band IV. München: Hanser, 1976, S. 39.

84 G. W. F. Hegel, *Vorlesungen über die Philosophie der Geschichte*. In *Werke,* Band XII (Frankfurt: Suhrkamp, 1986), S. 112.

85 Roger, S. 24.

86 »The Unloved American«, *The New Yorker*, 10. März 2003, S. 34.

87 Siehe hierzu Josef Joffe, »A Canvas, Not a Country: How Europe Sees America«, in: Peter Schuck und James Q. Wilson (Hrsg.), *Understan-*

ding America: The Portrait of an Exceptional Nation. New York: Public Affairs, 2008.

88 »Unsere Erneuerung: Nach dem Krieg – Die Wiedergeburt Europas«, *Frankfurter Allgemeine Zeitung*, 31. Mai, 2003, S. 33.

89 Zitiert in »Onkel aus dem Westen«, *Spiegel*, 28. August 2001, S. 29.

90 Im Interview mit Josef Joffe und Elisabeth Niejahr, »Wie in einem Krämerladen«, *Die Zeit*, 25. Juli 2002, S. 4.

91 »Anti-Amerikanismus, Anti-Imperialismus«, in Pohrt, *Stammesbewusstsein, Kulturnation.* Berlin: Tiamat, 1984, S. 77.

92 »Die Bündnisfrage«, *Spiegel*, 7. Juli 2014.

93 »Reflexionen vor einem Glaskasten«, in: Enzensberger, *Politik und Verbrechen: Neun Beiträge.* Frankfurt: Suhrkamp, 1978, S. 20. Der Autor bezieht sich hier auf Herman Kahn, *On Thermonuclear War*, wo der Physiker als Clausewitz des 20. Jahrhundert über die Strategie eines Nuklearkrieges räsoniert.

94 Ebenda, S. 38, 21. Dieser Autor hat bei der Analyse des frühen Denkens Enzensbergers von der exzellenten Dissertation Sebastian Schwarks profitiert: *Zur Genealogie des modernen Antiamerikanismus in Deutschland*, Göttingen, 2006.

95 *Kursbuch 9* (1967), S. 172.

96 »Warum ich Amerika verlasse«, *Die Zeit*, 1. März 1968 (online), gerafft zitiert.

97 »Die Freiheit nehm ich dir«, *Stern*, 1. August 2013 (gerafft zitiert).

98 Ein Klassiker ist *The Ugly American* (1958) von Eugene Burdick und William Lederer, das zu einem Instant-Bestseller und mit Marlon Brando verfilmt wurde.

99 »Kulturkampf? Ich bin dabei«, Interview mit dem *Spiegel*, 14. Juli 2003 (online). Obwohl Zadek nie dort war, sei ihm »Amerika zutiefst zuwider«, bekannte er in dem Gespräch. Hervorhebung durch den Autor.

100 *Dreams and Delusions: The Drama of German History.* New York: Knopf, 1987, S. 221, 223. Die Kapitelüberschrift lautet (übersetzt): »Deutschland und die Vereinigten Staaten: Visionen verblassender Tugend«.

101 Die folgenden Zahlen stammen aus *Schleichende Ausbreitung des Antiamerikanismus*, Institut für Demoskopie Allensbach, 2013. Siehe auch Zusammenfassung in der *Frankfurter Allgemeinen Zeitung*, 23. Januar 2013.

102 Pew Research Center, *The Tarnished American Brand*, 26. Juni 2017.

103 Felix Knappertsbusch, *Antiamerikanismus in Deutschland.* Bielefeld:

Transkript Verlag, 2016, S. 209. Addiert man »Stimme eher zu« zu diesen Zahlen, entstehen Antiamerikanismus-Quoten im Bereich von 7 bis 28 Prozent, was ebenfalls keine Antiamerikanismus-Epidemie annehmen lässt.

104 *The Tarnished American Brand* http://www.pewglobal.org/2017/06/26/ u-s-image-suffers-as-publics-around-world-question-trumps-leadership/pg_2017–06–26-us_image-01–9/

SCHLUSSBETRACHTUNG
DAS GUTE DEUTSCHLAND

1 *The Human Freedom Index 2017.* Washington: Cato Institute und Friedrich-Naumann-Stiftung, 2017, S. 6 f.

2 Zitiert in »Deutscher werden«, *Frankfurter Allgemeine Sonntagszeitung,* 1. April 2018, S. 12.

3 Institut Arbeit und Qualifikation der Universität Duisburg-Essen, 2017, www.sozialpolitik-aktuell.de

4 Rede zum Staatsakt für Siegfried Buback, *Bulletin des Presse- und Informationsamtes der Bundesregierung,* Nr. 35 (1977), S. 321–324.

5 Zum Beispiel das bereits erwähnte Buch von Brian Reading, *The Fourth Reich.* London: Weidenfeld & Nicholson, 1995.

6 So der Bericht des teilnehmenden Historikers Fritz Stern, *The Five Germanys I Have Known,* S. 469.

7 *Deutschland und die Weltpolitik im 20. Jahrhundert.* München: Oldenbourg, 1955.

8 Dagegen spricht Hans Kundnani von einem »zunehmend selbstbewussten Deutschland innerhalb Europas«. *German Power: Das Paradox der deutschen Stärke.* München: C. H. Beck, 2016, S. 138 und Kapitel 5 insgesamt.

9 Zur Definition von Allgemeingütern siehe S. 244, Fußnote 21.

10 In einem Brief an den britischen Premier Lord Salisbury, 22. November 1887. Bismarcks *Gesammelte Werke,* Wolfgang Windelband und Werner Frauendienst (Hrsg.), Band 14, Teil 2. Berlin: Deutsche Verlagsanstalt, 1924–1935, S. 890.

11 *Die Welt,* 18. Mai 2014.

12 Daten der infas-Studie im Auftrag der *Zeit.* Zusammengefasst in Heinrich Wefing, »Wie tolerant sind die Deutschen?«, *Die Zeit,* 24. August 2017.

13 Laut Daten des Instituts für Demoskopie in Thomas Petersen, »Aus den Fugen?«, *Frankfurter Allgemeine Zeitung*, 26. Januar 2017.

14 »Ein Volk kommt zur Ruhe«, *Frankfurter Allgemeine Zeitung*, 28. Januar 2015.

15 Zitiert nach Majid Sattar, »Verklärte Ostpolitik«, *Frankfurter Allgemeine Zeitung*, 4. April 2018, S. 1.

16 *Die Tradition der Bundeswehr.* Berlin: Verteidigungsministerium, 2018, S. 1, 9.

17 *Mittelmaß und Wahn.* Frankfurt: Suhrkamp, 1988, S. 260.